西南财经大学法学院
光华法学文丛

高晋康　主编

全球视野下的中国电力期货市场构建

唐敏 著

西南财经大学中国金融法研究中心资助

法律出版社
LAW PRESS·CHINA
北京

图书在版编目(CIP)数据

全球视野下的中国电力期货市场构建 / 唐敏著. --
北京：法律出版社，2022
（西南财经大学法学院光华法学文丛）
ISBN 978 - 7 - 5197 - 6560 - 6

Ⅰ. ①全… Ⅱ. ①唐… Ⅲ. ①电力工业 - 期货市场 - 研究 - 中国 Ⅳ. ①F426.61

中国版本图书馆 CIP 数据核字（2022）第 052560 号

全球视野下的中国电力期货市场构建
QUANQIU SHIYE XIA DE ZHONGGUO DIANLI QIHUO SHICHANG GOUJIAN

唐 敏 著

策划编辑 郑 导
责任编辑 郑 导 曲 杰
装帧设计 汪奇峰

出版发行 法律出版社
编辑统筹 学术·对外出版分社
责任校对 王晓萍
责任印制 陶 松
经　　销 新华书店

开本 A5
印张 13.5　**字数** 298 千
版本 2022 年 7 月第 1 版
印次 2022 年 7 月第 1 次印刷
印刷 三河市龙大印装有限公司

地址:北京市丰台区莲花池西里 7 号(100073)
网址:www.lawpress.com.cn
投稿邮箱:info@lawpress.com.cn
举报盗版邮箱:jbwq@lawpress.com.cn
销售电话:010 - 83938349
客服电话:010 - 83938350
咨询电话:010 - 63939796

书号:ISBN 978 - 7 - 5197 - 6560 - 6
定价:88.00 元

目　录

第一章　绪　论

第一节　基本背景

电力行业是以生产、传输、销售电力为主的产业，是公用事业的重要组成部分，在国民经济和社会发展中处于基础性地位。基于经济、政治和技术等原因，各国及地区的传统电力行业大多实行垂直一体化的垄断经营模式，并受到政府严格管制。然而，这种经营模式也带来电力投资政治化属性明显、建设维护效率低下，以及监管困难等诸多弊端。[①] 因此，美英等国开始在电力行业逐步放松管制，大力实行市场化改革，旨在提高效率、促进技术进步、服务民生福祉。目前，这场改革在全球范围内方

---

① 参见[美]萨莉·亨特：《电力竞争》，电力竞争编译组编译，中国经济出版社2004年版，第4页。

兴未艾。

顺应全球电力市场化改革的大趋势，在党中央和国务院的统筹下，我国从2002年开始实施电力市场化改革。经过多年努力，电力行业已经打破了“独家办电”的局面，从源头上解决了依靠政府指令或者计划办事和政企不分、厂网不分等“顽疾”，基本形成了多元主体参与竞争的电力市场新格局。2013年11月，党的十八届三中全会进一步提出，紧紧围绕使市场在资源配置中起决定性作用，深化经济体制改革，坚持和完善基本经济制度。对于国有控股经营的自然垄断行业，根据不同行业自身的特点实行网运分开、放开竞争性业务，让公共资源实现市场化配置；并提出推进石油、电力、水、天然气、电信、交通等领域的价格改革，逐步放开这些领域竞争性环节价格，这为电力行业进一步深化改革指明了方向。2014年6月13日，中央财经领导小组第六次会议上首次提出“四个革命、一个合作”能源安全新战略，引领我国能源行业发展进入了新时代，电力作为基础性能源的作用日益彰显。2015年3月，中共中央、国务院印发了《关于进一步深化电力体制改革的若干意见》（中发〔2015〕9号，见附录7），该意见进一步明确了加快构建有效竞争的市场结构和市场体系，在进一步完善政企分开、厂网分开、主辅分开的基础上，按照“管住中间、放开两头”的体制架构，有序放开输配以外的竞争性环节电价、有序向社会资本开放售电业务并有序放开公益性和调节性以外的发用电计划；区分竞争性和垄断性环节，在发电侧和售电侧开展有效竞争，培育独立的市场主体，着力构建主体多元、竞争有序的电力交易格局，形成适应市场要求的电价机制，激发企业内在活力，使市场在资源配置中起决定性作用。其后，中国的电力市场改革进入快车道。

2017年8月，国家发改委办公厅、国家能源局综合司联合发布

《关于开展电力现货市场建设试点工作的通知》(发改办能源〔2017〕1453号),明确在蒙西、福建、四川、甘肃等8省开展电力现货市场建设试点。2020年3月,国家发展改革委办公厅、国家能源局综合司联合印发《关于做好电力现货市场试点连续试结算相关工作的通知》(发改办能源规〔2020〕245号),明确了电力现货市场与中长期市场的衔接关系,为市场发挥资源配置决定性作用、提高市场韧性提供了基本遵循。

2020年9月,在第七十五届联合国大会一般性辩论会上,我国首次提出"2030年实现碳达峰,2060年实现碳中和"目标,并随后在多次重大工作会议和对外问答过程中提到该目标。2021年3月,中央财经委第九次会议研究实现"碳达峰、碳中和"基本思路与主要举措,并提出"深化电力体制改革,构建以新能源为主题的新型电力系统""完善绿色低碳政策和市场体系"等明确要求。3月,生态环境部发布《碳排放权交易管理暂行条例》,相关配套措施持续出台。7月16日,全国碳排放权交易在上海环境能源交易所正式启动,首笔碳交易成交16万吨,交易额达790万元。9月,中共中央办公厅、国务院办公厅印发《关于深化生态保护补偿制度改革的意见》,要求研究发展基于水权、排污权、碳排放权等各类资源环境权益的融资工具,建立绿色股票指数,发展碳排放权期货交易。依托"双碳"历史机遇,电力市场化改革已站在了历史的新风口。

无论是世界电力市场化改革的实践,还是中国电力市场化改革的政策,电力行业市场化改革的核心是从传统由政府管制定价逐步过渡到由市场主体竞争性定价,电价由市场竞争机制形成,并通过价格机制的作用优化电力资源配置。然而,由于电力具有不可储存性、供需即时平衡性等特征,市场环境下可能导致电价的大起大落,进而影响电力的正常生产与供应。最典型的例子就是发生于2003年的美国加利福尼亚州“8·14大停电事故”，其根本原因即为市场化环境下，电力需求持续升温导致电价持续攀升；2021年2月，美国得克萨斯州受极端寒冷天气影响发生大面积停电，一天内电力批发现货价格上涨超过100倍，且供电恢复迟迟未能进行。因此，电力市场环境下如何有效管理电价，防范、规避市场风险，便成为摆在理论界和实务界面前的重大课题。基于此种原因，作为电力市场化背景下有效管理市场风险、稳定电价、转移电价风险的重要工具，电力期货已为欧洲、美国、澳大利亚等越来越多的电力市场化改革先行区域和国家所采用，其重要作用日益彰显。这些国家和地区的电力期货交易机制和交易规则在实践中逐步形成和不断发展，在电力期货市场准入、期货交易规则、结算交割、合约担保、套期保值和风险控制等方面已经形成较为完备的规则，并充分经历了市场实践的检验。

党的十八大后，我国电力市场化改革进程加速。2015年，国务院《关于进一步深化电力体制改革的若干意见》已明确“待时机成熟时，探索发展电力期货和电力场外衍生品交易，为发电企业、售电主体和用户提供远期价格基准和风险管理手段”，并将此作为完善市场化交易机制的重要举措。然而，与电力市场化改革的现实需求与政策期待相比，中国学术界对电力期货理论和实务的研究相对却较为薄弱，且多停留在电力市场化改革、建设电力期货市场的必要性、可行性等层面。

基于此，本书立足世界各国电力期货交易的先行探索，借鉴其成功经验与失败教训，并结合中国现实情况，对中国电力期货市场构建的基本问题进行初步研究，以期为中国电力期货市场建设提供合理指引。

第二节 电力期货简介

作为能源领域的重要支柱,电力期货市场在世界各国走出了状况各异的发展道路。同时,针对其开展的理论研究方兴未艾,学界已对其开展了广泛而深入的研究。

一、电力期货的基本功能

电力期货是以电力为标的高度标准化可交易合约。① 与其他品种期货一样,电力期货具有价格发现、套期保值和风险规避等功能。值得注意的是,电力期货是否具备价格发现功能,理论界争议颇多。部分学者认为,电力的"不可储存性"导致电力期货价格与现货价格之间并无关联,从而使电力期货交易无效,因此,电力期货不具有价格发现功能。② 然而,另一些研究则支持电力期货具有价格发现的功能,并指出电力期货与现货价格之间存在正相关性。有学者采用协整理论和误差修正模型验证了北欧电力期货市场具有良好的价格发现功能。③

电力期货的套期保值功能在美国电力期货市场上得到了部分

---

① 参见徐达明:《电力期货市场的风险和防范机制》,载《华东电力》2003 年第 9 期,第 52 – 55 页。

② See Jonathan S. Moulton, *California Electricity Futures: The NYMEX Experience*, Energy Economics 27, 181 – 194 (2005); Robert A. Collins, *The Economics of Electricity Hedging and a Proposed Modification for the Futures Contract for Electricity*, IEEE Trans on Power Systems 1,100 – 107 (2002);吴忠群:《电力不可存储与电力期货市场失败:成因与机制》,载《财经经济》2011 年第 10 期,第 113 ~ 118 页。

③ 参见刘思东等:《电力期货市场的价格发现功能》,载《电力自动化设备》2008 年第 7 期,第 57 ~ 61 页。

验证——基于电力期货合约的直接套期保值有效减少了电力现货市场的价格风险。① 学界普遍认为,电力期货能为市场参与者提供抵御市场风险的能力;②多数研究支持电力期货有助于抑制电力价格过度波动的观点。③ 欧洲电力期货、期权市场的现实情况表明,电力期货交易控制了电力现货的价格风险,降低了因现货市场电价高度波动带来的经营风险,④此外,电力期货合约明显减少了北欧电力交易所电力现货交易风险。⑤ 但也有学者提出,电力期货在平抑电价波动转移电价风险时也带来了因电价高度波动而引发巨大金融风险的可能性,2003 年夏季美国加利福尼亚州出现严重电力危机,两家最大电力公司——美国太平洋煤气电力公司(PC & E)与南加州爱迪生电力公司(SCE)均申请破产即是例证。⑥

二、中国电力期货的可行性分析

历经百年发展,中国电力工业实现了从小到大、从弱到强、从

---

① See S. J. Deng, S. S. Oren, *Electricity Derivatives and Risk Management*, Energy 31,940 – 953 (2006).

② 参见周浩、陈建华:《电力期货和电力期货合约的设计》,载《证券市场导报》2003 年第 2 期,第 10 ~ 13 页。

③ See R. Bjorgan, et al., *Financial Risk Management in a Competitive Electricity Market*, IEEE Transactions on Power Systems 4,1285 – 1291 (1999); 张显、王锡凡:《电力金融市场综述》,载《电力系统自动化》2005 年第 20 期,第 1 ~ 10 页。

④ See Eirik Schroder Amundsen, Balbir Singh, *Developing Futures Markets for Electricity in Europe*, Energy Journal 3,95 – 112 (1992); 刘思东等:《电力期货市场的价格发现功能》,载《电力自动化设备》2008 年第 7 期,第 57 ~ 61 页。

⑤ See Hany Shawky, et al., *First Look at the Empirical Relation between Spot and Futures Electricity Prices in the United States*, Journal of Futures Markets 10,931 – 955 (2003).

⑥ 参见齐海波、张怡:《电力期货交易理论初探》,载《中国电力教育》2007 年专刊,第 240 页。

孤立到互联、从落后到领先的跨越式发展，电网规模、电压等级、资源配置能力、安全可靠水平等方面处于世界领先水平，在特高压电网、新能源发展等核心技术领域实现了多项世界第一。在中国电力工业发展壮大的过程中，根据国情、电情和网情不断进行改革，逐步形成具有鲜明中国特色的电力工业发展道路与电力市场运行机制。

2002 年，国务院印发《电力体制改革方案》（国发〔2002〕5 号，见附录 5），以此为标志性事件，我国电力工业市场化改革正式启动。经过十多年的逐步推进，市场化改革取得了较大进展，电力市场主体日趋多元，但仍存在一些问题：一是交易机制缺失、市场化定价机制尚未完全形成，造成市场资源配置的决定性作用难以发挥，节能高效环保机组不能充分利用，弃水、弃风、弃光现象时有发生；二是电价管理仍以政府定价为主，电价调整往往滞后于成本变化，难以迅即准确反映用电成本、市场供求状况、资源稀缺程度和环境保护支出。2015 年，中共中央、国务院下发《关于进一步深化电力体制改革的若干意见》及相关配套文件（配套文件见附录 8），标志着我国电力市场以"逐步建立以中长期交易规避风险，以现货市场发现价格，交易品种齐全、功能完善的电力市场，在全国范围内逐步形成竞争充分、开放有序、健康发展的市场体系"为目标向成熟市场化迈进。

一些学者认为，中国引入电力期货交易还为时尚早，其理由是：中国电力市场竞争参与者还没有形成，各省的电力市场化改革还未能彻底推进，电力的监管体系与法制体系还存在许多缺漏。① 有学者运用博弈论模拟电力期货市场上的投机商和发电厂的博弈

---

① 参见何川、朱梦琼：《电力期货交易可行性分析》，载《现代商业》2008 年第 23 期，第 188 页。

发现,最后投机商会选择退出而导致市场崩溃。① 但是,实践表明,目前电力市场化改革已成为一种趋势,包括美洲(美国)、欧洲(北欧国家、英国、荷兰、德国、法国和波兰)、大洋洲(新西兰、澳大利亚)等,都建立起了电力期货市场。随着电力市场的成熟,推出电力期货的条件也在逐渐成熟,推出电力期货已是大势所趋,电力期货的推出将促进电力产业的发展。随着各国电力市场化进程地推进,以及金融衍生品市场的不断创新,电力成为一种期货品种的必要性和可行性等问题成为研究焦点。② 有学者强调,电力行业在国民经济中占据基础工业地位,且电力的交易价格波动大,传输及转运便利,交易规模大、交易者数量多等特点满足期货产品的基本特征,且充分利用期货功能完善电力市场是电力市场化改革的目标之一。③ 有学者分析认为,大数据与电力市场交易相结合有助于电力交易期货决策,助力国家电力体制改革。④ 针对国内电力市场发展现状提出三种标准化电力期货合约,有学者设计了售电侧的中长期期货交易模型,并引入资金时间价值,确保市场平稳有序运行。⑤ 有学者从交易模式、竞价方式、合同种类等方面分析了电力市场交易模式,并在此基础上对全球能源互联网交易机制进行了探索研究,为全球统一电力市场交易体系建设提供管理上、机制

---

① 参见吴忠群:《电力不可存储与电力期货市场失败:成因与机制》,载《财经经济》2011 年第 10 期,第 113 ~ 118 页。

② 参见张显、王锡凡:《电力金融市场综述》,载《电力系统自动化》2005 年第 20 期,第 1 ~ 10 页。

③ 参见徐达明:《电力期货市场的风险与防范机制》,载《华东电力》2003 年第 9 期,第 53 ~ 54 页。

④ 参见杨涛、朱琳:《数据分析技术在电力期货交易市场中的应用研究》,载《电气技术与经济》2020 年第 3 期,第 57 ~ 61 页。

⑤ 参见史俊强等:《一种基于标准化期货合约的中长期电力交易新模式》,载《中国电力》2021 年第 6 期,第 29 ~ 35、70 页。

上、政策上的保障。①

三、电力期货市场的构建

学界通常将电力期货市场主体分为普通交易者、套期保值者、市场套利者三类。② 具体包括发电公司、电网公司、配电公司、电力经销商、电力经纪人及其他主体。③ 同时,电力期货市场健康有序运作离不开市场监管和管理者,包括:政府管理者、行业管理者和电力期货交易所。④ 关于电力期货合约,有学者认为,电力期货合约具有特殊性:电力不易储存;电力期货和电力现货价格之间的关联性较弱;每月的峰荷不同,每日峰、谷电价不同;电力交易受到输电网的限制。⑤ 关于电力期货风险主要有:期货价格的波动风险、指令执行风险、市场垄断及操纵风险、交割风险、违约风险。⑥ 关于电力期货的交割,由于电力不可储存性,电力期货交割有别于普通商品期货交割,应当在交割机制时予以充分考虑。⑦ 对于理论界担

---

① 参见李曈:《全球能源互联网下电力市场交易模式研究》,载中国电机工程学会电力市场专业委员会2019年学术年会暨全国电力交易机构联盟论坛论文集,第78页。

② 参见祁达才:《基于期货理论的电力交易模式与方法研究》,清华大学2004年博士学位论文,第37~39页。

③ 参见白青峰:《我国发展电力期货相关问题研究》,武汉大学2010年博士学位论文,第20~21页。

④ 参见祁达才:《基于期货理论的电力交易模式与方法研究》,清华大学2004年博士学位论文,第27~28页。

⑤ 参见白青峰:《我国发展电力期货相关问题研究》,武汉大学2010年博士学位论文,第4~5页。

⑥ 参见祁达才:《基于期货理论的电力交易模式与方法研究》,清华大学2004年博士学位论文,第57~61页。

⑦ 参见白青峰:《我国发展电力期货相关问题研究》,武汉大学2010年博士学位论文,第63页。

心的电力交割产生的电力输送和结算的问题,可参照中国华东电力市场发电权交易的经验进行解决。①

从以上研究可以看出,关于电力期货市场的研究还相对较为零散,不够系统和深入,尤其缺乏对国外电力期货市场建设的全面考证和研究。

第三节　研究思路

一、研究内容

本书拟基于全球视角,对中国电力期货市场建设进行初步研究,主要研究内容如下:

一是电力期货市场基本问题研究。主要论证电力是否可以作为期货交易的品种,为什么要建立电力期货市场等问题。

二是全球电力期货市场的形成与发展。拟对全球电力期货市场的形成与发展进行系统梳理,从中探寻电力期货市场形成和发展的轨迹与基本规律。

三是中国电力期货市场的形成。拟从电力期货市场形成和发展的轨迹与基本规律入手,基于中国电力市场现状,论证建立中国电力期货市场的必要性、可行性、形成路径等。

四是中国电力期货市场的具体构建。主要论证电力期货交易所模式选择、电力期货市场主体构建,电力期货合约设计、电力期货交割模式选择等。

五是中国电力期货市场基本法律制度。主要论述电力期货市

① 参见翟星、刘剑清:《电力期货市场对发电企业和影响探讨》,载《能源技术经济》2011 年第 10 期,第 24～27 页。

场风险防范制度和电力期货市场监管制度。

二、研究难点

一是建立电力期货市场必要性和可行性问题。一般认为，电力具有不可存储性，由此导致电力现货与期货价格缺乏足够的关联性，从而质疑电力期货市场是否有必要存在，而该问题是电力期货市场构建的前提性和基础性命题。

二是电力期货市场形成与发展的基本规律问题。由于全球电力期货市场形成时间不长，分布范围不广，电力期货形成与发展不够充分，由此，根据部分国家和地区电力期货形成与发展情况难以得出基本规律，总结出的规律可能不尽周全。

三是中国电力期货市场的构建问题。由于中国电力市场化改革刚起步，电力现货市场尚未完全形成，电力现货市场和电力期货市场的相关问题和矛盾还未显现，对电力期货市场构建的探索是在诸多假设的前提条件下进行的。

三、研究方法

一是实证和量化的研究方法。本书采用实证方法对全球电力期货市场进行全方位、多角度的实证研究。采用量化分析方法，对全球已有的电力期货市场的相关经济数据进行统计分析，揭示电力期货交易的基本规律。

二是历史分析方法。本书采用历史分析方法对电力市场和电力期货市场形成和发展的历史进行系统研究。

三是比较研究方法。本书采用比较研究方法，对中国电力期货市场构建中的主体及运行模式选择、电力期货合约设计、电力期货交割机制设计和法律制度设计的相关问题进行论证。

第四节 研究意义

一、形成系统认知

本书从全球主要电力期货交易所出发,充分考虑电力期货交易中作为商品的电力和电力期货合约的特性,从电力生产、输配、交易规则、价格发现、交割结算和套期保值等各个环节解析电力期货市场运行的真实情况,以期提供最真实的、经过市场长期检验的第一手资料,为读者对电力期货市场形成全景式认知。

二、丰富期货理论

基于电力行业和电力商品本身的特殊性,电力期货市场有别于一般的商品期货市场,其运行机制和制度设计也应有别于一般的商品期货市场。本书通过电力期货市场构建研究,可以进一步拓展期货市场的研究视域,丰富和发展期货市场理论。

三、提供实践指引

本书通过对全球电力期货市场的系统梳理,探寻期货市场形成和发展的轨迹和一般规律,为中国电力期货市场的形成和具体构建提供参考和可行性依据。同时,基于全球电力期货市场的实践和中国的实际,为建立中国电力期货市场提供可行方案,以期推动中国电力期货市场建设。

第二章 电力期货市场的基本问题

电力期货市场的基础性命题是电力是否适合作为期货交易品种以及电力期货市场是否有必要存在,它是本书研究的逻辑起点。关于该命题,理论上一直存有争议。本书在系统梳理相关争议观点的基础上,从电力期货市场存在的可行性以及基本功能两方面,阐述电力期货市场存在的客观必然性,为后续相关问题研究奠定基础。

第一节 理论争议

一、反对观点

国外一些学者反对将电力作为期货市场的交易客体,反对的理由主要包括以下几个方面：

第一，电力垂直一体化垄断模式将使电力成为期货品种后无法发挥出期货的功效。图率（Tussing）和撤切尔（Hatcher）认为，由于电力自身发、输、配、售一体化垂直垄断经营的特点，电力成为期货品种后也无法发挥作用。① 布里安扎（Brianza）则提出，因为电力现货市场被少数发电和输电企业操控，因此，电力进入期货市场，成为一个期货交易品种后可能会重蹈电力现货市场的覆辙。②

第二，电力无法进行期货—现货跨市交易，这将影响电力成为期货品种后的功能发挥。约尔贝格（Gjolberg）和约翰森（Johnsen）通过研究挪威水电和北欧电力市场中的电力期货，认为电力期货是无效的，因此，电力不能成为期货的一个交易品种。主要理由是：当消费者和生产者在使用现货和期货模型进行跨市交易时，交易不具有对称性。首先，当电力现货价格降至低谷，并且预测未来电力价格将上升时，消费者无法事先在电力现货市场上购买并长期持仓，直到在电力期货市场上卖出电力期货合约进行套利交易。此外，在挪威市场和北欧市场上，少数寡头企业垄断电力生产，电力期货市场仍不成熟且效率低下。其次，电力价格波动要比其他大宗商品剧烈，使用电力期货价格对电力现货的价格进行预估，会存在偏差，因此，电力期货没有价格发现功能。最后，电力期货价格不能反映电力市场中的各类信息，相关信息不能有效影响价格

---

① See Arlon R. Tussing, David B. Hatcher, *Prospects for an Electricity Futures Market*, Resources Policy 20, 135 – 141 (1994).

② 转引自倪迎春：《电力期货市场理论与运行》，中国人民大学 2004 年博士学位论文，第 2 页。

并充分反映到电力期货的价格当中去。① 莫尔顿(Moulton)也认为,现货价格和期货价格仅存在弱关联性。②

第三,电力成为期货品种后无法发挥套期保值功能,这将会导致电力期货品种最后以失败告终。阿贝尔(Aber)和圣蒂尼(Santini)通过研究纽约商品交易所的两个期货品种(COB,交割地:California-Oregon Border;PV,交割地:Palo Verde)1997 ~ 2000年的套期保值率,得出结论:通过电力期货市场不能实现套期保值功能,导致套期保值失败的原因可能是加利福尼亚电力期货市场的运营不正常。③

第四,电力期货市场的活跃度、流动性不足,会导致电力成为期货交易品种后无法正常交易。莫尔顿通过研究加利福尼亚电力期货导致的电力危机后,总结得出结论:电力现货和期货的价格都呈现波动性和季节性;投机者会因为市场被操控而选择离开,最终只剩下套期保值者,使市场的活跃度丧失。④ S. J. 邓(Deng)全面分析如何运用电力现货、电力期货、电力远期和电力期权进行价格风险管理后提出:电力市场的流动性不够,市场化程度不足,通过电力期货等电力衍生金融工具进行套期保值的期望暂时还无法实现。⑤

---

① See Ole Gjolberg, Thore Johnsen, *Risk Management in the Oil Industry: Can Information on Long-Run Equilibrium Prices be Utilized?*, Energy Economics 21, 517 - 527 (1999).

② See Jonathan S. Moulton, *California Electricity Futures: The NYMEX Experience*, Energy Economics 27, 181 - 194 (2005).

③ See Jack W. Aber, Donald L. Santini, *Hedging Effectiveness Using Electricity Futures*, Derivatives Use, Trading & Regulation 1, 7 - 27 (2003).

④ See Jonathan S. Moulton, *California Electricity Futures: The NYMEX Experience*, Energy Economics 27, 181 - 194 (2005).

⑤ See S. J. Deng, S. S. Oren, *Electricity Derivatives and Risk Management*, Energy 31, 940 - 953 (2006).

国内也有反对的声音。吴忠群认为，电力这种商品与一般商品不同，它具有难以存储的特性，这一特性使当前电力现货的均衡价格和未来电力远期的均衡价格没有关联性，电力现货价格的波动就不会受套利行为的影响，未来的电力价格对当前的决策没有影响。由此，他认为，电力成为期货品种后，将无法发挥应有的功能，特别是没有价格发现的功能。①

二、支持观点

尽管存在反对的声音，但是多数学者认为电力应该被纳入期货市场，成为期货市场的一个品种。笔者将支持的理由归结如下：

第一，金融结算方式能加强电力期货与电力现货之间的联系，使得电力成为期货品种后能正常发挥期货的功能。柯林斯(Collins)对比电力和其他商品的区别后发现，采用金融结算方式的电力期货可以消除剩余期限，强化电力期货与现货间的价格联系。② 贝塞宾德(Bessembinder)和莱蒙(Lemmon)考虑到电力的难以储存性，不能采用传统的以套利为基础的方法对电力期货、电力期权和电力远期合约进行定价，故建立了一个均衡价格模型，通过此模型揭示了电力现货和期货的价格间的联系，并且他们发现，发电商和零售商在期货和远期市场上的最优套期保值头寸，取决于

① 参见吴忠群：《电力不可存储与电力期货市场失败：成因与机制》，载《财经经济》2011 年第 10 期，第 113 ~ 118 页。

② See Robert A. Collins, *The Economics of Electricity Hedging and a Proposed Modification for the Futures Contract for Electricity*, IEEE Trans on Power Systems 1, 100 – 107 (2002).

对未来电力需求的预测和电力价格曲线。①

第二，电力期货能有效降低电力现货市场的风险。佩宁斯(Pennings)和海伊曼(Heijmam)通过研究证明，电力市场中，较之仅存电力现货市场的情况，期货市场与现货市场并存能更好地发挥市场作用。② 阿蒙森(Amundsen)认为，在欧洲建立电力期货市场和电力期权市场有利于发现电力价格和规避电力价格风险。③ 布鲁克斯(Brooks)比较了电力期货和金属期货、金融期货后，得出结论：美国电力期货市场属于无套利市场，且美国现货电价的波动远超过电力期货价格，因此，电力期货市场有利于平抑电价，具有套期保值功能。④

第三，电力成为期货品种后，能够将更充分的竞争机制引入电力市场，增加电力市场化的程度。莫克(Mork)认为，引入电力期货是必要的，因为将电力交易证券化之后，交易将变得更加便利和快捷，此外，竞争者参与市场的门槛也将降低，一个具有高效价格发现功能的电力现货市场将形成，而高效的电力现货市场又是建设电力期货市场条件之一。⑤ 与此同时，市场投机者能够承担价格波动的风险，提高市场的流动性，使电力期货市场建设成为可能。⑥

---

① See Hendrik Bessembinder, Michael L. Lemmon, *Equilibrium Pricing and Optimal Hedging in Electricity Forward Markets*, The Journal of Finance 3, 1347 - 1382 (2002).

② See Joost M. E. Pennings, Willem J. M. Heijman, *Prospects for an Electricity Futures Market: A Comment*, Resources Policy 12, 283 - 284 (1996).

③ See Eirik Schroder Amundsen, Balbir Singh, *Developing Futures Markets for Electricity in Europe*, The Energy Journal 3, 95 - 112 (1992).

④ See Robert Brooks, A. A. El-Keib, *A Life-Cycle View of Electricity Futures Contracts*, Journal of Energy Finance & Development 3, 171 - 183 (1998).

⑤ 参见张显等：《电力市场中的双边合同》，载《电力自动化设备》2003 年第 11 期，第 77 ~ 86 页。

⑥ See Erling Mork, *Emergence of Financial Markets for Electricity: A European Perspective*, Energy policy 1, 7 - 15 (2001).

第四,数据表明美国电力期货市场正逐步发挥作用,这为电力成为期货品种的可行性提供了直接证据。阿夫萨尔(Avsar)和高斯(Goss)通过研究四个不同交割地点(分别为 COB,PV,Cinergy与 Entergy)的电力期货,对期货市场的有效性作出判断。研究发现,在 1996 ~ 1997 年间,电力期货市场是无效的,但在 1998 ~ 1999年间,电力期货市场是有效的。研究者对这种现象给出了一个合理的解释,那就是随着美国电力期货市场的逐步成熟,其正从无效变为有效。①

在国内,支持电力期货市场的观点亦较为普遍。张少华和李渝曾等研究发现,在不受操控的竞争状态的电力市场中,电力期货的确可以降低电力消费者的价格风险,②因此,电力成为期货品种具有一定合理性。韩学山和蔚娜等指出,电力生产商参与电力期货市场后,可通过对机组约束处理或者机组改进来降低运行成本,③这体现出电力成为期货品种后对电力生厂商具有正向效应。周浩和陈建华提出,电力期货的套期保值功能和价格发现功能可以让电力消费者或者其他套期保值者规避电力市场中电价剧烈波动的风险,促进电力市场的稳定发展,④这说明电力成为期货品种后可以减低电价波动风险。蔚娜、王世杰等将电力市场按照交易的不同划分为现货交易、期货交易、实时交易、辅助交易和输电权

① See S. Gulay Avsar, Barry A. Goss, *Forecast Errors and Efficiency in the US Electricity Futures Market*, Australian Economic Papers 4,479 - 499 (2001).

② 参见张少华等:《电力市场中的远期合同交易》,载《电力系统自动化》2001年第5期,第6~10页。

③ 参见韩学山等:《期货交易下的发电公司运行成本分析》,载《控制与决策》2002年第11期,第811~813页。

④ 参见周浩、陈建华:《电力期货和电力期货合约的设计》,载《证券市场导报》2003年第2期,第10~13页。

交易,并且预测期货交易的交易模式将成为中国电力市场占主导地位的交易模式。① 倪迎春认为,电力期货具有价格发现功能,且建立电力期货市场是中国电力市场化改革中的重要一环,电力期货价格能为政府对宏观经济的调控提供决策依据;电力期货市场能为政府对能源市场调控提供一种新的手段;电力期货可以丰富电力交易形式,为破除电力垄断提供实践路径;电力期货价格有助于形成电力真实价格,改善政府指导价存在的供需关系反应不全面、不准确的缺点;电力期货市场能帮助用电大客户、工业企业锁定能耗成本,提升企业的风险管理能力;电力期货的上市不仅能够丰富中国现有的期货交易品种,还能壮大中国的期货市场规模,增加市场深度,拓展市场广度。②

通过梳理学术界关于电力期货是否可能和必要这一问题的不同观点可以发现,争议的核心是电力能否成为期货品种,电力期货市场建立后能否发挥应有的功能,后文将对这些问题展开详细论述。

第二节　建设电力期货市场的可行性分析

期货上市的可行性分析是推出新的期货合约过程中的重要环节。从 1865 年第一份期货合约上市交易以来,全球范围内已经有超过 2000 种期货品种投入市场,与此同时,超过 30% 的期货品种

---

① 参见蔚娜等:《面向期货交易的发电策略》,载《东北电力学院学报》2002 年第 22 期,第 18 ~22 页。

② 参见倪迎春:《电力期货市场理论与运行》,中国人民大学 2004 年博士学位论文,第 45 ~46 页。

最终因失败而退市。① 为了进一步证明上市期货品种存在较大的失败风险，本书以美国国内从1865年至2004年140年间期货品种的退市情况进行举例证明。

由图2－1可知，在1865年至2004年的140年内，美国国内期货品种退市率高达37.68%；在1974年至1989年间，上市期货品种的退市比例更是高达61.11%。

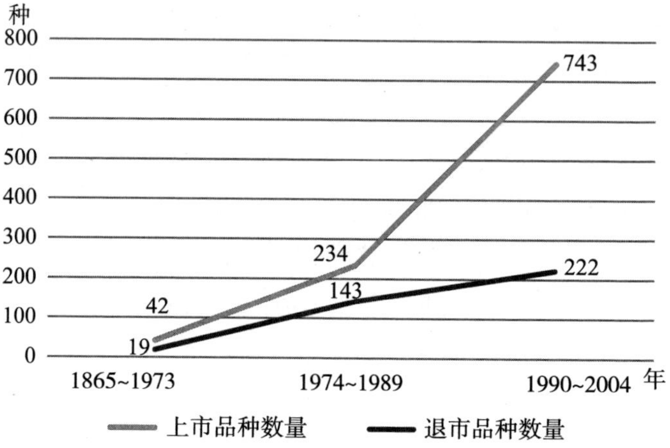

图2－1 美国140年间期货品种上市和退市情况

资料来源：郭晓利、马瑾：《期货品种上市成败及影响因素研究》，载《证券市场导报》，2011年第8期。

与高退市率相对应的，是较高的新期货品种上市前期开发成本。据测算，开发一个新期货品种的前期成本大约在70万～500万美元。② 与此同时，新期货品种上市后还会产生交易维护成本。

① 参见郭晓利、马瑾：《期货品种上市成败及影响因素研究》，载《证券市场导报》2011年第8期，第18～25页。

② 参见郭晓利、马瑾：《期货品种上市成败及影响因素研究》，载《证券市场导报》2011年第8期，第18～25页。

一个新的期货品种退市,意味着巨额的经济损失。因此,期货品种退市率和前期开发费用要求上市期货品种前需要做好可行性分析,降低新上市期货品种的退市率,减少经济损失。

那么,什么是成功的期货合约标准呢? 一些学者采用交易量来作为衡量期货合约的标准,希尔柏(Silber)认为,一个新的期货交易量能够在上市后的第3年超过1万手,这个新的期货就是成功的。[①] 桑德尔(Sandor)则认为,一个期货品种的年均交易量能超过1000手,那么这个期货品种就成功了。[②] 另一些学者采用期货品种的上市时间来判断其成功与否。卡尔顿(Carlton)认为,上市超过2年的期货品种是成功的期货品种,若在2年内退出期货市场交易的品种,则是不成功的期货品种。[③] 还有一些学者以是否实现期货上市的功能来判断是否成功,阿蒙森和施罗德(Schroder)等认为,评价一个期货成功与否主要看两个功能是否实现:一是期货市场中的价格将影响商品的库存并且能影响与该商品价格风险密切相关的上市公司的股价;二是生产者和消费者面对该商品价格的不确定性时,可以使用期货市场分散风险。[④]

本书认为,一种商品能否成为期货品种,并在期货市场进行交易,需要具备两方面的评价标准:一是通过分析商品的主要特征确

① See Kenneth D. Garbade, et al., *Price Movements and Price Discovery in Futures and Cash Markets*, The Review of Economics and Statistics 62, 289 – 297 (1983).

② See Richard L. Sandor, *Innovation by an Exchange: A Case Study of the Development of the Plywood Futures Contract*, Journal of Law and Economics 1, 119 – 136 (1973).

③ See Dennis W. Carlton, *Futures Markets: Their Purpose, Their History, Their Growth, Their Success and Failures*, Journal of Futures Markets 4, 237 – 271 (1984).

④ See Eirik Schroder Amundsen, Balbir Singh, *Developing Futures Markets for Electricity in Europe*, The Energy Journal 3, 95 – 112 (1992).

定能否成为期货品种；二是通过考察该商品期货上市交易以后的运行绩效来评价。此处着重论述第一项标准，关于第二项标准，本书将在第四章中以实证的方法，从全球电力期货市场形成来考察电力期货上市交易之后的运行绩效。

关于第一项标准，学者们提出了自己的观点。阿蒙森和施罗德等认为，一种商品能否成为期货需要看该商品是否具有以下特征：第一，该商品能够统一品质和质量；第二，该商品的需求量和供给量必须是不确定的；第三，该商品的供应必须保持稳定；第四，该商品的价格必须是波动的；第五，该商品的价格信息能够有效影响商品的价格；第六，该商品能够给投资者提供公平的交易机会。① 田源、李建中等认为，一种商品要成为期货品种必须具备以下四个要件：第一，该商品必须能够储存且能够进行运输；第二，该商品的质量、等级、规格等容易划分量化；第三，该商品的交易量大，且价格波动频繁；第四，有大量的买卖者参与该商品的交易。② 徐雪认为，商品期货上市需要满足以下五个条件：第一，该商品能贮藏和保存较长时间不变质；第二，该商品品质易于划分，质量可以评价；第三，商品供给量较大，不易被少数人控制和垄断；第四，市场交易主体众多；第五，价格波动频繁。③ 段文斌和王化栋则认为，上市商品必须具备以下四个特殊性质：第一，该商品具有可储藏性，能够保存一定时间；第二，该商品有划分和评价标准；第三，该商品可大量进

---

① See Eirik Schroder Amundsen, Balbir Singh, *Developing Futures Markets for Electricity in Europe*, The Energy Journal 3, 95 – 112 (1992).

② 参见田源等：《期货交易全书》，中国大百科全书出版社 1993 年版，第 10 ~ 11 页。

③ 参见徐雪：《期货市场学教程》，经济日报出版社 2005 年版，第 92 ~ 93 页。

行交易;第四,该商品价格波动频繁。①

综合以上观点,本书认为,一种商品能否成为期货,需要审视该商品是否具有以下属性:

第一,商品标准化。期货合约之所以将商品的品质与质量实行统一标准,是由其属性决定的,期货合约是标准化的合约,如果商品本身不能标准化,这意味着合约标的不可标准化,这将使期货合约只能一对一地进行交易,不能系统而有效地转让和流通。

第二,商品具有庞大的生产量与交易量。这是因为,商品生产量大、交易频繁,才能使期货交易参与者足够多,期货交易才能够繁荣,围绕期货交易价格竞争才比较充分,相关风险才能得到有效转移,期货交易才能正常开展。反之,如果商品生产量小,交易量不大,不仅期货交易的买卖者少,竞争不够充分,而且容易形成该商品的价格垄断,期货交易容易受阻。

第三,商品能够自由竞争。成为期货的商品能够自由、充分竞争,该商品的价格经由竞争机制形成,唯有如此,建立在该商品基础上的期货交易才能实现自由竞争,期货价格形成机制才能正常发挥作用。如果一种商品的价格是被垄断或者少数人所操控,那么,这种商品成为期货品种之后,商品背后的垄断者或者操控者将利用其对该品种商品的巨大市场力影响期货市场商品的价格,从而将期货市场变成赚取超额利润的场所。而这样的畸形期货市场将导致投机者大量亏损,然后退出,最后该品种的期货市场将因无流动性而崩溃。

第四,买卖者众多。体现在两方面:既要求实物商品的买卖者

① 参见段文斌、王化栋:《现代期货市场学》(第三版),经济管理出版社 2003 年版,第 9 页。

众多,也要求该商品在成为期货品种后,期货合约的买卖者众多。买卖者众多是期货交易流动性的前提和基础,这也就意味着,买者在以合理价格购买该期货的时候,总会有人以该价格卖出;卖者以合理价格出卖该期货的时候,总有人以此价格“接盘”。这样,市场流动性就强,市场活跃度就高,就能够吸引更多投资者和投机者,期货交易才能得以延续。

第五,商品价格波动频繁。这是因为,期货本身是商品价格风险转移的工具,如果没有价格的频繁波动,就没有必要利用期货市场的交易机制转移对应商品的价格波动风险,这样也会使期货市场上的投机行为消失,期货市场因缺失流动性而崩溃。

第六,商品能够有效储存。商品期货实质上是商品买卖的远期合约,从期货合约上市到该期货商品交割,需要经过较长的时间,在这个期间内,需要对其进行有效储存,如果某种商品不易被储存,意味着在期货合约到期货交割时,期货合约的所有人将无法按期货合约内容提取相应的实物。因此,从理论上讲,只有商品能够有效储存,才能使期货交易顺利开展,不影响期货的正常交割。

本书将根据以上标准,具体分析电力商品是否可以成为期货交易品种并进行期货交易。本书的分析结果显示,电力这种商品符合期货品种的要求,可以成为期货交易品种。

第一,电力是典型的标准化产品。电力产品的物理衡量标准是电压和频率,这两项指标均有统一的技术标准。电压等级从低到高分为220伏、380伏、10千伏、35千伏、110千伏、330千伏、500千伏等电压等级,各国的电力供应也有固定频率。电力的商品计量标准为容量和电量两个标准,容量以千瓦计量,电量即商品的数量以千瓦时作为计量。由此可以看出,无论是物理标准还是商品计量标准,电力分类均有统一的标准和规范。

第二,电力的生产量巨大。全球从 1980 ~ 2012 年的电力生产量逐年增加,2012 年全球电力生产量达到 215,317 亿千瓦时。如此巨大的生产量,完全能够满足期货交易的需要,全球数据如图 2 – 2所示。

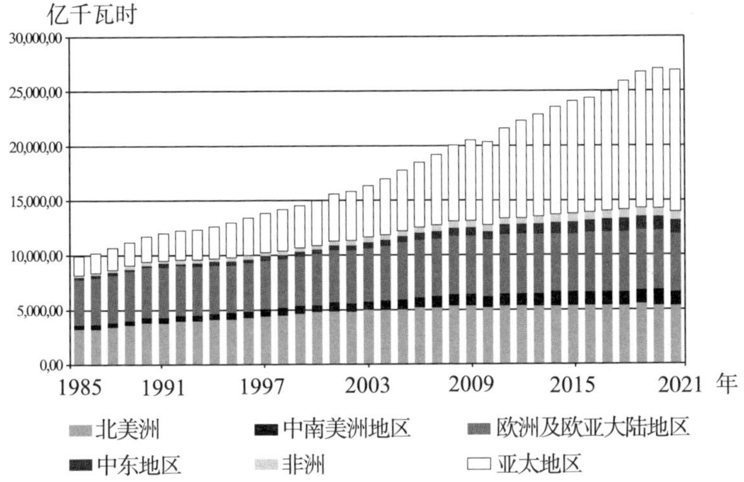

图 2 – 2　全球电力生产量历年汇总

资料来源:万得资讯。

第三,电力商品能够自由竞争。传统的电力行业实行垄断经营,而随着全球技术进步和经济社会发展,从 20 世纪 80 年代开始,电力行业开始引入竞争机制,实行电力市场化改革,目前电力行业市场化改革已经成为全球化的趋势,对此,本书将在后面的章节中进一步论述。电力行业市场化改革的本质是凸显电力的商品属性,使电力商品能够自由充分竞争,电力商品的价格经由竞争机制形成。从全球电力市场化改革的成效看,电力商品自由竞争已经成为常态。同时,从全球电力行业市场化改革的情况看，除输配电网环节实行垄断经营以外，电力的发电和售电均已全部放开，多元化的自由竞争格局已经形成，不存在少数人控制的局面。

第四，电力买卖参与方众多。随着电力工业的发展，电力作为一种重要的能源，已经渗透到经济社会的方方面面，无论是工农业生产还是城乡居民的生活，都与电力密切相关。

而对于电力的生产者而言，在传统的电力行业垄断经营模式被打破以后，电力生产格局也发生了深刻的变化，电力生产者准入"瓶颈"被打破，众多资本进入电力生产环节，由此，出现了众多的电力生产者。以中国为例，图 2－3 所显示的是国内从 1999～2014 年电力生产企业的数量。由图 2－3 可以看出，即使在电力生产企业最少的年份 1999 年，其生产企业数量也高达 1999 家，最多时，电

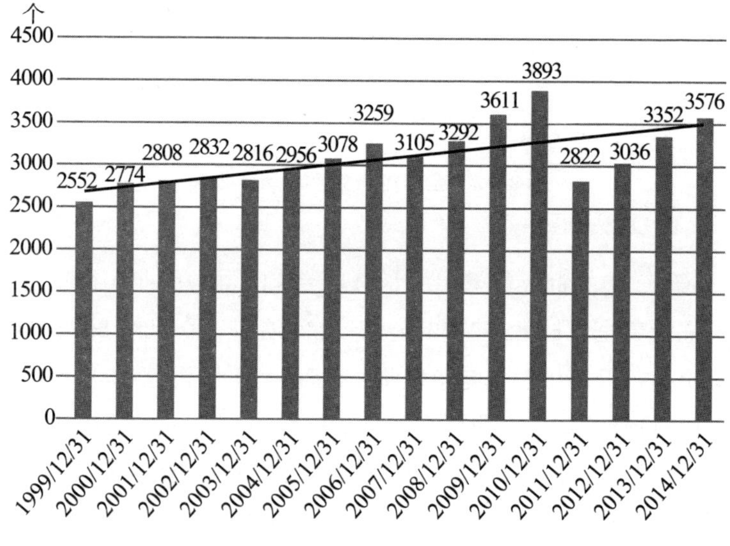

图 2－3　我国国内 1999～2014 年电力生产企业数量

资料来源：万得资讯。

力生产企业达到了3893家。随着新能源高比例接入电网，新能源将逐步成为装机和电量主体，发用电一体"产消者"大量涌现，电力生产者将呈现井喷式增长。

第五，电力价格波动频繁。在电力市场化改革以后，电价管制被取消，由此电价波动十分频繁。图2－4所显示的是美国宾夕法尼亚—新泽西—马里兰联合电力市场（Pennsylvania-New Jersey-Maryland，PJM）2009年7月1日至2010年6月30日的电力现货价格走势。从图2－4中可以看出，[①]电力现货价格的波动不但巨大，例如，最高价、最低价之间可相差数百倍之巨，而且电力现货价格波动也十分频繁，每时每刻均处于不断变动之中。由此可知，在价格不受政府干预的情况下，电力价格波动幅度大，波动频率频繁，适合作为期货品种。

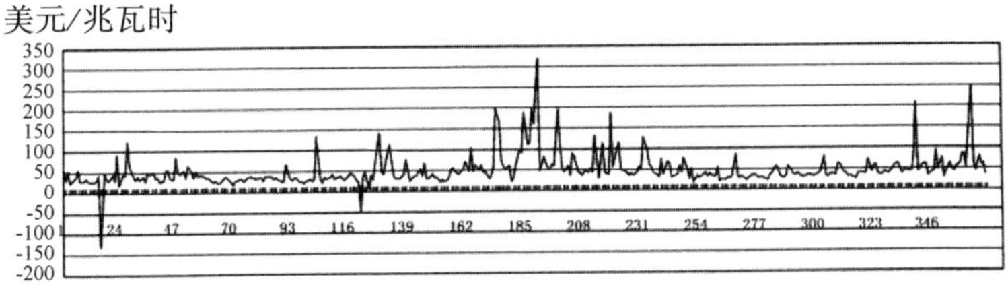

图2－4　电力现货价格波动

资料来源：根据美国宾夕法尼亚—新泽西—马里兰联合电力市场2009年7月1日至2010年6月30日18时的电力现货价格绘制。

第六，关于电力储存性问题。传统期货理论认为，商品的有效储存是期货存在的必要条件，这与传统期货需要以实物交割为主导的特点密切相关。但是，随着期货市场的不断发展，期货市

① 参见吴忠群：《电力不可存储与电力期货市场失败：成因与机制》，载《财贸经济》2011年第10期，第113～118页。

场的商品属性不断弱化，而金融属性日益强化，体现在期货交割方式上，现已初步形成了以现金等金融方式为主导的交割方式，部分发达国家的期货市场甚至实现了完全的现金交割，摒弃了实物交割方式。在此背景下，电力是否可以有效储存这一问题已无关宏旨。况且，虽然电力物理属性决定了电力产品不能大规模有效储存，但仍可能通过其他间接方式储存，例如，在火力发电企业，可以通过储煤方式将电力生产延缓；在水力发电企业，可以通过大坝蓄水的方式延缓电力生产，这也部分解决了电力的储存问题。基于此，储存性问题不会在根本上影响电力成为期货交易品种。

第三节　电力期货市场的基本功能

在认识到建立电力期货市场可行性的基础上，我们必须从理论上认识电力期货市场的功能。具体言之，将期货引入电力行业将为发现电力市场赋予电力商品价格功能、转移风险和保值、促进电力行业发展的功能。

一、发现电力商品价格

一般而言，期货的价格发现功能是指期货市场对进入市场的有效信息能够及时、迅速作出反应，价格能够快速调整到位，而调整到位的价格是对其相应的现货品种未来的价格变化结果的预示。①

① See Lars Peter Hansen, Robert J. Hodrick, *Forward Exchange Rates as Optimal Predictors of Future Spot Rates: An Econometric Analysis*, The Journal of Political Economy 5,829 – 853 (1980).

期货市场的价格发现功能是在商品价格形成过程中体现的，在此过程中能反映出市场对该商品随后的现货价格变化的预期，并将有关信息传递至整个市场体系当中。价格发现功能在期货市场的发挥程度，直接反映了期货市场的有效性——这取决于新进入市场的有效信息是先影响期货价格，还是先影响现货价格。

中外众多专家学者围绕期货及其价格发现功能开展了广泛而深入的研究。沃金（Working）从价格预测的角度，解析了期货市场价格发现功能，他认为期货价格是市场一致同意在价格上的表达，它可以代表商品未来的报价。沃金进而提出，期货市场价格预测功能的理论依据是可信赖的预期价格理论。他认为，期货价格取决于现在和将来的具体供需条件下对有效信息进行预测与估计的结果，其价格的改变主要是对市场供求状况的反映。① 基于可信赖的预期价格理论，他提出了"完美期货市场"的定义，即在任何时点上，期货价格都是利用当前所可能获得的信息，对期货合约到期日价格的最佳估计。汉森（Hanson）与赫德里克（Hodrick）给出了期货价格发现功能的模型 $S_t = a + bF_t + \varepsilon_t$，在这个模型中，期货价格是最后交易日现货价格的无偏估计。② 豪森克尔（Houthakker）、③

① 转引自大连商品交易所课题组：《中国期货市场功能研究——大连商品交易所的实证、调查与例证》，中国财政经济出版社 2010 年版，第 6 页。

② See Lars Peter Hansen, Robert J. Hodrick, *Forward Exchange Rates as Optimal Predictors of Future Spot Rates: An Econometric Analysis*, The Journal of Political Economy 5, 829 – 853 (1980).

③ See H. S. Houthakker, *Can Speculators Forecast Prices?*, Review of Economy and Statistics 2, 143 – 151 (1957).

杜萨克(Dusak)、[①]博迪(Bodie)和罗桑斯克(Rosansky)、[②]叶冢(Hazuka)[③]等使用协整分析方法[④]研究美国期货市场上的玉米、小麦、大豆、棉花期货品种,发现价格发现功能确实发挥了作用。华仁海、仲伟俊、[⑤]康敏、[⑥]乔娟[⑦]等学者运用实证的方法研究了大豆、小麦和天然橡胶等品种的价格发现功能,证明了中国国内期货市场的价格发现在效率总体上不断提高。

关于电力期货价格发现的功能,理论界存在争论,一些学者认为,电力期货没有价格发现功能,如柯林斯和莫尔顿就认为,学者们关于电力期货有效性的观点是缺乏实际情况支撑的,这些观点是建立在一般性竞争市场运行机理基础上的。由于电力不具有可储存性,这使一般性竞争市场的运行机理无法适用于电力期货市场。因此,以此为基础的电力期货价格发现功能也是无法成

---

① See Katherine Dusak, *Futures trading and Investor returns: An Investigation of Commodity Market Risk Premiums*, The Journal of Political Economy 6, 1387 - 1406 (1973).

② See Ziv Bodie, Victor Rosansky, *Risk and Return in Commodity Futures*, Financial Analysts Journal 3, 27 - 39 (1980).

③ See Thomas B. Hazuka, *Consumption Betas and Backwardation in Commodity Markets*, Journal of Finance 3, 647 - 655 (1984).

④ 协整分析法是 *Johansen*、*Juselius* 提出的。该方法利用极大似然法推导出协整检验以及参数检验的统计推断工具来检验期货市场的价格发现功能及其市场效率,为研究非平稳经济变量之间的均衡关系提供了全新的方法。协整分析法的引入,为期货市场价格发现的实证分析提供了更为科学的手段。

⑤ 参见华仁海、仲伟俊:《对中国期货市场量价关系的实证分析》,载《数量经济技术经济研究》2002 年第 6 期,第 119 ~ 121 页。

⑥ 参见康敏:《中国农场品期货市场功能与现货市场关系研究》,中国农业大学 2005 年博士学位论文,第 48 ~ 79 页。

⑦ 参见乔娟:《中国大豆国际竞争力研究》,中国农业大学 2004 年博士学位论文,第 77 ~ 102 页。

立的。[①] 然而，另一些学者则认为，期货和现货的价格间存在一定程度的协整关系；此外，他们还认为期货价格是现货价格的无偏估计量；在价格变动方面，期货价格要先于现货价格。[②] 阿森顿（Amundsen）也提出，欧洲建立电力期货市场将有利于电力的价格发现，规避电力现货市场的风险。[③]

本书认为，电力期货之所以能够发现价格，是由电力期货交易机制所决定的：

第一，期货交易是在交易所内公开、集中竞价交易。公开性和集中性是期货交易的两个重要特性，这两个特性可以让期货市场参与者将与交易商品有关的所有信息都汇总到交易所内，这些信息汇集了电力生产商、电力输配商和用户，也就是电力的生产、输配和最终消费者的全部阶段的参与者对供求关系的看法。这些信息将以投资者交易决策的形式投射到期货价格之中。交易所内公开、集中竞价交易的制度有利于汇总商品信息，准确发现商品未来价格。

第二，期货交易可以实现卖空操作。即投资者可以在没有现货商品的情况下卖出未来交割的商品。卖空操作机制将带来以下好处：首先，卖空操作机制可以消除信息知晓者参与期货商品价格形成的壁垒。在缺乏卖空机制的情况下，投资者获得了有关商品

---

① See Robert A. Collins, *The Economics of Electricity Hedging and a Proposed Modification for the Futures Contract for Electricity*, IEEE Transactions on Power Systems 1, 100 – 107 (2002); Jonathan S. Moulton, *California Electricity Futures: The NYMEX Experience*, Energy Economics 27, 181 – 194 (2005).

② 参见刘思东等：《电力期货市场的价格发现功能》，载《电力自动化设备》2008 年第 7 期，第 57 ~ 61 页。

③ See Eirik Schroder Amundsen, Balbir Singh, *Developing Futures Markets for Electricity in Europe*, The Energy Journal 3, 95 – 112 (1992).

利空的消息后，这个投资者要有现货商品才能进行投资决策——也就是建立卖出该商品的仓位。而一旦投资者获得利空消息时，没有现货商品，投资者则无法利用这一利空消息进行期货交易。在没有卖空机制的情形下，投资者想要参与市场，参与商品期货的价格形成，就需要先有现货商品，而这就是投资者参与市场的壁垒。卖空机制消除了这一壁垒，投资者获得有关商品期货的利空消息之后，可以在没有现货商品的前提下参与市场。其次，卖空机制将提高市场对信息的反应速度。假设没有现货商品的投资者获得了一则利空商品期货的消息，在没有卖空机制的情况下，该投资者是无法参与市场的，只能将其获得的信息告诉有现货商品的投资者，然后由后者进入市场进行卖空操作。这样，交易信息就经历过至少一次以上的传播之后才变成投资决策进入市场，期货市场价格对信息的反应速度就会变慢。而在有卖空机制的情形下，第一位信息获得者就可以做出投资决策，将该信息反映到期货价格当中去，期货商品的价格对信息的反应速度明显要快得多。最后，卖空机制还将增加市场的交易量和流动性，这将有利于吸引更多的参与者，并将相关信息快速反映到价格中。

第三，期货的杠杆性有利于信息汇聚，保证价格发现的准确性，且能提高市场对信息的反应速度。一般而言，期货交易的杠杆在10～20倍，这样可以让小额资金也有机会进入市场，放开资金量对信息进入市场的限制，有利于信息的汇集和价格对信息的反应速度。例如，一个投资者的资金量很小，没有达到一手期货品种的价值，那么，在没有杠杆的情况下，其将无法在期货市场上买入或者卖出一手期货。在这个投资者获知了一则关于期货的利多或者利空信息的情况下，投资者无法通过自己做出投资决策将该信息反映到市场的价格当中去。如上述分析，投资者只能选择告知他人或者不传播信息，这两种选择将导致市场对信息的反映变慢和价格不权威。在有杠杆的条件下，资金量小的投资者也可以参与市场，将自己获知的信息通过投资决策输入市场中。这进一步增加了信息的反应速度，提高了信息的准确度。

二、转移风险和实现套期保值

电力期货套期保值，是指市场参与者利用期货市场来抵销现货市场中价格风险的反向操作，参与者卖出或买进期货合约，以保证自身不会因现货商品的价格波动而受到损失。①

对于商品生产者，当他们预见该商品价格会下跌，或者该商品已经形成下跌趋势之后，为了降低产品价格下降对自己的损失，可以在期货市场上以相对较高的价格卖出期货合约，等到交割日届至以自己生产的产品去完成交割。这样，生产企业可以锁定其生产产品的价格——产品在期货市场上卖出的价格。如此，商品生产者通过期货市场上的操作就将产品价格下降的风险转嫁出去。对于商品需求者，如果他们预见需求产品价格上升或已处于上升趋势，他们可以在期货市场上以相对较低的价格买入期货合约，一直持有到合约交割。因为需求商品的价格在上涨中，待到交割日，产品的价格处于高位，而商品需求者在此前就买入了期货合约，因此，买入价格低于交割日时商品的价格。

根据资产组合套期保值理论，市场参与者在期货市场上进行套期保值，其本质是一种组合投资，这个组合中包括现货市场上的

---

① See Harry Markowitz, *Portfolio Selection*, The Journal of Finance 1, 7 – 9 (1952); Leland L. Johnson, *The Theory of Hedging and Speculation in Commodity Futures*, The Review of Economic Studies 3, 139 – 151 (1960).

头寸和期货市场上的头寸，套期保值者通过调整两个市场上头寸比例，以实现投资风险最小化和收益最大化。所以，使用套期保值的方法，市场参与者能够根据风险偏好和对期货市场价格的预判，改变自身组合头寸的比例，灵活性较高。

布鲁克斯在比较了美国市场上的电力期货与金属期货和金融期货之后，认为期货市场是无套利市场，它具有套期保值的功能。①比斯特伦（Bysterm）对北欧电力市场研究后发现，套期保值可以降低电力现货市场的价格风险，且他还得出静态保值方法在风险规避效果和市场收益方面都优于动态保值。② 周浩和陈建华认为，电力期货的套期保值功能可以避免现货电价剧烈波动，稳定电力市场。③

在电力生产、消费过程中，市场参与者将面临多种风险，如价格风险、经营风险、信用风险、政策风险等，市场参与者可以使用电力期货这类金融衍生工具规避、转移或者分散现货价格风险。价格变动是绝大部分风险的最终表现形式，价格波动会给电力生产者和消费者带来损失，影响电力生产企业和电力消费企业的正常经营。所以，规避电价风险成为这些企业的迫切需求。电力期货市场刚好满足了这些企业的需求。电力的生产者和消费者可以利

---

① See Robert Brooks, A. A. El-Keib, *A Life-Cycle View of Electricity Futures Contracts*, Journal of Energy Finance & Development 3, 171 – 183 (1998).

② See Hans Byström, H. N. E. BystrOm, *The Hedging Performance of Electricity Futures on the Nordic Power Exchange*, Applied Economics 35, 1 – 11 (2003).

③ 参见周浩、陈建华：《关于发展电力期货市场的探讨》，载《中国电力》2003年第6期，第31～34页。

用期货来对其财产进行保值。①

电力期货市场套期保值的基本原理是：发电企业为了避免未来电力价格下跌对自身利润产生影响，就在电力期货市场上以某一价格 P 卖出一定数量的期货。如果未来电价确实下跌至低于 P 的水平，那么，发电企业卖出的电力价格下跌了，利润受到了损失。但是，发电企业在期货市场上以价格 P 开出一定数量的空仓，发电企业的卖出行为是获利的，总的来看，相当于电力企业最终是以价格 P 销售电力，企业锁定了电力的价格，这就是实现套期保值的过程。

三、促进电力行业发展

电力期货市场不同于其他期货市场，不仅可以实现价格发现和套期保值，还在一定意义上可以促进电力行业发展的功效，具体表现在：

一是有利于促进电力系统的平衡与稳定。电力不同于其他商品，它不能有效储存，即生产与消费必须同时完成，这就意味着电力生产与消费必须时刻保持完全平衡，否则，轻则导致频率发生波动，严重时会导致整个电力系统的崩溃。因此，保持电力系统的平衡与稳定是电力行业正常运行的前提和基础。在传统的电力行业发输配售一体化垄断经营模式下，单一的电力主体控制着整个系统，该主体可以采用内部协调和命令的方式达到系统的平衡与稳定。而在电力行业市场化改革以后，参与主体日益多元化，电力系统原有的内部协调和平衡被打破，在此背景下，如何保持电力系统

① 参见刘莉娜：《电力期货市场理论研究》，华北电力大学 2006 年硕士学位论文，第 35 页。

的平衡与稳定是摆在电力行业面前的重大课题和难题。电力期货市场的形成,在一定程度上可以对电力系统的平衡与稳定起到辅助作用,这是因为,电力期货交易的是合约,该合约是对未来购售电力的合意,即对未来交易电力的预期。电力期货提供了一个远期的预测,向所有的市场参与者提供了平等的机会,为更广泛的参与者提供保障。① 因此,在电力市场众多市场主体参与下,电力期货市场汇集了大量的未来电力供需信息,这些信息对平衡电力供需起到未雨绸缪的作用。同时,期货本身就是交易未来电力的合同,电力参与者可以据此作为合约到期履行的重要依据,这本身也是保障未来供需平衡的重要依据。

二是促进电力市场的完善。电力行业市场化改革以后,传统的电力行业垄断经营模式被打破,市场主体的交易机制需要重构。电力交易机制的初级阶段表现为以电力现货市场为基础,但仅有电力现货市场是不完善的,需要积极发展包括电力期货市场在内的电力金融市场(关于这一问题,本书第三章将进行论述)。可以说,积极发展电力期货市场是完善电力交易机制的必然要求,在电力现货市场之上形成电力期货市场,使电力现货市场与电力期货市场形成良性互动,才能更好地促进电力交易的正常开展。

综上所述,电力期货市场出现的客观必然性尽管仍有诸多争议,但从本书的分析来看,电力适合作为期货产品进行交易,电力期货市场具有促进电力行业发展、转移风险、实现套期保值和价格发现等多重功能,电力期货市场的出现具有客观必然性,我们在第三章将对全球电力期货市场的发展脉络予以梳理。

---

① See Jonathan S. Moulton, *California Electricity Futures*: *The NYMEX Experience*, Energy Economics 27,181 – 194 (2005).

第三章 全球电力期货市场的发展脉络

总体而言,全球各大电力期货市场演进的理论逻辑、实践逻辑与历史逻辑,基本上均遵循电力市场化改革—电力现货市场—电力远期合约交易—电力期货市场的发展轨迹。然而,学界对国外电力期货市场的深度研究略显单薄,我们有必要借鉴全球范围内的经验,探寻电力改革与电力期货市场的内在关联与逻辑。因此,本章将系统深入分析当前较为成熟的电力期货市场演进过程,在全球视野下更清晰地阐述电力期货市场形成的基本规律,为中国建立电力期货市场提供必要性、可行性与规律性的坚实支撑。故分别对美国、澳大利亚与欧洲等特征各异的电力期货市场发展沿革开展系统研究,以期为中国电力期货市场的构建路径选择提供有效对照与参考。

第一节　美国电力期货市场

美国是全世界首批启动电力市场化改革的国家,其主要成效之一即打破电力垄断格局,形成电力市场竞争格局。作为全球第二大电力消费国与电力市场化改革的先行者,美国的改革经验与改革成果引起了广泛关注,学界对此围绕以下三个方面进行了诸多研究:一是改革效果——电力市场化改革能够促进电力价格下降,打破行业垄断,促进电力行业发展;①二是电力市场化制度的构建与选择——借鉴美国标准市场设计(Standard Market Design,SMD)探讨如何构建合理有效的电网系统,保持传输网络的可靠性与安全性,②如完善电力市场定价制度、建立统一的电价制度与输电服务管理机制、明确电力供应责任体系③等;三是电力市场监管——美国电力市场改革如何解决相关监管机构职权分散、监管

---

① 参见尹海涛:《美国电力市场改革的启示》,载《南风窗》2013 年第 23 期,第 42~44 页;李桂林:《美国电力体制改革评析》,载《特区经济》2007 年第 12 期,第 95~96 页;王斌等:《美国标准电力市场的主要设计思想及其对我国电力市场设计的启迪》,载《电网技术》2004 年第 16 期,第 21~26 页。

② 参见胡恩同:《美国电力市场化改革及对中国的启示》,载《世界经济情况》2005 年第 15 期,第 1~5 页;童建栋、卫江辉:《美国的电力市场改革经验及教训》(上),载《农电管理》2002 年第 8 期,第 40~41 页。

③ 参见魏玢:《美国 PJM 电力市场及其对我国电力市场化改革的启示》,载《电力系统自动化》2003 年第 8 期,第 32~35 页;许子智、曾鸣:《美国电力市场发展分析及对我国电力市场建设的启示》,载《电网技术》2011 年第 6 期,第 161~166 页。

力度不足等重要问题，为电力改革稳定有效推进提供重要保障，① 为中国在电力改革中加强立法、完善监管制度提供借鉴。

一、电力市场化改革基本脉络

美国电力市场化改革总体历经电力垄断经营（20 世纪 30 年代～1978 年）、发电企业的有限竞争（1978 年～1992 年）、电力批发市场竞争（1992 年～1996 年）、电力零售市场竞争（1998 年～2002 年），以及电力改革摇摆与停滞（2002 年之后）等五个阶段。

（一）第一阶段：电力垄断经营阶段（20 世纪 30 年代～1978 年）

这段时期，美国联邦政府与州政府对电力工业实施垄断特许经营政策，在特定的电力经营区域内，电力经营者享有电力生产与销售的排他性权力，电力公司有权经营从发电到售电全过程业务。在这一垄断经营模式下，存在五种不同的交易主体：私人投资并享有所有权的电力公司（Investor Owned Utilities，IOUs）、联邦政府拥有的电力公司（Federal Owned Utilities，FOUs）、州与市政府拥有的公司（State Owned Utilities，SOUs）、独立的发电企业（Independent Power Generation Enterprises，IPGE）、市场交易商与中间商。其中，私人投资并享有所有权的电力公司以其垂直垄断能力成为最重要的交易主体，并依托其强大的发电能力与完善的电力传输网络（1997 年，其电力供应量超过整个美国电力市场的 30%），成为电

① 参见朱志强等：《加州电力危机再认识——美国电力改革的经验教训与电力企业风险！》，载《中国电力企业管理》2003 年第 11 期，第 12～15 页；唐松林等：《美国电力监管制度及启示》，载《经济纵横》2007 年第 1 期，第 58～59 页。

力市场支配性力量。① 相较而言，另外四类交易主体由于自身发电量不足，基本都会选择通过与私人投资拥有的电力公司签订双边合约方式购买电力以弥补自身缺口，这又进一步增强了私人投资拥有电力公司的垄断地位。

垄断经营模式虽然以其规模效应对生产力发展起到积极作用，但也由此导致电力价格严重受制于垄断者，价格机制时常失灵，市场作用发挥受到制约。② 以加利福尼亚州为例，电力垄断经营导致发电企业的高成本、其他电力主体与私人拥有的电力公司签订长期合约时高昂的交易成本、垄断经营者滥用市场支配地位控制发电量以抬高电价，上述现象在加利福尼亚州均造成了负面影响。③ 同时，这也倒逼政府在加强对电力市场的监管力度方面作出了有益尝试与探索。

（二）第二阶段：发电企业的有限竞争（1978 年～1992 年）

1978 年的石油危机沉重地打击了美国电力工业的发展。高昂的石油价格提高了电力系统运行成本，迫使美国电力行业的能源供应端向核能等模式倾斜。另外，石油危机带来的经济衰退，导致电力需求持续下降，这对原有的电力垄断体系形成严重冲击。在特许垄断经营体制下，垂直一体化的公用电力事业公司自身即可

① See OECD［经济合作与发展组织（Organization for Economic Coopertion and Development）］, *Regulatory Reform in the United States*, OECD, 1999; Paul L. Joskow, *Restructuring, Competition and Regulatory Reform in the US electricity sector*, The Journal of Economic Perspectives 13, 119 – 138 (1997).

② See Mike Warwick, *A Primer on Electric Utilities, Deregulation, and Restructuring of U. S. Electricity Markets*, Pacific Northwest National Lab. (PNNL), Richland, WA (United States), 2002.

③ See John Byrne, et al., *Lessons From A Comparative Analysis of California and PJM Electricity Restructuring Models*, University of Delaware, 2005.

满足特许经营范围内的发电、输电、配电需求，这些公司唯自身利益是从，漠视其他电力企业诉求，使其发展规模受到限制。特别是美国的输电网由众多产权互相独立的公用事业公司连接而成，且仅停留在物理连接层面，产权关系错综复杂，大规模电力批发交易困难重重。① 为解决该问题，美国政府在采取严格电价管制策略的同时，对新建电厂给予强有力的政策支持，却又因严重缺乏经验，电厂建设成本依旧居高不下，使降电价的尝试遭受挫折。

为有效降低电价，1978 年美国通过了《公用事业公司管制政策法》，废除了公用事业公司对发电投资的垄断，为其他投资者进入创造条件，美国电力市场改革由此进入了有限电力市场竞争阶段。1978 年美国政府出台的《公共设施管理法案》(Public Utility Regulatory Policies Act of 1978，PURPA)标志着美国电力改革的开始，其基本思路是强化联合发电商和小型发电商购买电力，突破垂直垄断发电商之间的横向垄断格局，打破电力市场垄断。

此外，与传统的片面强调回报率(rate of return)管制的政策不同，《公共设施管理法案》引入了供应方竞争理念，将发电商分为公用企业发电商和非公用企业发电商，其中，非公用企业发电商包括小型发电商、协同发电商，以及具有垄断特许权的发电商。

(三)第三阶段：电力批发市场竞争(1992 年～1996 年)

1992 年，《美国电力法案》(Energy Policy Act，EPACT)的颁布，标志着美国电力市场改革迈入了第三阶段。《美国电力法案》基于《公共设施管理法案》起草，它在推动批发市场竞争管理方面

① 参见孙建国：《电力产业管制体制演变的国际比较研究》，厦门大学 2003 年博士学位论文，第 80 页。

贡献良多,为传输网络的参与者开放了公开的业务拓展渠道,促进独立发电商提升销售业务量。1997 年,美国独立发电商的市场份额已达 50% 。①

1996 年,联邦能源管理委员会(Federal Energy Regulatory Commission,FERC)颁行了 888 号、889 号行政命令。其中,888 号行政命令要求公共事业管理部门提供公平竞争渠道,鼓励其他电力发电企业的传输业务;889 号行政命令则主要侧重于网络建设,以促进传输能力、价格、交易等相关信息流通,并要求市场参与者同一时间、同一标准以公开的渠道获得交易信息,以防止市场权利的滥用②。888 号与 889 号行政命令的实施,充分激活了电力行业投资,并有效弥补了原有垄断电力公司借助其市场力限制电力生产的市场漏洞③。

美国政府出台一系列电力能源法案,意在打破垂直垄断,放松对新的电力企业的准入管理,并使零售消费者对于当地的公用事业公司的传输与分配网络具有充分自主选择权,以降低交易成本,并对生产成本做精准判断。

(四)第四阶段:电力零售市场竞争(1998 年 ~2002 年)

该阶段的电力改革主要集中于电力终端消费。通过引进独立发电商为终端消费者提供多元化选择,并借助消费者的力量刺激

---

① See Paul L. Joskow, *Comments on Power Struggles: Explaining Deregulatory Reforms in Electricity Markets*, Brookings Papers on Economic Activity: Microeconomics, 251 - 64 (1996).

② *ORDER Clarifying Order Nos. 888 and 889 Compliance Matters* (Issued July 2, 1996), https://www. ferc. gov/legal/maj-ord-reg/land-docs/rm95-8-0aj. txt 2014 810.

③ See http://transmissives. com/the-story-of-the-grid/restructuring-the-effects-of-ferc-orders-888-889-and-2000/ 2014 - 8 - 14.

发电商降低电价。1998 年,加利福尼亚州、马萨诸塞州与罗得岛部分地区均在电力零售部分引入了市场竞争。截至 2004 年,又有 9 个州制定了相关的法律法规,要求进行电力零售市场改革;其他州也已商讨制定相关的改革政策。总体而言,美国西南部地区与东北部地区在此阶段改革步伐快于其他地区。

(五)第五阶段:2002 年之后的电力改革摇摆与停滞

在联邦能源管理委员会的监督下,美国各州开始了电力市场化改革。截至 2012 年年底,进行电力改革的州有加利福尼亚州、哥伦比亚特区、康涅狄格州、特拉华州、伊利诺伊州、马萨诸塞州、马里兰州、缅因州、密歇根州、蒙大拿州、新罕布什尔州、新泽西州、纽约州、俄亥俄州、宾夕法尼亚州、罗得岛州,形成 16 个相对独立、特征各异的电力传输与管理区域。

通览美国电力市场的改革步伐,虽已取得诸多成果,但截至 2010 年,只有宾夕法尼亚—新泽西—马里兰联合电力市场与得克萨斯州电力市场仍在进行电力改革;加利福尼亚州电力市场改革停滞不前,其他各州电力市场的改革进程并不顺利,如图 3 – 1 所示。①

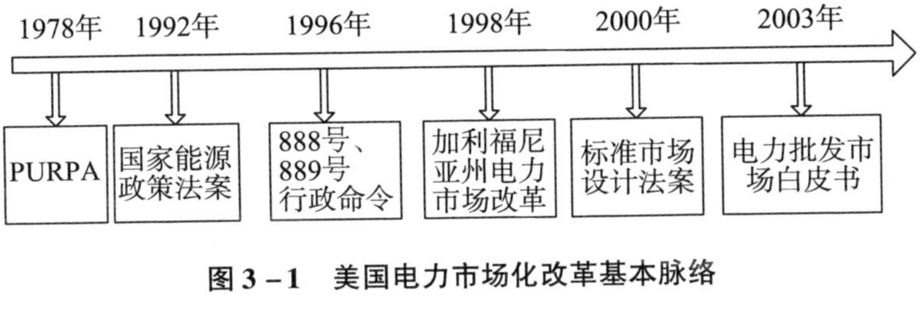

图 3 – 1　美国电力市场化改革基本脉络

---

① Electricity Regulationin the US:A Guide March 2011 the Regulatory Assistance ProjectHome Office.

二、电力现货市场的形成与发展

随着美国电力市场化改革的不断推进，出现了“加州模式”与“宾夕法尼亚—新泽西—马里兰联合电力市场模式”两种不同的发展路径，两者均成为分析研究的典型样本。其中，加利福尼亚州作为电力市场改革最为激进的地区，一段时间以来代表了美国电力市场改革的方向，但 2000 年的“加州危机”使改革陷于停滞，客观上造成了“加州模式”的破产；①而宾夕法尼亚—新泽西—马里兰联合电力市场作为电力市场改革中运行最为良好的地区，为美国电力市场的改革提供了宝贵的经验。② 本书以加利福尼亚州市场与宾夕法尼亚—新泽西—马里兰联合电力市场为例，分别对美国电力现货市场予以阐述。

（一）基本形态

1. 批发市场

电力批发市场由发、配、购三方组成。其中购买者多数为中间商（如电力经销商、电力经纪人等），终端消费者并不占据市场主体地位。电力垄断时代，少数企业凭借自身压倒性优势，在发电侧占据主导地位，致使部分电力企业忽略内部管理，生产效率停滞不前。为打破少数发电商的电力垄断，引入市场竞争要素推动电力价格下降，电力批发市场应运而生。

以联邦能源管理委员会陆续颁布《美国电力法案》、888 号与 889 号行政命令为标志，大量原有垄断的电力公司资产被州政府剥

---

① See Severin Borenstein, *The Trouble with Electricity Markets: Understanding California's Restructuring Disaster*, Journal of Economic Perspectives, 191 – 211 (2002).

② See James Bushnell, et al., *Market Structure and Competition: A Cross-Market Analysis of U. S. Electricity Deregulation*, December, 2003.

离，独立供电商开始出现，这种现象在加利福尼亚州尤为明显。2000～2003 年间，新增的 175，000 兆瓦电力产量绝大多数是改革后新成立公司所产生的电量。

总体而言，电力零售市场随着地域变化呈现各异特征，其中东北部地区以宾夕法尼亚—新泽西—马里兰联合电力市场为代表，其市场中具有对立的系统运营商与受管制的电网传输机构，采用节点边际定价模型（locational marginal pricing），提供辅助服务的价格由实时市场与日前市场确定；金融输电权（financial transmission right，FTR）定价则主要取决于传输网络的拥挤程度。

2. 零售市场

电力零售市场主要聚焦销售终端市场的开放，在销售阶段引入多个市场竞争者为终端消费者赋予自由选择权，推动电力价格实质性下降。美国电力市场化改革中，州政府建立管理机构负责制定电力传输价格，以维持电网正常运行。

然而，就零售市场总体而言，虽然实现了电价下降的目的，但是仍存在诸多不尽如人意之处——仍有许多州未能在零售市场引入足够多的电力供电商，电力市场竞争并不充分。此外，在引入价格管制机制后，部分地区由州政府制定的电价上限低于市场合理价格，导致电力价格虽然短期内得以降低，但长远看，因价格过低削弱了新的市场参与者进场竞争意愿，降低了市场活力；批发市场的电价无法通过市场机制即时传导给零售市场，市场灵敏度亦随之受到影响。上述问题在加利福尼亚州市场中表现最为突出。加利福尼亚州在改革初期选择同时建立开放发电侧与输电侧两个市场，建立批发与零售市场，却又对零售市场的价格进行管制，正常的价格传导机制被切断，最终导致 2000 年至 2001 年间“加州危机”的爆发。之后，加利福尼亚州政府对零售市场进行了政策调整，只有符合零售条件的消费者才能够自由选择供电商。2009 年 10 月，其范围扩大至商业与工业消费者。2010 年 4 月，零售市场电量达到总电量的 11%。

3. 日前市场

1998 年，加利福尼亚州建立了日前市场，其基本运作机制如下：在每日电力交易开始之前，对电力进行定价（具体而言，每天早上 7 点前，根据近几天内每小时的供需情况进行叫价。加利福尼亚州交易所基于日前供需情况实施投标，并先于当日 8 点 10 分通知市场参与者每小时的市场结算价格；购买者按照标准市场结算价格支付）。通过三个正向过程（市场权力抑制、远期市场、剩余电量承诺），确定结算价格，保证供需平衡。如市场不拥挤，市场结算价格即为买卖电力的实际价格。在此过程中，加利福尼亚州市场管理局公共管道实时信息系统（Open-Access Same-time Information System，OASIS）为市场参与者与公众提供实时价格、需求预测、交易情况与其他市场数据，且各方市场主体必须遵守加利福尼亚州公共事业委员会（California Public Utilities Commission，CPUC）的要求，保证足够的辅助服务。2000 年，宾夕法尼亚—新泽西—马里兰联合电力市场也引进了日前市场，并为市场参与者引进价格敏感度、金融供应定价与需求定价等几种新工具。其中需求定价不能替代实时价格需求，仅作为处理日前市场上价格风险的一种工具。

日前市场具有典型的金融属性。市场参与者可根据日前价格购买次日的电力，而日前价格又与市场参与者前一天购买电力密切相关，并低于实时电力市场价格。日前市场有助于消费者与购买者规避实时市场价格波动造成的风险,活跃电力市场交易。①

4. 实时市场

实时市场是一个纯粹的现货市场,它是应美国电力改革要求,开放电力传输渠道、打破电力垄断引入竞争的产物,目的在于实现实时电力平衡。市场参与者在该电力市场上实时进行电力交易,交易价格由发电商与供电商按照市场交易规则,通过相互竞价确定。

实时市场竞价的时间较短,其中,宾夕法尼亚—新泽西—马里兰联合电力市场实时市场每 5 分钟确定一次实时电价,这使电力价格会随着电价峰谷变动呈现极大弹性。这一属性克服了电力不可储存性导致的定价效率低下的问题。相应地,一系列电力改革措施如电力灵活定价(energy-smart pricing plan)机制得以推行,家庭消费者因此可获取实时电价,新的电价传导机制获得推广,为实时市场建立与发展奠定了良好基础。

(二)交易流程

加利福尼亚州公共事业委员会以高效能源需求反馈机制建设见长。系统运营商(Independent System Operator,ISO)优先采购可再生能源(如风能、太阳能)与分布式发电(如屋顶太阳能)供应的电力,供应不足时方才采购火电以满足需求。因为实施了市场价格自适应、智能化的选择机制,这使最低电价有效实现,消费者权益得以有效保护。

(三)交易模式

电力交易模式分为三种:双边合约、电力库模式与 ISO-PX

① See http://www. iso-ne. com/support/faq/dam/ 2014 – 5 – 26; Andrew L. Ott, *Experience with PJM Market Operation, System Design, and Implementation*, IEEE Transactions on Power Systems 18, 528 – 534 (2003).

(Independent System Operator-Power Exchange)模式。其中,ISO-PX 模式为加利福尼亚州所采用,①是一种以短期交易为中心的交易体系;加利福尼亚州独立系统运营商(California ISO,CAISO)与电力交易所(California Power Exchange,CALPX)共同组成了加利福尼亚州电力市场管理组织。宾夕法尼亚—新泽西—马里兰联合电力市场则建立以长期合约以及 Pool 模型为核心的交易体系。以下分述之。

1. ISO-PX 模式

针对系统管理者与短期电力交易之间的关系,有两种改革路径可供选择,即"分离"与"联合"。加利福尼亚州政府在实施电力改革中选择了后者,具体而言,市场交易商之间的交易活动独立于电力系统管理者之外,但必须向系统管理者提供已签订合约交付能力的佐证,而后系统管理者综合各种情况,确定现货市场上的最终结算价格。

在加利福尼亚州电力交易模式中,处于利益竞争关系的系统运营商发挥了打破垄断、整合现货与传输市场等重要作用,按照里程定价(path pricing)模式定价,使电力市场上电价波动能够实时反映,完善了价格传导机制,有力促进合约交易。2001 年加利福尼亚州电力交易中,现货市场的交易量占比达 87%,较之以往显著上升。

2. 长期交易模式

相较加利福尼亚州电力市场而言,宾夕法尼亚—新泽西—马里兰联合电力市场交易主要通过双边合约进行电力交割,市场参

① Z. Alaywan, J. Allen, *California Electric Restructuring a Broad Description of the Development of the California ISO*, IEEE Trans on Power Systems 13, 1445 – 1452 (1998);江健健等:《基于期货的新型电力交易模式》,载《中国电机工程学报》2003 年第 4 期,第 35 – 41 页。

与者对现货市场依赖程度更低。2001 年,宾夕法尼亚—新泽西—马里兰联合电力市场现货交易只占 28%,而同时期加利福尼亚州市场现货交易占比则达到 87%。[①] 宾夕法尼亚—新泽西—马里兰联合电力市场以长期电力交易合约为主,有利于防止电力波动,电价相对稳定,期货与现货市场制度性建设日趋完善。

(四)管理机制

如前所述,美国电力市场形成了两种管理模式——加利福尼亚州市场为代表的 PX 与 ISO 为主体的管理机制,以及以宾夕法尼亚—新泽西—马里兰联合电力市场为代表的系统运营商管理机制。两者区别主要在于市场管理权力的集中程度,前者管理分散而后者较为集中。

加利福尼亚州电力市场中,加利福尼亚州独立系统运营商主要负责保持实施电力传输的通畅(具体来说其通过调整实施电价,来调节电力网络上的电力负荷,实现电力网络的畅通),PX 则主要负责未来几天内电力传输时间安排,两者是两个立场对立的电力管理机构。2000 年"加州危机"爆发后,电力交易所由于其确定的电价过低而饱受诟病,联邦能源管理委员会终止了其电力价格管理职能,"加州模式"亦随之寿终正寝。

相较而言,宾夕法尼亚—新泽西—马里兰联合电力市场已存在 70 年且成为美国最大电力市场,其模式颇有可取之处。发展之初,美国三个公共电力公司——公共电力和天然气公司(Public Service Electric & Gas, PSE & G)、费城电力公司(Philadelphia Electric Company, PECO)以及宾夕法尼亚州电力与照明公司(Pennsylvania

① See John Byrne, et al., *Lessons From a Comparative Analysis of California and PJM Electricity Restructuring Models*, University of Delaware, 2005.

Power & Light Company,PP & L)达成电力系统协议 30 年后,1956 年扩张为宾夕法尼亚—新泽西—马里兰联合电力市场。2001 年被联邦能源管理委员会确立为区域传输组织(Region Transmission Organization,RTO)。宾夕法尼亚—新泽西—马里兰联合电力市场的二类组织实体分别为电力联营体(PJM Interconnection)、有限责任公司(Limited-Liability Company,LLC),是独立于市场参与者的非盈利实体,主要职能包括发电商运营协调、宾夕法尼亚—新泽西—马里兰联合电力市场传输网络的监管评估、协调电力传输系统计划及会计核算等。与"加州模式"不同,宾夕法尼亚—新泽西—马里兰联合电力市场将所有管理功能授予电力联营体。

(五)电力现货市场存在问题与原因分析

美国电力改革过程中,电力现货市场化改革中逐步暴露出一系列问题,在"加州电力危机"中一览无余。下面,我们从五个方面进行分析,以便更好解释现货市场上存在的问题。

1. 市场操纵

2000 年安然公司的倒闭,使加利福尼亚州电力市场遭受严重冲击。究其原因,在加利福尼亚州电力现货市场中,以安然公司为代表的大型交易商运用自身的市场控制力对电力交易进行操纵,其主要价格操纵手段包括跨期套利、策略性定价等,利用日前市场与实时市场上的电力供需不足,通过转移电力进行跨期套利。

同时,市场规则中固有的缺陷漏洞也给了这些公司可乘之机。例如,金融输电权与输电网物理使用权分离,当网络阻塞时,金融输电权所有者可获得经济补偿,从而获得节点价格的相对稳定性,并对输电网通道进行优化分配。安然公司通过操纵金融输电权获得巨额利润。①

另外，市场操纵往往导致发电商争相抬高价格，以获取更大利润。例如，2000 年加利福尼亚州电力市场供不应求，发电商滥用市场权力一时蔚然成风。有分析指出，重复竞价在加利福尼亚州电力市场结构中普遍存在，导致发电商过于依赖其他主体定价来调整自身定价策略。

2. 价格发现机制的失效

加利福尼亚州电力改革要求公共事业部门剥离其资产，引进独立的电力供应商（Electric Service Provider，ESP）以加强电力现货市场的竞争。为稳定现货市场上的电价，加利福尼亚州政府出台了许多限制价格的政策与措施，其中包括对于加利福尼亚州主要电力供应商在未收回成本之前即对电力零售价、电力现货市场价格上限等加以限制。

然而，加利福尼亚州政府对电价限制后，却对电力供需情况缺乏掌握，供不应求现象极为突出。这种情况主要表现在两个方面：一是电力总量供应远远低于电力需求。加利福尼亚州发电商主要是火电发电商，其主要成本由电厂运行成本与发电资源（天然气）成本两部分组成，2000～2001 年间天然气价格飙升，牵引发电成本节节攀升，电力供应商不得不减少电力产出。二是电力供应配比失衡。改革之初，时任加利福尼亚州州长宣称："今天我签署的法令，标志着一个新的竞争时代的来临，加利福尼亚州将成为美国第一个消除电力垄断的州。这项标志性立法成为加利福尼亚州地区电力供应安全、廉价、可靠的里程碑！加利福尼亚州居民将比其他

① See David B. Patton, *Summary of the Enron Trading Strategies in California*, Ph. D. Independent Market Monitor June 20, 2002.

州居民少交40%电费。”但改革过程中，加利福尼亚州居民并没有充分享受到自由竞争的好处。95% 的消费者没有自主选择权，而是继续保留原有公用电力公司消费者身份；而原有公用电力公司进行资产剥离后，自身无法提供电力，只能在电力市场购买高价电力，对现货市场的依赖不减反增。1999 年，无法获取足够电力市场份额的电力供应商退出电力市场。

市场机制设计的缺陷加剧了电力短缺，价格机制的传导也随之受阻。主要表现两个方面：一是市场竞价系统的缺陷。① 加利福尼亚州现货市场中，根据以前不同时段的交易数据作为竞价依据，并在此基础上进行市场交易量与价格预测，该方法只关注以前的交易数据，面对突发紧急情况则应对失措（如 2000 年至 2001 年天然气价格上升），促使发电商采取“策略性定价”导致电价过高。二是价格限制——加利福尼亚州政府在批发阶段与零售阶段对电力价格进行限制，使发电商无法将发电成本适当传递给消费者，消费者缺乏对真实电价的客观响应，市场调节作用未能有效发挥。

3. 舆论操纵

很多人认为，加利福尼亚州电力危机归结于市场设计缺陷，这也被归结为管理危机与资本“逐利本性”导致的危机。州政府放松管制的法案导致的市场设计是很多利益者妥协的结果。1994 ~ 2000 年间，他们的游说团队在政策建议与游说上花费了近 7000 万美元，很大程度上影响了政策走向。一个典型的例子：1994 年消费者自发组织起草了一份关于停止管制放松的“公民请愿书”，而售电公司为其自身利益考虑，先后花费 5160 万美元阻止通过，“资本

① See William W. Hogan, *California Electricity Market*: *Policy Meltdown*, Harvard University Cambridge, Faculty Seminar February 14, 2001.

操纵舆论”重复上演。

4. 天然气市场的剧烈波动

加利福尼亚州发电商主要成本即为天然气成本。同时，相较宾夕法尼亚—新泽西—马里兰联合电力市场而言，加利福尼亚州天然气价格具有更大的波动性。面对现货市场上的限价措施，发电商在加利福尼亚州独立系统运营商将实时市场电价限制为250美元/兆瓦时。而该价格并不能弥补天然气价格、一氧化氮排放费用等引发的成本增长，这使限价机制形同虚设。

5. 相关政策未能充分发挥效能

加利福尼亚州政府本寄希望于市场改革后，消费者会自动选择独立的电力供应商，但是实际上只有不到2%的消费者转向独立的电力供应商，1999年独立的电力供应商退出加利福尼亚州市场，而大多数消费者继续成为私人投资并享有所有权的电力公司客户。同时，加利福尼亚州政府在2000年左右推行节能措施，加大了电力需求波动性，需求的不确定性导致电力投资减少；同时，节能措施也导致气体排放价格的波动性，反过来影响电力投资。另一个值得说明的现象是1998～2000年，电厂建设申请增多，但其审批流程耗时极长，这些因素加剧了政策上的不确定性，导致电厂建设不足，发电能力受限。

“加州模式”的失败，其根本原因是它自身固有的一系列缺陷：

一是发电市场缺乏竞争，特别是传输堵塞制约自由流动与交易，消费者无法对价格高峰做出合理反应；少数发电商滥用市场支配权力，导致价格高峰，促使加利福尼亚州出台价格上限的管理机制，反过来又限制了竞争。

二是对电力需求预期与生产能力的增长不匹配。当生产能力不足时，市场化改革的直接后果就是高价。而加利福尼亚州电力市场化改革的逻辑起点是生产能力过剩，基于此种判断，市场价格一开始小于改革前平均成本价格，然后逐渐上升为平均成本，这与实际供需相背离。

三是交易价格冻结使风险对冲不及时，消费者响应迟缓。加利福尼亚州只有圣地亚哥的终端消费者感知到高昂的批发价格的影响，其余地区终端消费者仍旧面临“价格冻结”的局面——因为消费者无法对几个小时内的价格变动做出及时反应，他们只能对季节变动有所感知。

为解决电力现货市场存在的缺陷，保持电价长期稳定，美国电力改革部门选择引进电力期货市场交易模式，力求通过将电力交易进程提前，以解决电能“不可储存性”引发的电价高企问题。

三、电力期货市场的形成

美国是首个引进电力期货合约的国家，这得益于 1992 年颁行的电力能源法案——《美国电力法案》开放电力市场后，亟须对冲自由竞争带来的风险。

1996 年 3 月，纽交所将加利福尼亚—俄勒冈电力期货市场(California Oregon Border，COB)合约以及亚利桑那电力期货交易所(Palo Verde，PV)合约正式投放市场。① 这两个期货合约明确了电量交付要求(每个公历月 736 兆瓦时，1999 年 10 月起增至 864 兆瓦时)。在加利福尼亚—俄勒冈电力期货市场合约中，最高峰时期电力交付在太平洋西北部的加俄边境或太平洋西南航空交流连

① See NYMEX[纽约商业交易所(The New York Mercantile Exchange)] launches electricity futures contract Electric Light & Power，May. 96，Vol. 74 Issue 5，p1. 1/4p.

锁电力网上完成;在亚利桑那电力期货交易所合约中,电力交付则在派洛佛得高压开关站完成。① 加利福尼亚—俄勒冈电力期货市场和亚利桑那电力期货交易所合约均着眼于美国的西部地区。

1998 年 7 月,辛辛那提 - 安特吉(Cincinnati-Entergy)电力期货合约开始交易,主要着眼于印第安纳、俄亥俄州以及肯塔基州的市场。1999 年 3 月,宾夕法尼亚—新泽西—马里兰联合电力市场合约投入市场,主要运行于路易斯安那州、阿肯色州、密西西比州以及得克萨斯州等地。宾夕法尼亚—新泽西—马里兰联合电力市场西部传输中心期货是世界上最具有流动性的电力产品,具有的标准化金融产品属性,使之能够在多个地区交易。截至 2014 年 5 月,PJM 在芝加哥商品交易所(Chicago Mercantile Exchange,CME)持有 113 份独立电力期货合约,交易金额达 740 万美元,总交易电量接近 8800 万千瓦时。②

2009 年,美国建立节点交易所(Nodal Exchange,NE),旨在增强电力期货风险对冲功能,弥补现有期货交易体系存在的漏洞,提高电力期货交易灵活性。交易双方可采用输电权交易(Firm Transmission Right,FTR)、双边交易、电力实物交易、结算交易等四种手段实现风险对冲。节点交易所以其强大的资源连接与整合功能,成立之后即获得飞速发展,市场份额不断上升。

四、电力期货市场的特点

美国电力市场化改革引领了时代潮流。同一时期,全球多个

---

① See Charles J. Cicchetti, et al., *The California Electricity Crisis: What, Why, and What's Next*, Springer, 2004.

② See *PJM's Response to the* 2013 *State of the Market Report*, May 7, 2014 PJM Interconnection.

地区也进行了电力市场改革,纷纷建立电力期货市场,“电力期货时代”随之开启。

相比较全球其他的电力期货市场,美国电力期货具有下列特点:

(一)市场繁复,交易品种丰富,定价规则多样

美国电力市场化改革由联邦能源管理委员会主导,但联邦能源管理委员会只负责出台总体措施,不直接干预各州的具体措施与进程,各州根据自身情况制定改革时间表。① 另外,美国电力市场的多样性,导致各地区电力期货定价方式也各不相同。如前所述,期货定价方式以现货定价方式为基础,宾夕法尼亚—新泽西—马里兰联合电力市场推出的电力期货实行节点定价,而加利福尼亚州市场推出的一部分电力期货则采取里程定价方式。

(二)电力期货交割采用纯货币交割,摒弃实物交割

美国电力期货市场的电力需求量大,电力库存贮备无法满足市场电量需求,使其无法采用参照北欧市场的实物交易模式。② 但不可否认,现金交易模式充分发挥了电力期货对冲功能,使能源商等市场参与者有效规避需求起伏引发的电价波动。另外,电力期货现金交割虽然有利于对冲实现,但市场参与者因无实物交易压力与约束,凭借自身优势、利用市场缺陷进行过度投机与套利在所难免,市场秩序遭到破坏。例如,2000 年“加州危机”中,以安然公司为首的市场参与者利用批发与零售市场的价格差,大量进行投

---

① See Paul L. Joskow, *Restructuring, Competition and Regulatory Reform in the US Electricity Sector*, The Journal of Economic Perspectives 13, 119 - 138 (1997).

② See Eirik Schroder Amundsen, Balbir Singh, *Developing Futures Markets for Electricity in Europe*, The Energy Journal 3, 95 - 112 (1992).

机行为,最终引发市场危机。①

（三）电力期货在综合期货交易所交易,无专门电力期货市场

由于没有全国统一的电力市场,电力期货未实施集中统一管理,美国电力市场无法形成独立的电力期货交易所,电力期货交易最终在纽交所与节点交易所进行。与之形成对照的是,随着欧盟各国一体化程度的提高,电力市场一体化进程加速推进,欧盟于2002年在德国莱比锡建立了欧洲能源交易所(European Energy Exchange,EEX),并将其作为欧洲的电力期货交易所②。

（四）负风险溢价与时间密切相关

Sergey P. Kolos针对美国宾夕法尼亚—新泽西—马里兰联合电力市场的研究表明,短期电力期货波动性较大,风险溢价较高;长期电力期货价格波动则较为稳定,期货风险较低。③ Cartea和Villaplana分别针对美国的宾夕法尼亚—新泽西—马里兰联合电力市场、英国、威尔士和北欧市场负风险溢价进行了分析,指出风险溢价与电力期货价格呈负相关关系。④ 同一结论在1999年Wall的调查中亦得以验证,他立足加利福尼亚—俄勒冈电力期货市场与亚利桑那电力期货交易市场的交易数据,发现期货价格波动性

---

① See David B. Patton, *Summary of the Enron Trading Strategies in California Ph. D. Independent Market Monitor*, June 20,2002.

② See Matthäus Pietz, *Risk Premia in The German Electricity Futures Market*, *In Energy and Environment*, 3rd International Conference,2009, p. 160 - 170.

③ See Sergey P. Kolos, Ehud I. Ronn, *Estimating the Commodity Market Price of Risk for Energy Prices*, Energy Economics 2,621 - 641 (2008).

④ See Álvaro Cartea, Pablo Villaplana, *Spot Price Modeling and Valuation of Electricity Forward Contract: The Role of Demand and Capacity*, Journal of Banking & Finance 320,2502 - 2519 (2008).

与到期时间呈负相关关系。①

五、美国电力期货市场成效评估

(一)优势

1. 风险对冲。电力期货交易为发电者和消费者提供了对冲价格风险的契机,有助于减少电价大幅波动,并为市场参与者提供风险管理工具。同时,电力期权可同时规避电量与电价风险,通过电力期权交易策略构造所需的损益模型,具有较强的灵活性,因而电力期货可通过套期保值等方式实现对市场价格风险的有效控制。②

2. 信用改善。风险期货合约能够有效控制交易引发的信用风险。按日结算机制可降低违约风险,且所有的交易费用均低于双边交易风险。能源市场结算报告指出,未结算的交易违约风险控制在 84 个基准点内,期货合约结算能够有效降低保证金金额。

3. 标准明确。电力期货交易通过买卖期货合约进行,而期货合约为标准化构成,即除价格外,期货合约所有条款都是预先设定。合约的标准化有助于形成流动性市场,较之双边市场为更多的市场参与者提供途径。③

4. 机制稳定。期货价格市场提供了大量信息,特别是为新加入的发电厂与传输设施提供了丰富的价格信息,形成了远期价格

---

① See S. Gulay Avsar, Barry A. Goss, *Forecast Errors and Efficiency in the US Electricity Futures Market*, Australian Economic Papers 4,479 – 499 (2001).

② 参见张显、王锡凡:《电力金融市场综述》,载《电力系统自动化》2006 年第 20 期,第 1 ~ 10 页; Shmuel S. Oren, *Integrating Real and Financial Options in Demand-Side Electricity Contracts*, Decision Support Systems 30,279 – 288 (2001).

③ See Prabodh Bajpai, S. N Singh, *Electricity Trading in Competitive Power Market: An Overview and Key Issues*, International Conference on Power Systems, ICPS2004,2004.

发现机制。同时,高昂的期货价格吸引投资者降低现货价格,有效克服了电力现货市场引发的电价高企问题。①

5. 风险可控。期货市场本身具有为投资者规避风险的功能,但自身固有的高风险特性形成了“双刃剑”,原因是现货市场固有的风险并非在期货市场上消失,而是在期货交易过程中转移分散到不同的市场主体之间。相应地,电力期货交易有一种“每日无负债”交易模式,即每日交易结束后,交易所按当日各合约结算价结算全部合约的盈亏、交易保证金及手续费、税金等费用,应收应付的款项净额一次划转,会员结算准备金随之变化。这种风险控制机制能够很好地控制期货市场风险。

6. 电价稳定。电力作为一种商品,其“不可储存性”使电力远期价格存在较大的波动性。相应地,电力期货具有稳定长期价格的功能,这使其能够平抑发电商现货市场的投机行为,有利于电力市场稳定发展;同时,可优化电力市场结构,提高环境政策有效性。② 虽然电价高企引发了“加州危机”,但引进电力期货后,加利福尼亚州市场并没有发生电价剧烈波动,而是呈现平稳的态势,加利福尼亚州电力改革的预期目的顺利达成。

(二)缺陷

美国电力期货市场在其发展过程中存在不少固有缺陷,学界和商界不乏批评之声。有学者指出,美国电力期货市场仍处于市

---

① See *Forward Trading in Electricity Markets*: *Benefits*, *Costs and Challenges Harvard Electricity Policy Group Seventieth Plenary Session Dana Point*, California March 8th, 2013.

② See Joost M. E. Pennings, Willem J. M. Heijman, *Prospects for an Electricity Futures Market*: *A Comment*, Resources Policy 12, 283 - 284 (1996); S. Stoft, et al., *Primer on Electricity Futures and Other Derivatives*, University of California, 1998.

场探索阶段，市场发展未臻成熟。最典型的分析结果直指电力期货市场有时处于“无效市场”状态，具体表现为预测误差与交易合约呈现负相关关系；同时，市场规则不规范、市场参与者合理预期未达成，致使“有效市场”假说在电力期货市场不成立等问题还普遍存在。

2000 年“加州电力危机”期间，其电力期货市场暴露的问题可为例证：一是对冲效率下降。大量小型交易商等投机者因无法获利纷纷离开期货市场，加之期货市场对冲能力下降，期货合约对冲严重不平衡。二是价格让步机制失灵。随着价格的季节变化弱化，现货市场与期货市场相关性随之减弱，价格发现机制的缺乏导致交易商难以进行成本套利，造成对冲比率异常。三是对冲比率计算复杂。期货市场对冲比率并不严格遵从期货平衡规则（长期期货合约不等于短期合约）。四是信息披露机制不完善。2000 年 5 月，美国商品期货交易委员会（U. S. Commodity Futures Trading Commission, CFTC）调整了信息披露要求，披露最低持仓要求的公司数量从 5 个上调至 20 个，导致交易信息失真。①

第二节　澳大利亚电力期货市场

相较美国市场而言，澳大利亚电力市场发展历程较为简单，也因其更为成功而具有说服力。与中国坚持“电力先行”理念类似，澳大利亚电力工业被国家政策制定者放在首要位置，各州也把电

① See Jonathan S. Moulton, *California Electricity Futures: The NYMEX Experience*, Energy Economics 27, 181 – 194 (2005).

力工业发展列入重要日程。[①] 从 1991 年开始，澳大利亚顺应欧美电力市场化改革引发的改革浪潮，对原国有电力垄断格局进行市场化改革。20 多年来，澳大利亚从建立单一的电力现货市场开始，逐步演进为电力现货与期货市场并存的有机整体。

一、电力市场化改革基本脉络

20 世纪 90 年代前，澳大利亚各州的电力工业发展水平各异，但总体而言均实行垄断经营，发、输、配、供各环节均由 1 ~ 2 个政府所有的公司垂直一体化垄断经营，州政府根据电力生产的各项成本及政府管制的利润回报率要求，制定并执行本地区电价。[②]

然而，这种垄断经营模式并不经济且代价高昂，加之受国际经济形势影响，澳大利亚政府于 1991 年启动电力市场化改革。[③] 究其根本，从微观层面而言，电力垄断经营模式虽有利于形成稳定价格，并减少价格大幅波动给消费者带来的风险，但是，这种“稳定价格”需以消费者对价格不知情、亦不能正确应对价格变动为前提，[④] 并有可能以牺牲市场效率、价格过高、电力企业冗员为代价。[⑤] 从宏观层面而言，随着苏联的解体和冷战的结束，国际新兴自由主义

---

① See Iain MacGill, et al. , *Some Design Lessons from Market-Based Greenhouse Gas Regulation in There Structured Australian Electricity Industry*, Energy Policy 34, 11 – 25 (2006).

② See Malcolm Abbott, *The Productivity and Efficiency of the Australian Electricity Supply Industry*, Energy Economics 28, 444 – 454 (2006).

③ See Deepak Sharma, *The Multidimensionality of Electricity Reform-An Australian Perspective*, Energy Policy 31, 1093 – 1102 (2003).

④ See S. Stoft, et al. , *Primer on Electricity Futures and Other Derivatives*, University of California, 1998.

⑤ 参见刘顺达:《市场化改革中的澳、新电力供应工业》(上)，载《电力技术经济》1999 年第 6 期，第 17 ~ 21 页。

逐步占据主导地位，澳洲政治圈受新兴自由主义经济思潮影响强烈，此亦为澳大利亚政府力主电力改革的重要动因。①

1991 年 5 月，澳大利亚工业关系委员会（Australian Industrial Relations Commission，AIRC）发布《电量的生产和分配报告》，拉开电力市场化改革序幕。② 报告指出，如果重组电力供应工业并引入竞争机制，将为社会经济和广大用户带来极大的收益，有利于提高生产力。具体实现路径包括：纵向拆分、改组垂直一体化的电力工业体系，使之成为独立的发电、输电、配电和零售单位，令其处在竞争性市场中并实行自主经营，同步减少行政干预；发电和零售供电业务全面放开竞争，而输配电业务实行政府管制下的垄断经营。这一改革的主要目标是提高整个电力产业的效率，通过在电力供应方面引进竞争并赋予消费者选择购买权，推动整个电力工业向市场化方向发展。③

（一）改革方案与特点

梳理澳大利亚的电力市场化改革进程，其具体实施路径如下：

1. 构造全国统一的电力市场

1991 年 7 月，澳大利亚联邦和州总理会议共同决定在澳大利亚南部和东部逐步创建一个统一的竞争性国家电力市场，并专门设立临时性的政府顾问机构——国家电网管理委员会（State Grid Management Committee，NGMC），具体负责协调国家电力市场的建

---

① See R. F. Aghdam, *Electricity Industry Reform in Australia: Rationale, Impacts, Challenges, Diss*, University of Technology, Sydney, 2006.

② See Australia, Industry Commission, *Energy Generation and Distribution*, IC Inquiry Report, May 1991.

③ See Michael Johnson, Stephen Rix, *Powering the Future: The Electricity Industry and Australia's Energy Future*, Pluto Press, 1991, p. 26 – 27.

立，制定电网规约，主导电力市场化改革。① 在政府主导下，新南威尔士州、维多利亚州、昆士兰州、南澳大利亚州等州先后进行电力工业结构重组。

1993 年，维多利亚电网开始实施发、输、配分离改革。1994 年，澳大利亚以州为基本单元，在电力批发和零售中引入市场竞争，并于 1993 年和 1996 年先后在维多利亚州和新南威尔士州进行电力批发市场开放试点。② 1996 年，为保障国家电力市场的有效运行，国家电力市场管理公司（National Electricity Market Management Company，NEMMCO）成立，它是一家非营利性的独立电力市场与系统运营商，主要负责国家电力市场（Nationnal Electricity Market，NEM）的运行、维护，保障电力系统安全性，并负责协调整个国家电力市场的电网规划；1997 年，维多利亚电力市场和新南威尔士电力市场合并为初期阶段的国家电力市场；1998 年 12 月，澳大利亚国家电力市场开始运作，其运行由国家电力市场管理公司具体负责。

为激励国家电力市场拓展范围，澳大利亚政府鼓励电网互联互通。2005 年，塔斯马尼亚岛（Tasmania Island）通过电网互联，加入了国家电力市场。2006 年，塔斯马尼亚与维多利亚通过海底电缆互联，实现了塔斯马尼亚与国家电力市场的物理互联。电网互联为建立跨行政区的批发电力市场创造了条件。目前，国家电力市场涵盖了 5 个行政区域，包括新南威尔士州（New South Wales，NSW）、维多利亚州（Victoria，VIC）、昆士兰州（Qeens Land，QLD）

---

① See Deepak Sharma, *The Multidimensionality of Electricity Reform-An Australian Perspective*, Energy Policy 31,1093 – 1102 (2003).

② See Deepak Sharma, Robert Bartels, *Distributed Electricity Generation in Competitive Energy Markets: A Case Study in Australia*, The Energy Journal 18,17 – 39 (1997).

和南澳大利亚州(South Australian,SA)以及澳大利亚首都地区(Australian Capital Territory,ACT)。同时,形成了全球距离跨度最长的国家电力市场,电力市场沿线电缆线全长达到约8500公里。①

2. 塑造多元化的市场主体

以电力市场化改革重塑市场主体,是电力市场得以有效运行的前提与基础。在原有垂直一体化电力公司基础上,通过重组、拆分原有电力公司,放开准入限制等方式塑造多元化市场主体,是澳大利亚电力市场化改革的主要思路。目前,澳大利亚电力市场参与方主要包括国家电力市场管理公司、发电公司、输配电网公司、售电公司、用户等。其中,按照《国家电力法案》(National Electrical Act,NEA)规定,所有发电公司都需要在国家电力市场管理公司注册,按照国家电力市场管理公司的调度发电,但单站总装机容量在30兆瓦以下的电站除外。②

3. 确立价格形成新机制

澳大利亚电力市场化改革以后,电力价格由原来的政府管制定价为主,逐步过渡到市场定价为主。具体言之:

在发电领域,发电价格由发电商在电力库中经集中竞价形成,发电商每隔5分钟向国家电力市场管理公司所属的交易平台报价,国家电力市场管理公司根据成本最低并且满足特定负荷的原则,在全部报价中选出最优的发电机组。依照每5分钟调度间隔计算一次电价,30分钟之内共6次调度价的平均值决定该交易时

---

① See Peter H., *The Role of Futures in the Australian Electricity Market*, *Shanghai Derivatives Market Forum-Metals & Energy Market*, Diss, University of Technology, Sydney, 2005.

② See Outhred Hugh, *A Review of Electricity Industry Restructuring in Australia*, Electric Power Systems Research 44, 15 – 25 (1998).

段现货价格。①

在输配领域,输配电价则采取收入上限管制方式。政府监管机构根据资产类型、输配电运营成本等,综合确定输配电企业的最大允许收入,输配电网企业在政府监管部门确定的上限范围内,最终确定输配电价格。

在零售领域,根据2006年2月10日澳大利亚政府委员会宣布的协议,政府在有效竞争充分的州逐步取消能源零售价格的所有管制形式。② 由此,零售商的零售价格也由市场竞争决定,零售商的零售价格成本主要涵盖从批发市场购买的购电成本、输配电成本、牌照费和参与国家电力市场管理公司的费用、运营成本(如客户支持、系统运行、营销等)。

4. 建立适应电力市场化需要的监管体制

为适应深化电力市场化改革的需要,澳大利亚在国家层面上对电力市场监管体系进行整合。2005年7月,澳大利亚能源政策机构——能源理事会成立,成员由联邦政府和各州能源部长组成。同时,将电力监管职能整合到两个新成立的机构,分别为国家能源市场委员会(Australian Energy Market Commission,AEMC)、国家能源监管局(Australian Energy Regulalor,AER)。前者主要负责制定监管规则,并作为独立的法定委员会,直接向能源理事会汇报工作;后者主要负责监管规则具体实施,并作为全国专门的能源监管执行机构。两者分设使规则制定和市场监管的职责界定更加清

① See Australia Energy Market Operator, *An Introduction to Australia's National Electricity Market*, National Electricity Market Management Company Limited, 2003.

② See Johanna Cludius, et al., *Distributional Effects of the Australian Renewable Energy Target(RET) Through Wholesale and Retail Electricity Price Impacts*, Energy Policy 71, 40 – 51 (2014).

晰,是监管机构的一次深刻体制变革。不同于原监管机构所具有的较强行政色彩和易受各州的利益取向影响,新监管机构在规定的法律框架范围内,能够显示出更多的独立性和专业性。

由于澳大利亚实行联邦、州政府管辖体制,在联邦政府层面,实施电力市场监管的机构主要是国家能源市场委员会和国家能源监管局;而各州政府则分别设立了独立于联邦政府运作的监管机构,主要对垄断企业实行管制和监管企业重组,因此,州政府依然充分享有政策自主制定权。①

(二)改革成效

电力改革很大程度上是一种公共资源重新分配,在此过程中资本利用效率显著提升。澳大利亚在进行电力市场改革后取得了一定成效,其中最重要的一点是它提高了电力产业的效率和生产力水平,也对澳大利亚政府财政管理和公共服务的性质产生了深远影响。② 根据 Y. Zhang、D. Parker, C. Kirkpatrick 以及中国学者贺钢③等的研究,澳大利亚电力市场改革的成效可总结为如下几点:

1. 经济效应显著提升,电价大幅下降。根据国家电力市场管理公司公布的数据,1986 年澳大利亚尚未启动电力改革,此时工业用电、商业用电、居民用电分别为 10.4 澳分/千瓦时、17.1 澳分/千瓦时、12.3 澳分/千瓦时。电力体制市场化改革后,1998 年工业用

---

① See Chris Decker, Tim Keyworth, *Competition Law and Commodity Markets: The Case of Wholesale Electricity*, Economic Affairs 22, 32 – 39 (2002).

② See Malcolm Abbott, *Electricity Reform and Gains from the Reallocation of Resources*, The Electricity Journal 20, 72 – 78 (2007).

③ 参见贺钢:《澳大利亚电力市场运行考察报告》,重庆电力设计院,2003 年 12 月。

电、商业用电、居民用电分别为 7.4 澳分/千瓦时、7.8 澳分/千瓦时、11.2 澳分/千瓦时，大宗用户的电价下降幅度尤为显著。①

2. 社会效应明显优化，劳动生产率和服务质量大幅改善。与 1991 年比较，即使电力工业规模不断增长，澳大利亚电力工业从业人员减少了 50%，如表 3－1 所示。澳大利亚生产力委员会分析，1993 年至今，澳大利亚电力行业劳动生产率提高了 10.7%。②

表 3－1　澳大利亚电力行业就业人数（1986～1998 年）

单位：人

年份	新南威尔士州	维多利亚州	昆士兰州	南澳大利亚州
1986	28,754	19,989	11,440	5111
1990	22,240	17,962	8553	5214
1994	17,060	9382	7658	2881
1998	12,527	5420	7024	2298

资料来源：澳大利亚能源供应协会，载 http://www.esaa.com.au/，2014 年 12 月 22 日访问。

3. 法律效益方面，电力市场化改革使消费者利益得到更有利维护。澳大利亚能源供应协会（Energy Supply Association of Australian，ESAA）指出，电力市场化改革增加了电力市场的透明度。究其原因，《国家电力法案》对市场运营规则进行了统一、明确的规定，交易信息对发、输电公司及用户等各方均为透明，一改过去对欲进入电力行业的投资者和大多数电力用户的“黑箱操作”状

① 参见尚雅琴、田广东：《国外电力市场实践及现状》，载《工业技术经济》2002 年第 1 期，第 72～73 页。

② See Barry Naughten, *Economic Assessment of Combined Cycle Gas Turbines in Australia: Some Effects of Microeconomic Reform and Technological Change*, Energy Policy 31, 225－245 (2003).

况,电力市场真正实现了公平、公正、公开。① 同时,澳大利亚制造业商会调查表明,超过50%的受访者认为服务有所改善。②

4. 联网工程的建设大幅提升。因每个州电网部分线路存在输电功率约束问题,市场电价会有所不同,而这种电价差异恰是电网互联工程建设的动力。例如,在夏季的用电高峰期,因为南澳大利亚州与维多利亚州之间输送容量限制,且南澳大利亚州电力供不应求,电价上升为135.85澳元/千瓦时,大约是此刻维多利亚州和新南威尔士州的10倍;昆士兰州由于未与维多利亚州和新南威尔士州联网,此刻电价为45.04澳元/千瓦时,也比维多利亚州和新南威尔士州高了3倍以上。这就充分表现出电网互联的潜在效益。③由于价格信息公开透明,澳大利亚各州的电网互联工程有了强大动力。

综上所述,纵观澳大利亚的改革进程及其成效证明,电力市场化改革对于电力工业的各个参与主体均有利。通过电力市场化改革,澳大利亚逐步形成了新型电力工业经营管理模式,显著提升电力工业绩效,开启了澳大利亚电力工业发展的新篇章。澳大利亚政府完善的电力市场化机制,对传统国有垄断经营模式,其成功经验值得借鉴和学习。

---

① See ESAA, *Submission to Industry Commission: The Microeco-Nomic Reform Agenda*, ESAA, Sydney, 1996.

② See Barry Naughten, *Economic Assessment of Combined Cycle Gas Turbines in Australia: Some Effects of Microeconomic Reform and Technological Change*, Energy Policy 31, 225 – 245 (2003).

③ 参见张卫东、李林:《从澳大利亚国家电力市场运行看我国电力市场发展》,载《国际电力》2001年第2期,第11~13页。

二、电力现货市场的形成与发展

与电力市场化改革相适应，澳大利亚形成了两类电力现货市场，分别为电力批发市场与电力零售市场。尽管与垄断市场相比，电力现货市场透明度、参与度与竞争程度都显著提高，但各方趋利避害本能引发的电价波动仍不可避免，尤其是用电高峰、低谷期间，极易出现电价剧烈波动。在利润与收益目标驱动下，电价大幅波动将使发电商、零售商、消费者等对电力市场的潜在风险难以评估，从而使电力市场稳定供应和有效需求受到不利影响。

（一）电力现货市场的结构与运行

澳大利亚电力批发市场主要以电力库的方式进行。需要说明的是，电力库并非实际的物理地点，而是由国家电力管理公司联合市场参与者共同管理的集中操作电力系统所需的一整套机制。因此，电力库可视为具备中央核心市场的功能，它由集中调度程序和现货（实时）市场两部分组成。在市场交易中，发电商通过电力库出售电力，零售商以及其他市场需求者市场从电力库中买进电力，发电商和购电方按照现货价格，分别结算其在现货市场出售和采购的电力。①

澳大利亚零售市场中售电公司主要从国家电力市场的电力批发市场上购买电力，然后供给终端消费者。自 1998 年电力零售改革以来，澳大利亚电力市场的管辖区逐步引入零售竞争，选择供应

① See J. Alonso, et al., *Thermal Plant Bids and Market Clearing in an Electricity Pool, Minimization of Costs Vs. Minimization of Consumer Payments*, IEEE Transactions on Power Systems 14, 1327 – 1334 (1999).

商的机会逐步从大用户向小用户推广。[①] 上述零售商主要依靠降低电价与提高服务水平争夺用户。分析具有典型意义的大型零售商的零售电价可知，澳大利亚零售电价由分时电价与阶梯电价结合而成，即在峰谷电价的基础上，对高峰时段用电进一步实行阶梯电价。由于用电高峰时段，发生电价尖峰的概率也较高，这使零售商尽其所能采取各种手段倒逼用户高峰时段减少用电。[②] 一方面，零售商为保证不亏损，既要把握市场供需水平和控制成本，亦需针对用户的个性需求，提供种类丰富、精准施策的用电套餐，并按需提供增值服务，如节能指导服务、利用互联网和手机用户体验优化。[③] 分析国家电力管理公司关于客户转移相关数据可知，在维多利亚州，2006 年 5 月至 2007 年 4 月间，客户流失速度约为 25%，大约有 60 万的客户抛弃了特许供应商，转而寻求其他供应商；在南澳大利亚州，在 2006 年 8 月和 2007 年 4 月间，市场在澳大利亚电力零售市场最为活跃，市场客户流动率约为 27%。[④] 2011 年，《国家能源消费者框架》和《国家能源零售法》实施，各州零售价格管制得以放松，市场需求主体侧开始积极参与市场，消费者权益的保护得以强化。这些现象充分说明澳大利亚零售市场参与度高、市场竞争激烈。在过去的十年中，澳大利亚电力零售价格基本

---

① See Joshua S. Gans, et al., *Contracts and Electricity Pool Prices*, Australian Journal of Management 23, 83 – 96 (1998).

② See NCC, *Assessment of Governments' Progress in Implementing the National Competition Policy and Related Reforms*: 2005, National Competition Council, June 2001.

③ See NERA, *The Wholesale Electricity Market in Australia*, Economic Consulting, June 2007.

④ See D. Gavin, *Review of the Effectiveness of Retail Competition and Consumer Safety Net in Gas and Electricity*, St Vincent de Paul Society Victoria Inc, 2007.

保持稳定。①

(二)电力现货市场存在问题与原因分析

现有研究表明,电力市场如单一地向“竞争性”方向演进,电力价格会显著降低。然而,与此相伴的则是电力价格的波动性大大增加。② 澳大利亚电力市场改革施行以来,电力价格主要通过市场竞争方式确定,批发电价和零售电价均已放开,由此导致电价不可避免地随供需变化而出现波动。澳大利亚电力市场中一日内负荷处于高峰时的实时电价与负荷处于低谷时的实时电价可以相差几倍甚至数十倍,有时甚至低谷电价可以为零或负值,而不同天、不同月份的电价则相差更大(详细分析见第四章第三节)。

电力现货市场的价格剧烈波动,将使电力市场的参与者面临巨大的价格风险。③ 而电力是一种不可储存的商品,这意味着在供需引起的价格波动不能通过引入存货解决,在电价控制方面发挥“压舱石”作用而得到抑制。由此导致电力现货市场主体缺乏稳定的预期,零售商面临的风险可能是当电力现货价格很高时,用户需求量很大;发电商面临的风险则是当预期或不可预期断电时,将无法如约供应。同时,由于电力投资具有退出难、额度大、建设期长、回报期长等特点,电力投资者缺乏稳定的投资预期,将会形成电力投资时热时冷的情形,进而影响电力生产和供应的稳定。澳大利亚曾经出现的“缺电,上项目,过剩,减少投资,又缺电”的恶性循环

---

① See Stephen Littlechild, *Retail Competition in Electricity Markets*, Energy Policy 37,759 – 763 (2009).

② See Joshua S. Gans, et al., *Contracts and Electricity Pool Prices*, Australian Journal of Management 23,83 – 96 (1998).

③ See Escribano Álvaro, et al., *Modeling Electricity Prices: International Evidence*, Oxford Bulletin of Economics and Statistics 73,622 – 650 (2011).

便是例证，造成社会资源的巨大浪费。①

还需要注意的一点是，澳大利亚现货市场在各州之间的电网联络并不紧密，因此，澳大利亚国家电力市场引入了分区定价的机制，②即当电力市场内电网不同部分之间输电潮流出现阻塞时，根据阻塞线路将电网划分为若干区域，分别计算市场价格。③ 电力送出区域的市场价格低，电力输入区域的市场价格高，产生了不同区域市场价格的差异。全国电网穿过 5 个地区：昆士兰州、新南威尔士州、澳大利亚堪培拉地区、维多利亚州和南澳大利亚州，其他地区供电能力则相对不足。④

综上所述，澳大利亚在电力市场化改革初期，虽然建立了批发和零售两大现货市场，但如果电价剧烈波动问题不能得以有效解决，将会制约电力现货市场的正常运行。对比而言，在中国进行的电力市场化改革进程中，若市场化改革仅着力于建立单一现货市场，也将同样面临这些问题。由此可见，电力市场化改革引入新的交易机制——电力远期合约势在必行。

三、电力远期合约：解决现货市场问题做出的探索

电力现货市场的固有缺陷，激发澳大利亚政府尝试在电力交易中引入电力远期合约，以克服电力现货市场实时电价的剧

---

① See Andrew Worthington, et al., *Transmission of Prices and Price Volatility in Australian Electricity Spot Markets: A Multivariate GARCH Analysis*, Energy Economics 27, 337 - 350 (2005).

② 参见杜蜀薇：《澳大利亚国家电力市场考察报告》，重庆电力公司，2011 年 11 月。

③ 参见汤慧娣：《电力市场分区电价理论与应用》，华北电力大学（北京）2009 年硕士学位论文。

④ See http://www.askci.com/news/201401/20/2015321635626.shtml.

烈波动。

(一)电力远期合约的运行原理

电力远期合约是与电力即期合约相对应的概念,前者可以经过一定时间之后再完成交割,后者则要求参与交易各方即时完成交割。由于电力是不可储存的商品,发电商意在预定时间内将发电顺利售出,购电商意在预期时间内购买到理想价位的电力,双方基于此种共识签署交易合同。① 本质上,这是买卖双方针对未来的固定供需合约,约定在未来某一时刻按约定的价格买卖电力。

澳大利亚的电力远期合约通常采用的是电力差价合同,包括单向与双向两种类型。单向的差价合同具体可分为两种形式:第一种形式是交货时的市场价格高于协议的价格(strike price),此时购买方会以市场价进行交易,但发电商必须将差价支付给买方;如果市场价低于协议的价格,买方以市场价买入且不需支付差价。第二种形式是交货时的市场价格低于协议价,此时发电商仍以市场价结算,此时买方需要支付差价给发电商,而当市场价高于协议价时,发电商以市场价卖出且不需支付差价。② 由此可见,第一种单向差价合同使购电方实现了套期保值,规避了由于涨价带来的风险,而且还有获利的机会。而第二种单向差价合同使发电商实现套期保值,规避了跌价风险,也保留了获利的机会。

在双向差价合同中,当交货时的市场价格高于协议价时,买方仍以市场价结算,但发电商需要支付差价,而当合同交货时的市场价格低于协议价时,发电商仍以市场价结算,但此时购电方需要支

① See Blaise Allaz, Jean-Luc Vila, *Cournot Competition, Forward Markets and Efficiency*, Journal of Economic Theory 59, 1 – 16 (1993).

② See Tarjei Kristiansen, *Pricing of Contracts for Difference in the Nordic Market*, Energy Policy 32, 1075 – 1085 (2004).

付差价,同样实现了双方的套期保值。①

(二)电力远期合约优势与存在问题分析

电力远期合约在澳大利亚国家电力市场中扮演了重要角色。②它的分类、交易形式等已经有了期权理论的思想,能够提供给参与者选择价格和降低风险的机会,加强发电商和零售商的信息交流,还可以对发电商形成有效制约。同时,通过远期合约,电力可以被"虚拟"地储存,这种通过预先确定的合同,又使购电方和发电方在未来获得供应和需求的双向保障。综上,远期合约的引入一定程度上有利于电力市场的稳定。③

然而,远期合约是场外交易,存在较大的风险。④ 澳大利亚采用差价合同虽然形式简单,但各交易方所面临的不确定性仍值得关注。例如,供电具体时间、违约惩罚细则、分摊到实际供电小时的原则和方法等,这些不确定性都会直接影响市场参与者的利益。总体而言,澳大利亚远期合约主要有标准化差导致市场流动性弱、⑤保障缺乏导致合同履行不佳、⑥时间成本大导致签订合约困

---

① See Adrian D. Lee, Shan Choy, *Contracts for Dummies? The Performance of Investors in Contracts for Difference*, Accounting & Finance 54 965 – 997 (2014).

② See W. Mielczarski, G. Michalik, *Open Electricity Markets in Australia: Contract and Spot Prices*, IEEE Power Engineering Review 19, 49 – 50 (1999).

③ 参见袁智强等:《可选择电力远期合约定价分析》,载《华东电力》2005 年第 12 期,第 4 ~ 7 页。

④ See Energy Reform Implementation Group, *Energy Reform: The Way Forward for Australia*, Commonwealth of Australia, 2007.

⑤ 参见张少华、李渝曾:《结合期权理论的双边可选择电力远期合同模型》,载《电力系统自动化》2001 年第 21 期,第 28 ~ 32 页。

⑥ See T. W. Gedra, *Optional Forward Contracts for Electric Power Markets*, IEEE Transactions on Power Systems 9, 1766 – 1773 (1994).

难、①价格波动剧烈且频繁等问题。因此，澳大利亚迫切需要寻求新的交易工具来克服电力远期合约存在的不足，其电力市场改革逐步转向更能预防市场风险的其他衍生品——电力期货。

四、电力期货市场的形成

20 世纪 90 年代，市场参与者期望电力衍生产品出现明显增长，可综观全球大多数电力市场，却未见有增长的趋势。这是因为，一是因安然公司（原是世界上最大的综合性天然气和电力公司之一，在北美地区是头号天然气和电力批发销售商）2001 年 11 月的倒闭而产生衰减效应。二是相对于其他日常期货而言，电力生产者自己可以交易电力并能决定电力价格，使投机者的风险明显上升。三是由于电力市场与自然经济和民生息息相关，规则制定者会制定很多规则以规范市场主体行为，使投资者畏惧这些规则所带来的不确定性，削弱其投资积极性。在此背景下，为克服电力远期合约存在的问题，澳大利亚引入电力期货合约（简称电力期货）作为新的电力金融衍生工具。

作为由期货交易所统一制定、明确规定在将来某一特定的时间和地点交割一定数量标的物的标准化合约，②电力期货实质上是电力远期合约向标准化演进的必然结果，其交易模式不再是实物交割，而是合约交割。2002 年 9 月，澳大利亚悉尼期货交易所（Sydney Futures Exchange，SFE）和新西兰输电公司下属的 D-cypha 公司开始在悉尼期货交易所联合推出澳大利亚电力期货。同年 10 月，澳大利

---

① See Sameh El Khatib, Francisco D. Galiana, *Negotiating Bilateral Contracts in Electricity Markets*, IEEE Transactions Power Systems 22, 553 – 562 (2007).

② See W. David Walls, *Volatility, Volume and Maturity in Electricity Futures*, Applied Financial Economics 9, 283 – 287 (1999).

亚股票交易所也推出电力期货，形成两家交易所长期竞争，但悉尼期货交易所在这一品种的交易中明显占优势，其交易量比澳大利亚股票交易所活跃很多。① 2006 年，澳大利亚股票交易所收购了悉尼期货交易所，收购后，各自的电力期货可以同时在两个交易所进行交易。

（一）引入电力期货的原因

基于建立透明市场的期望，澳大利亚引入电力期货以推动实现电力的套期保值，力求转移风险，但电力不可储存性及由此带来的价格剧烈波动使风险转移未能达到预期效果，②虽在此基础上又实施了引入电力远期合约等举措，又因其固有的流动性差、合同履行状况较差等问题，效果仍然不佳。基于上述探索，电力期货设计者试图利用期货合约的规范性和标准化特点克服远期合约的这些缺陷，从而实现电力价格的稳定。

（二）电力期货市场的特点

1. 交易品种多元且不断丰富。澳大利亚电力期货合约分为基本负荷期货合约、季度峰值负荷期货合约、季度基本负荷超过 300 美元期货合约。③ 其中，季度期货合约交易时间分别是 3 月、6 月、9 月、12 月。随后又逐步发展形成了双边套期合约、区域间的套期保值合约、权益保护合约等。

2. 交易量总体呈现上升趋势。根据澳大利亚 D-cypha 公司公

---

① 参见黄芳：《澳大利亚与中国期货市场的几点对比》，载《湖北日报》2005 年 12 月 21 日，第 7 版。

② See Robert A. Collins, *The Economics of Electricity Hedging and a Proposed Modification for the Futures Contract for Electricity*, IEEE Transactions on Power Systems 17, 100 – 107 (2002).

③ See ASX Energy, *Australian Electricity Futures and Options Contract Specifications*, http://www. asx. com. au/products/energy-derivatives/--australian-electricity. htm.

布的电力金融衍生品(主要是电力期货和期权)交易额表明,澳大利亚电力期货交易数量总体呈上升趋势。如图3-2所示,2009年至2011年间,每年交易额在增长;2009年至2010年间增长了21.8%,2011年至2013年间,每年则有小幅下降。从澳大利亚证券交易所官方提供的数据来看,2012年,澳大利亚国家电力市场的交易电量约1830亿千瓦时,期货期权交易额约为68亿澳元。据最新资料显示,目前澳大利亚的期货市场涵盖了维多利亚州、新南威尔士州、昆士兰州和南澳大利亚州等州,交易电量规模约为现货市场的2倍。[①] 由此可见,澳大利亚电力期货合约交易活跃。

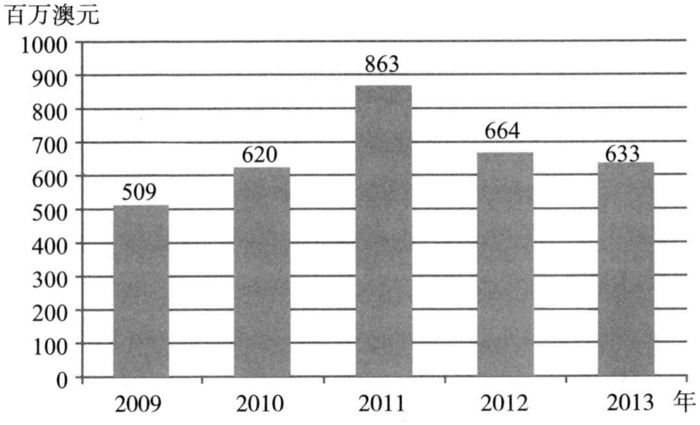

图3-2　澳大利亚2008~2012年电力期货期权交易额

资料来源:D-cypha公司。

3.流动性强,利于实现市场功能。期货市场的流动性指的是市场参与者根据合理价格,迅速履行一定数量的期货合约的能力。[②] 电

---

① 参见黄李明等:《澳大利亚电力市场16载风雨之回顾》,载《国家电网》2014年第6期,第71~72页。

② See Maureen O'Hara, *Presidential Address: Liquidity and Price Discovery*, The Journal of Finance 58,1335-1354 (2003).

力期货市场流动性主要体现在限价订单簿(等待被执行限价指令的集合)上。① 已有学者研究表明,限价订单簿中不同限价订单的价格和数量,可以清晰地表明市场参与者各自掌握的信息存在差别,这从另一方面也体现出市场流动性强弱状况。② 期货合约限价订单簿通常受以下3个关键指标影响——成交速度(买方和卖方的指令能否及时交易,及交易达成时间的及时性)、成交成本(在达成成交时实现成本最小化),以及成交数量③(达成交易的数量是否形成一定规模并且能否依合理价格执行)。

通过分析澳大利亚证券交易所提供的有关市场流转额的数据,以及其官网上提供的有关限价指令平台公布的信息可以看出,④引入电力期货后,国家电力市场的流动性比以前更优(详细分析见本书第六章第二节)。

4. 交割模式以金融为主、实物为辅。图3-3是澳大利亚国家电力市场电力期货的占比。可以看出,纯粹实物交割的期货合约只占3%,其余的都是金融交易合约,或者金融、实物两者混合的合约。澳大利亚电力期货市场出现以后,一定程度上弥合了单一电力现货市场的不足,形成了电力期货市场与电力现货市场相互配合、相互协同、相互促进,共同推动形成电力交易新格局。这也启

① See Zvi Bodie, et al., *Investment*, McGraw-Hill/Irwin, 2011, p. 76-77.

② See Ananth Madhavan, Venkatesh Panchapagesan, *Price Discovery in Auction Markets: A Look Inside the Black Box*, The Review of Financial Studies 13, 627-658 (2000).

③ See Joel Hasbrouck, Gideon Saar, *Technology and Liquidity Provision: The Blurring of Traditional Definitions*, Journal of Financial Markets 12, 143-172 (2009).

④ See Helen Higgs, Andrew C. Worthington, *Systematic Features of High-Frequency Volatility in Australian Electricity Markets: Intraday Patterns, Information Arrival and Calendar Effects*, The Energy Journal 26, 23-42 (2005).

示我们，长远来看，电力市场化改革催生的新兴运营模式将向着电力期货市场为主、电力现货市场交易为辅的方向演进。

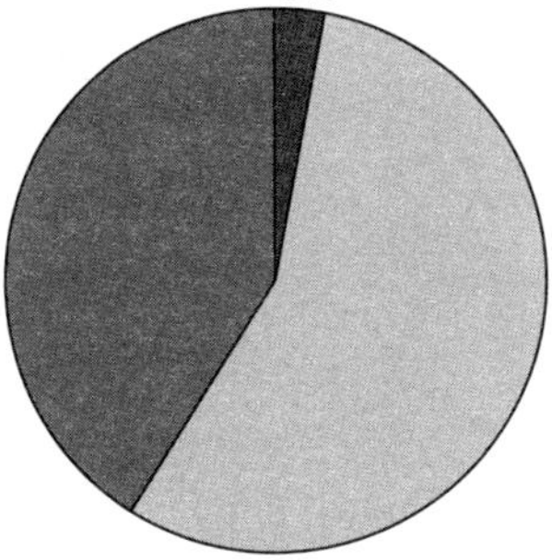

图3－3　澳大利亚国家电力市场交易模式结构

资料来源：D-cypha公司。

五、澳大利亚电力期货市场成效评估

经过十余年的发展，澳大利亚电力期货市场不仅充分展示了电力现货和远期合约方面的特有长处，而且在稳定电力市场和促进市场交易的规范化、可持续化方面也取得了可贵成绩。具体表现如下：

（一）现货市场中强势主体操纵力得以有效控制

澳大利亚国家电力现货市场采取电力库模式。在此模式下，发电商是主要的市场参与者，市场交易计划由调度中心统一负责安排，致使发电商对整个电力市场交易形成了较强的控制力，甚至可以说，发电商在一定程度上掌握了电价控制权。① 采用电力期货交易模式后，市场参与者更加多元和分散，电力市场参与者可以自由买卖合约，系统调度中心只形成平台作用，即按照买卖双方在期

① See Judith B. Cardell, et al., *Market Power and Strategic Interaction in Electricity Networks*, Resource and Energy Economics 19, 109－137 (1997).

货合约中约定交割方式进行到期交易，发电商的市场操纵力得到有效抑制。① 此外，引入电力期货后，在一定程度上限制了国家电力市场中澳大利亚能源市场运营机构和国家电力市场管理公司的市场操纵力。与之相对照的是，电力现货市场的电力库模式下，这两个主体需考虑整个电力运行系统条件，在此基础上才能统筹电力交易计划。而在电力期货交易中，这两个主体则不能直接干预期货交易，只能在日前期货与现货配合的市场安排实物交割方案，这与期货交易模式形成了鲜明对比，由此降低操纵市场的机会。

（二）更强的交易流动性提升市场信息透明度

国家电力市场是一个具有充足流动性的金融市场，这是澳大利亚电力期货合约得以成立的前提。此时，电力期货市场中，所有市场参与者根据市场规则，通过公开、公平、公正、集中竞价方式进行期货合约买卖。这有助于形成一个客观真实、公正权威的价格，使得市场信息有效共享并提高透明度，为套期保值者提供了规避、转移价格波动风险的机会。澳大利亚电力期货市场透明度具体表征如下：一是运营商可以立足电力市场真实的投标价和招标价的一致性，进行监督约束独立的每日期货合约价格重估；二是 T. Reuters、Bloomberg 等人的研究表明，实现电力现货价格和期货价格实时透明，这类数据库可以公告证券市场即时信息，满足交易双方的信息需求；三是通过澳大利亚证券交易所（Australian Securities Exchange，ASX）期货清算公司，实现第三方确认。②

---

① See Xiaohong Guan, et al., *Optimization-Based Bidding Strategies for Deregulated Electric Power Markets*, International Series in Operations Research & Management Science 36, 249 – 270 (2001).

② 参见江健健等：《基于期货的新型电力交易模式》，载《中国电机工程学报》2003 年第 4 期，第 35 ~ 41 页。

(三)电力现货市场价格剧烈波动有效抑制

引入电力期货后,澳大利亚市场电价逐步趋于平稳(详见第四章第五节)。这得益于电力期货市场主体更加多元,交易信息更加充分、公开和透明,流动性更强,市场主体可以根据国家电力市场系统中的期货合约交易量,对未来的电力负荷的状况有相对准确的预期,他们会做出相对理性的选择,以减少电价波动性。①

(四)交易管控加强有效减少违约行为

电力期货市场中,期货流通与其交易方法密切关联,期货交易由委托经纪人在期货交易所内结算。和其他金融衍生品交易相似,在电力期货市场中,投资者以保证金作为担保购买电力期货,这意味着他们需要从经纪人处借入部分购买电力期货的资金。账户中保证金是由投资者提供的款项,其余购买款项是向经纪人借入。经纪人以活期贷款利率从银行借入资金,而后按此利率向投资者收取贷款利息与服务费用;投资者将购买的电力期货视作贷款抵押物。同时,为避免电力期货下跌导致投资者无法偿还贷款,经纪人预设了保证金维持比例,若保证金比例下降到预设比例以下,经纪人立即发出保证金催缴通知,要求投资者向保证金账户增加现金,若投资者不履行要求,经纪人将会从账户中出售电力期货并偿还贷款。② 由此可见,保证金制度是实行每日结算的基础,交易所根据账户内持仓合约数量及期货合约的结算价,计算该会员应缴纳的保证金。保证金制度可防止交易者违约行为。③

---

① See Xin Lu, et al., *Electricity Market Price Spike Forecast with Data Mining Techniques*, Electric Power Systems Research 73, 19 – 29 (2005).

② See Zvi Bodie, et al., *Investment*, McGraw-Hill/Irwin, 2011, p. 76 – 77.

③ See Gerald D. Gay, *A Comparative Analysis of Futures Contract Margins*, Journal of Futures Markets 6, 307 – 324 (1986).

（五）市场效率显著提升

澳大利亚的电力期货合约是双方或多方当事人为实现某一经济目的而明确相互权利义务关系的协议。期货合约由处于期货市场核心地位的商品（期货）交易所制订，并且规范一致，每种商品的期货合约对该商品的等级、数量、交货期、交货地点都有统一规定，只有价格由买卖双方协定。① 由于期货市场把多样的、分散的各地市场汇集起来，加强了竞争性，更由于期货合约的标准化使之易于转手、结算，增强了其互换性和流通性，如此一来，市场效率大为提高。电力期货交易量大大增加，提高了电力市场的流动性。2013 年澳大利亚证券交易所年度报告所披露的数据，如图 3－4 所示。

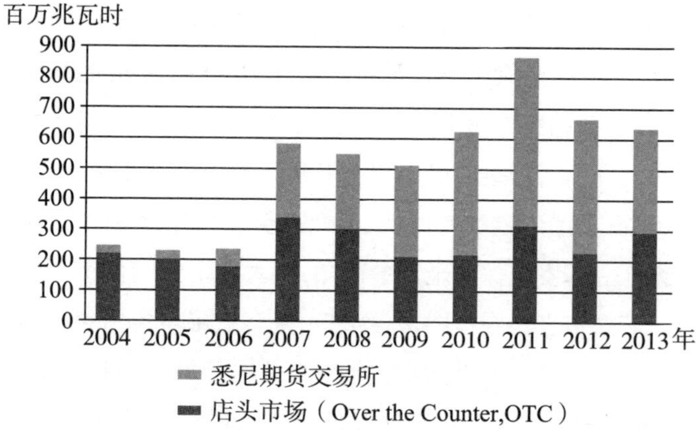

图 3－4　2013 年澳大利亚证券交易所年度报告披露数据

资料来源：澳大利亚金融市场报告（The Australian Financial Markets Report, AFMR），载 http://www.afma.com.au/data/AFMR。

① See Eva Tanlapco, et al., *Hedging with Futures Contracts in a Deregulated Electricity Industry*, IEEE Transactions on Power Systems 17, 577－582 (2002).

综上所述，澳大利亚电力期货市场将多元、分散的交易主体与交易信息汇集起来，增强了市场竞争性；由于期货合约标准化使之易于转手、结算，增强了其交互性和流通性，其保障机制亦可有效降低期货违约风险；市场透明度提高，价格发现功能有效实现，这使电力交易市场效率大为提高。总之，市场是制度观察的最好镜子，从澳大利亚电力期货交易市场的流动性较强、交易量呈逐年上升趋势中可以看出，电力期货的确克服了电力现货市场和电力远期合约弊端。

第三节　北欧电力期货市场

欧洲因其历史文化发展历程，其电力市场化改革与美国与澳大利亚电力市场发展呈现不同的轨迹，特别是因不同地域呈现各异的发展历程，值得分别系统研究。其中，在欧洲境内最早建立电力期货的市场是北欧市场。北欧作为首个跨国的区域电力市场，多年来市场运行相对平稳，市场范围不断扩大，交易机制较为完善，①为大多数国家认可。② 开放共享的市场交易机制使北欧各国资源实现优势互补，在应对季节性能源匮乏、环境污染等方面起到了重要作用，同时也确保了区域间电力供应的稳定与安全。此外，北欧作为欧洲可再生能源技术和智能电网建设的领跑者，风电利

① See Eirik S. Amundsen, Lars Bergman, *Why has the Nordic Electricity Market Worked So Well?*, Utilities Policy 14, 148 – 157 (2006).

② 参见赵禾杰：《北欧电力市场中的能源互补》，载《中国科技成果》2015 年第 17 期，第 14、20 页。

用率国际领先，这一切也得益于其良好的市场机制。① 本节对北欧电力市场进程进行阐述。

一、电力市场化改革基本脉络

北欧电力市场(Nordic Power Exchang，也叫 Nord Pool)是欧洲境内最早建立电力期货的市场。1993 年挪威电力市场建立了电力远期合约市场，并于 1995 年引入第一份电力期货合约；1996 年，瑞典电力市场纳入电力期货合约，同年与挪威电力市场合并组建北欧电力市场；随后芬兰、丹麦西部和丹麦东部分别于 1998 年、1999 年和 2000 年纳入电力期货交易。

在北欧地区，电力现货合同和电力期货合同交易结算都是由北欧电力市场集团，即北欧电力交易所掌控的。

(一)概述

北欧电力市场化改革最早发生于挪威，②标志性事件为 1991 年 1 月正式实施的《挪威能源法案》，该法案要求电网输电这一最具管制性特征业务与其他竞争性业务分离。一年后，挪威国家电力公司一分为二——挪威电网公司及挪威发电公司。其中，前者主营业务为电网系统运行，并实现无差别开放。瑞典紧随其后，于 1991 年进行电力市场化改革探索，次年即成立瑞典国家电网公司(Svenska Kraftnat)。1996 年 1 月加入挪威国家电力市场，两国联合成立挪威—瑞典联合电力交易所(EL-EX)，两国电网公司各自持有 50% 股份。

---

① See Nord Pool, *Annual Report* 2015, http://www.nordpoolspot.com/About-us/Annual-report/.

② 参见孙建平、戴铁潮：《北欧电力市场发展概况》，载《华东电力》2006 年第 12 期，第 60－65 页。

1995 年 6 月,芬兰根据本国新能源法要求,建立竞争性电力市场。1997 年,原有两家电网公司合并成立芬兰国家电网公司。一年后,芬兰加入电力市场,瑞典国家电网公司与芬兰国家电网公司联合拥有 EL-EX 作为北欧电力交易平衡调节市场。丹麦新能源法于1996 年开始实施。1998 年1 月起,历时3 年,丹麦全境逐步加入电力市场,2000 年丹麦东部的加入,标志着北欧跨国电力市场正式形成。接着,爱沙尼亚、立陶宛和拉脱维亚等相继加入北欧电力市场,同意现货市场联合出清。① 2014 年,来自欧盟的 14 个成员国加上挪威的电网运营商和电力交易所就电力联合交易正式达成协议,建立统一的日前电力批发市场②。

(二)市场机制

北欧四国统一市场组成为市场交易机构(Power Exchange, PX)、输电系统运营机构(Transmission System Operator, TSO)与市场主体(Market Participants)。以下分述之。

1. 市场交易机构,即电力交易所。其主要职能为北欧电力市场交易与清算,以及欧洲市场的二氧化碳排放指标交易。其中,北欧电力交易所有限公司(Nord Pool Spot AS)负责现货市场交易;北欧电力金融市场负责期货、期权、差价合同等交易;北欧电力清算所有限公司(Nord Pool Clearing ASA)负责北欧电力市场的清算工作,为电力交易所的电力交易和所外标准合同提供清算服务;北欧电力市场咨询公司(Nord Pool Consulting AS)提供市场战略和管理服务,为政府与监管机构提供咨询服务。

---

① 参见孙建平、戴铁潮:《北欧电力市场发展概况》,载《华东电力》2006 年第 12 期,第 60 – 65 页。

② See *NWE Day-Ahead Price Coupling: Questions & Answers*, http://www.belpex.be/wp-content/uploads/NWE_QA.pdf.

2. 输电系统运营机构。主要包括调度职能内嵌于电网公司的输电系统运营商机构，包括挪威电网输电系统运营商、瑞典电网输电系统运营商、芬兰电网输电系统运营商、丹麦 Eltra 电网输电系统运营商和 Elkraft 电网输电系统运营商。

3. 市场主体。发电商（并网发电电厂），10 兆瓦及以上电厂以自身为主体参与市场竞争，10 兆瓦以下电厂通过代理商参与；电网拥有者主要包括国家电网、区域电网与本地电网；交易商分为两种，区别在于是否拥有输配电网络，两者签订合同并交付转运费；零售商为向用户销售电能的公司，可同时具备电力买卖及平衡交易两种职能；用户即消费者，其支付的电费同时包括用电费用和电网费用两部分。

作为世界上第一个区域性跨国电力市场，经过多年发展，北欧电力市场目前已形成现货市场为基础，辅助服务市场与期货市场为补充的市场机制。各市场之间互相协调运行、有机结合，共同构建一个体系完备、功能完善的市场交易体系。现货市场为各类市场参与者提供电力交易的场所，形成实时反应系统供需状况的价格，为金融市场提供一个合理的价格信号；辅助服务市场为修正现货市场出清结果与实际运行之间的偏差提供保障，确保电力系统安全稳定运行；金融市场为各市场成员规避现货市场价格波动风险提供多样化合约，合约结算最终以现货市场价格作为依据。①

二、电力现货市场的形成与发展

北欧电力现货市场（Nord Pool Spot Market，NPSM）主要采用

① 参见包铭磊等：《北欧电力市场评述及对我国的经验借鉴》，载《中国电机工程学报》2017 年第 17 期，第 4881～4893 页。

日前市场、日内市场与实时市场3个互为补充的市场模式,①三者协调运行、有序开展,共同形成一个贴近实时运行的交易计划,②整个过程可视为模型预测控制。③

日前市场建于1993年,由北欧电力交易所以"集中竞价、边际出清"的方式组织实施。具体机制如下:每日中午12:00前,买卖双方针对2天每小时的交易时段提供报价,而市场成员的报价互相并不知晓。需要说明的是,北欧采用的报价方式为块报价(block),块报价是连续几个小时的报价集中到一起而进行的报价,机组的启停成本平摊到这几个小时中,块报价必须整体被接受。④ 电力交易所根据发用双方提交的报价,形成发电曲线和用电曲线,最终两曲线的交点即为系统电价(system price)。在系统无约束出清形成系统电价后,电力交易所会进一步将区域间联络线的限制考虑到出清模型中去,从而形成分区电价(zonal price)。

日内市场是日前市场的延续与补充。日内市场同样也由北欧电力交易所组织,在日前市场关闭后14:30开始,持续滚动出清直到实时运行前一个小时。日内市场是一个撮合交易市场,按照"先来先得、高低匹配"的原则,为市场成员提供一个

---

① 参见邹鹏等:《国外电力现货市场建设的逻辑分析及对中国的启示与建议》,载《电力系统自动化》2014年第13期,第18~27页。

② 参见孙建平、戴铁潮:《北欧电力市场发展概况》,载《华东电力》2006年第12期,第60~65页。

③ See Ivar Wangensten, *Power System Economics: The Nordic Electricity Market*, Tapir Academic Press, 2012.

④ See Klaus Skytted, *The Regulating Power Market on the Nordic Power Exchange Nord Pool: An Econometric Analysis*, Energy Economics 21, 295 – 308 (1999).

调整日前交易计划的平台,以此来应对负荷预测偏差、设备突然故障等问题。① 早期,由于大部分市场参与者缺乏投入高额交易费用,因此,日内市场成交的电量较少。但随着新能源的不断接入,日前风电预测的误差量变大,日内市场重要性也逐步凸显。2013 年,丹麦日内市场交易电量为 61.392 亿千瓦时,相比 2012 年成交的 32 亿千瓦时,增加了近一倍。②

平衡调节市场(Regulating Market)是系统实时运行前的最后一道关口,③主要作用在于保障系统的实时平衡与稳定运行而非电量交易,具体由北欧各国输电系统运营商负责实施。④ 现货市场每日 12:00 关闭,此时距次日交易履行仍有很长时间间隔,最长可达 36 小时。此间,用电需求随机性和发电机组非计划停运不确定性促使市场交易成员在现货市场闭市后仍有调整发购电报价的需求,电力平衡市场应运而生。其运作规则如下——交易成员在每日 14:00 后、交易履行的 1 小时前进行平衡交易,最大交易时间可达 34 小时。在平衡调节市场开启前,各平衡责任提供者(Balance Responsible Party,BRP)需要提供报价,报价可一直修改、调整直到实时运行前 45 分钟,且对报价容量价格作出限制(报价最小的容

---

① 参见张粒子等:《重庆电力市场建设方案及实施路径》,华北电力大学电力市场研究所,2017 年 12 月。

② 参见政乾方:《丹麦何以实现高比例风电运行》,载北极星风力发电网,http://news.bjx.com.cn/html/20150225/591866.shtml,2020 年 10 月 18 日访问。

③ See Klaus Skytted, *The Regulating Power Market on the Nordic Power Exchange Nord Pool: An Econometric Analysis*, Energy Economics 21, 295 – 308 (1999).

④ See C. Bang, et al., *The Existing Nordic Regulating Power Market*, Ea Energy Analyses, 2012.

量单元是 10 兆瓦,最大为 50 兆瓦)。[①] 2013 年,北欧平衡调节市场的交易量为 41.97 亿千瓦时,相较于 2012 年的 44 亿千瓦时有所下降,这是由于日内市场交易电量增加,减少了平衡调节市场的再调度电量。[②]

早期北欧电力市场中,双边物理合约占据较大比例,现货市场交易电量较少。但随着现货市场交易机制的不断完善,现货价格趋于稳定,交易费用的降低,市场成员更倾向于去现货市场中购电,以避免双边交易的协商、物理合约校核等麻烦。据统计,1996 年,北欧电力市场物理合约交易量占比 90%,现货市场交易量占比 10%;而到了 2013 年,现货市场交易量占 90%,物理合约交易量仅占 10%。[③]

三、电力期货市场的形成与发展

北欧电力金融市场始于 1993 年挪威电力远期合约市场,早期主要交易的是物理合约,后来使用现金结算代替物理交割,并陆续引入了期货合约、差价合约和期权合约等。早期由 Nord Pool 负责,2008 年起转由纳斯达克交易所(Nasdaq OMX)运行。北欧电力金融市场成员众多,交易品种多样,为参与主体提供了很好的价格对冲与风险管理手段。目前,北欧电力金融交易行为十分活跃,金

---

① See Iliana Ilieva, Torjus Folsland Bolkesj, *An Econometric Analysis of the Regulation Power Market at the Nor Power Exchange*, Energy Procedia 58, 58 – 64 (2014).

② 参见政乾方:《丹麦何以实现高比例风电运行》,载北极星风力发电网,http://news.bjx.com.cn/html/20150225/591866.shtml,2020 年 10 月 18 日访问。

③ 参见包铭磊等:《北欧电力市场评述及对我国的经验借鉴》,载《中国电机工程学报》2017 年第 17 期,第 4881 ~ 4893 页。

融合同年交易量可达实际售电量的10倍;[①]交易品种包括远期合约(以月、季度和年度为周期),以及期货合约(以日、月为周期)、期权合约和差价合约,且均以现货市场价格为参考;交易主体范围除北欧外,已扩展至德国、荷兰和英国;交易时间跨度包括日、周、季度、年,最长可达6年。较之现货市场,上述金融合约均采用现金结算方式,不需要实际物理交割。下面对北欧电力金融市场挂牌交易的期货合约、期权合约和差价合约3类期货产品分别进行简要介绍。

1. 期货合约(Futures Contract)。从时间尺度上可分为两类,即短期期货合约(Futures Contract)和远期期货合约(Forward Contract),两者均采用两段结算的方式。短期期货合约包括日期货合约与周期货合约两个品种,其中周期货合约以8个连续的周合约为一组,滚动循环上市交易。远期期货合约几经调整,现分为月度期货、季度期货(指公历季度)和年度期货合约3个品种,年度期货合约可以拆分为季度期货合约,季度期货合约又可以拆分为月度期货合约。

2. 差价合约(Contract for Difference)。[②]实质是一种以现货市场的分区电价和系统电价的差价作为参考电价的期货合约,市场中差价合约的成交价格反映了交易方对这种差价的预期值。差价合约的参考电价为现货市场分区电价与无约束系统电价两者间差价,成为规避分区电价风险的有效工具;市场主体通过远期期货和期货交易可以在一定程度上规避现货市场价格波动带来

① 参见孙建平、戴铁潮:《北欧电力市场发展概况》,载《华东电力》2006年第12期,第60~65页。

② 参见国家电监会市场部:《北欧电力市场:北欧电力市场运营》(中),载《中国电力报》2005年12月20日,第8版。

的经营风险。

3. 期权合约(Option Contract)。包括买入期权(calloptions)和卖出期权(putoptions)两种,前者的买方、后者的卖方均有权在期权到期前以事先约定价格购买或卖出电能。交易主体根据对市场价格变动趋势的预期来决定如何在金融市场中进行期权交易。与期货合约一样,期权合约是市场成员规避市场风险的重要金融工具。

四、北欧电力期货市场建设成效

(一)电力资源配置持续优化

北欧电力市场经历了多个小国家向统一市场演进的发展过程。北欧四国电源分布与需求不平衡,电源结构不尽合理,电源集中于北部而负荷集中于南部。挪威高度依赖水电,枯水季节电能短缺、丰水季节电能富余矛盾极为突出。建立跨国期货电力市场、优化配置电力资源为区域电能资源禀赋差异化发展现状提供了很好借鉴。

(二)价格发现功能有效实现

方差分解和冲击反应分析的结果都说明北欧电力期货电价在价格发现功能中占主导地位,期货电价的影响力比现货电价的影响力大,期货市场因具有良好的价格发现功能①而提升运行效率。

(三)电价稳定有效实现

北欧电力市场的电批发价格波动很大,但实际结算价格相对稳定。这主要得益于北欧强大的电力金融市场平抑了现货市场价格异常涨落,现货市场与期货市场合力规避供需平衡风险。

① 参见刘思东等:《电力期货市场的价格发现功能》,载《电力自动化设备》2008 年第 7 期,第 57 ~61 页。

第四节　英国电力期货市场

作为世界电力改革先行者之一，英国电力市场化改革始于撒切尔时代。作为“市场万能”理念的拥趸，撒切尔夫人以私有化、引入竞争为主线推进了英国电力市场化改革，[①]其发电、输电、配电、售电企业互相独立、自主经营，[②]各环节价格机制清晰、独立并受到严格监管，[③]此中经验，值得借鉴。

一、电力市场化改革基本脉络

英国启动电力市场化改革前，英国电力工业执行 1957 年《电力法》，由国有化的中央电力局（Central Electric Generation Bureau，CEGB）统管英格兰和威尔士的发电、输电和配电，垄断性经营，下属有 12 个地区供电局，每个供电局对所划分的区域内负责供电。另有一个协调组织——电力委员会（Electricity Council）负责电力政策和法规的制定以及相关事务的处理。苏格兰和北爱尔兰也有各级相应机构进行区域垄断。其共同特点是集中、统

---

① See Jamie Carstairs, Ian Pope, *The Case for a New Capacity Mechanism in the UK Electricity Market-Lessons from Australia and New Zealand*, Energy Policy 39, 5096 - 5098 (2011).

② See M. Martinez-Castor-de-Cerqueira, et al., *Electricity Price Evolution in the UK and Spain: A Comparative Analysis*, 2013 10th International Conference on the European Energy Market (EEM), May 27 - 31, 2013, Stockholm: IEEE, 2013, p. 1 - 7.

③ See Hesmondhalgh Serena, *Is NETA the Blueprint for Whole-Sale Electricity Trading Arrangements of the Future*, IEEE Transactions on Power Systems 18, 548 - 554, (2003).

一、垄断和国有。[①] 随着国民经济的发展，这种大统一、大集权、大垄断的管理模式造成了企业效益低下，负债过多，电价居高不下，经营困难。1987 年，英国开始酝酿研究以私有化为核心的电力体制改革问题。1988 年 11 月，议会通过了《电力私营化法案》，1989 年颁布新的《电力法》，拉开英国电力改革的序幕。1990 年 3 月，按《电力法》要求，原垂直垄断式的电力管理系统（英国中央发电局）被分解为 12 个地区配电公司、3 家发电公司和 1 家高压输电公司。[②] 1996 年，上述各公司股票陆续上市，完成私有化，自此电力市场化改革进入实质性阶段。

英国电力市场化改革总体分为 4 个阶段。

1. 第一轮改革：电力库模式

作为英国第一轮电力市场化改革的基本模式，电力库（Pool）以“管住中间、放开两端”为主要特征，[③]旨在建设高效的电力批发市场。具体而言，英国国家电网负责具体经营，所有的电力均由其直接收购后出售给用户，国家监管部门确定合理的输电费用，批发电价、零售电价完全由市场来决定。由于电力库模式采用系统边际价格方式决定电力收购价，短时间内价格显著波动难以避免。为提升电量与电价评估准确性，电力库模式建立起以各类短长期合同为基础的交易结算机制，在电价总体稳定基础上建立稳定的供需关系。

电力库模式运行大约 10 年，取得了不可否认的成绩，但其弊

---

① 参见王家伟：《英国电力市场化改革之路》，载《现代电力》2013 年第 4 期，第 1～5 页。

② 参见陈忠厚：《从电力库（Pool）到尼塔（Neta）英国电力市场模式演变简介》，载《湖北水力发电》2004 年第 3 期，第 75～78 页。

③ 参见王汝英：《电力市场改革探讨》，载《天津电力技术》2006 年第 1 期，第 13～17 页。

病也逐渐暴露,①主要包括报价定价的复杂性及不合理性、市场机制的不完全性、少数发电公司对市场有过分的操纵力等。此种模式下,系统边际价格取决于发电企业的电量报价,未考虑需求侧的价格弹性,导致市场运行中出现价格垄断。在20世纪90年代中期的英国电力库市场中,78%的电价由国家电力公司、电能公司两家公司报价决定。这两家发电企业下辖的电厂多是火电厂,效率低、成本高,为了确保电厂收益,电量报价时总报高电价,市场电价被两家公司所垄断。实际上在采用电力库模式后的几年内,尽管电能生产费用下降近一半,但电力批发价格整体却没有下降。②

另外,20世纪90年代后期大量的燃气机组进入电力库市场,天然气市场和电力市场发展不协调,导致市场竞价出现"总有发电企业报高价,也总有发电企业报零电价"的现象。总体而言,由于市场模式以及机制的不完善,用户侧电价改善成效有限,无法满足市场需求。③

2. 第二轮改革:不平衡电力交易制度(New Electricity Trading Arrangements, NETA)模式

为了解决第一轮电力市场化改革后所暴露出不平衡的问题,2000年起,英国进行了第二轮电力市场化改革,建立电力交易制度系统。不平衡电力交易制度模式的出现,带来了一种更加灵活的交易方式,从而不必再局限于竞价式的发电端交易机制,转而建立

---

① 参见李帆等:《英国电力市场模式改革回顾与展望》,载《国际电力》1999年第7期,第55~59页。

② 参见王秀丽等:《英国电力市场新模式——结构、成效及问题》,载《中国电力》2003年第6期,第1~5页。

③ 参见李基贤、许思扬:《英国电力市场化改革对中国电力市场发展的启示》,载《电工电气》2021年第7期,第1~11页。

起一种基于中长期合同,兼以短期现货与平衡机制的交易环境。

不平衡电力交易制度是基于新的《公用事业法案》(Utilities Act 2000)形成的。作为一种更为市场化的交易制度,其发展基础是发电商、供电商、中间商和用户自愿参与的双边交易市场,提供了更丰富的成本目标和更灵敏的成本激励机制,并有效控制市场风险,有力促进了市场竞争机制形成。

然而,不平衡电力交易制度模式运行中也存在一些不容忽视的问题:一是因片面强调压低成本、降低电价,电力安全问题被忽视,在应对突发事件中显得捉襟见肘。如应对 2002 年 10 月 27 日的大风停电事件中,由于维修人员不足,2 万多用户持续停电一个星期。相较而言,1987 年 10 月英国也曾遭受暴风袭击,其严重程度远大于这一次,但当时在中央电力局强有力组织下,用户供电得以迅速恢复。① 二是利润过低甚至亏本经营严重打击投资建电厂的积极性。电价的持续走低使很多发电公司亏损经营。英国核电公司(British Energy)最先因成本高企而发生危机;英国最大的发电公司 Powergen 不堪忍受低电价带来的损失,于 2002 年 10 月宣布将关闭其拥有的两座大型电厂;②类似的事件频频发生,以至于采取措施保护电厂的合理收益被提上议事日程。三是不平衡电力交易制度模式有利于化石燃料和核能这样的发电企业,却并不利于间歇性可再生能源的发展。③

① 参见王秀丽等:《英国电力市场新模式——结构、成效及问题》,载《中国电力》2003 年第 6 期,第 1 ~ 5 页。

② See Angela Jameson, *UK Electricity Market "Is Bust"*, The Times, 10 Oct. 2002.

③ 参见张俊勇、张玉梅:《英国新一轮电力市场改革及其对中国的启示》,载《华北电力大学学报(社会科学版)》2018 年第 2 期,第 23 ~ 28 页。

3. 第三轮改革:英国电力交易与传输机制(Britith Electricity Trading and Transmission Arrangements,BETTA)模式

英国售电市场按照行政区域划分为英格兰和威尔士系统(England and Wales System)、苏格兰系统(Scotland System)和北爱尔兰系统(Northern Ireland System)三部分。1989 年英国对电力市场实行私有化改革后,英格兰和威尔士系统的电力改革较为成功,用户从改革中得到了巨大收益;而苏格兰系统和北爱尔兰系统的电力改革成效不佳。究其原因,苏格兰电力市场沿用一套不同的法规和商业结构,电力体制改革相对滞后,形成苏格兰电力公司、苏格兰南方能源公司两家垄断态势,从根本上阻碍了苏格兰电力市场竞争机制的形成,也限制了苏格兰电力资源向英格兰、威尔士的有效输送,苏格兰地区电价一直处于较高水平。①

为合理解决这一矛盾,将不平衡电力交易制度(British Electricity Trading and Transmission Arrangements,BETTA)这一成功模式在英国全国范围内推行,建立一个统一的英国电力交易与电力传输机制势在必行。英国电力交易与传输机制模式于 2005 年 4 月正式实施,旨在建立全英范围内的电力市场批发机制②,包括建立统一的电力贸易、平衡和结算系统;建立统一的电力传输定价方法和电网使用合同体系,并在苏格兰、英格兰及威尔士三大地区建立一个独立于发电和供电的统一输电系统运营机构(Great Britain System Operator,GBSO),从而增强电力市场的良性竞争。③

① 参见朱敏:《英国第三次电力工业改革——BETTA 实施》,载《现代电力》2005 年第 3 期,第 94 ~ 98 页。

② 《英国电力市场:第三次改革(BETTA 模式)》(下),载《中国电力报》2005 年 12 月 6 日,第 8 版。

③ 参见张俊勇、张玉梅:《英国新一轮电力市场改革及其对中国的启示》,载《华北电力大学学报(社会科学版)》2018 年第 2 期,第 23 – 28 页。

英国电力交易与传输机制模式运行后,基本在全英范围内实现了消除垄断,扩大电力交易范围,促进竞争等目的。

电力市场改革后的交易模式主要由远期合同市场、期货市场、短期双边市场、平衡市场、市场结算等构成,①具体运行模式如图3－5所示。

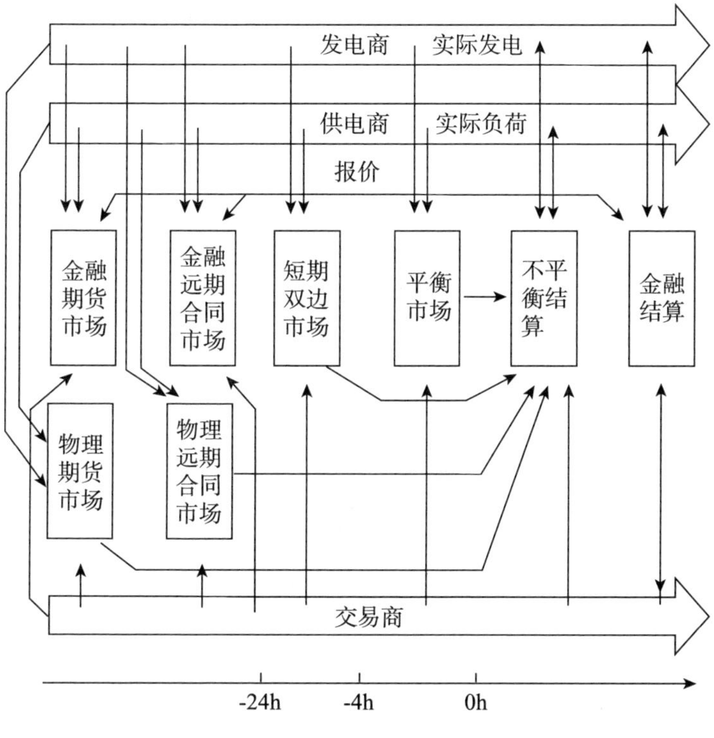

图3－5　英国新的电力市场模式

① 《英国电力市场:第二次改革(NETA模式)》(中),载《中国电力报》2005年11月22日,第8版。

4. 第四轮改革:低碳背景下的电力市场改革

2011 年 7 月,英国政府发布《规划我们的电力未来:关于发展安全、价格适宜和低碳电力》白皮书,揭开了新一轮电力市场改革序幕。[①]《规划我们的未来:关于发展安全、价格适宜和低碳电力》提出了未来能源改革的三个方向,一是对碳排放设定价格下限以确保价格公允,二是采取固定电价制度以取代可再生能源义务,三是对未达到排放要求的企业进行严格的增量限制。2013 年,英国发布新《能源法》,确定了低碳背景下英国电力改革的思路、方向和措施。2014 年,英国试行了电力改革的方案,这场改革是在倡导低碳背景下对未来 20 年的电力格局进行调整。从该项法案的内容来看,英国今后的电力政策重点围绕安全性、低碳、竞争性以及投资的可持续性等方面,促进多元化电力结构的不断完善,针对部分对象实施差价合约和容量市场机制,直至达到推广条件后进行全国性实施。[②] 其中,差价合约机制与容量市场机制是新一轮改革的关键。

二、电力现货市场的形成与发展

电力市场交易机制模式标志着英国电力现货市场的成熟,其基本运行模式如图 3 – 6 所示。

新的交易制度由以市场为基础的三级交易系统构成,大致可分为监管服务、交易结算和电力运行 3 个体系及发电公司和售电公司 2 个市场实体。

---

① 参见张俊勇、张玉梅:《英国新一轮电力市场改革及其对中国的启示》,载《华北电力大学学报(社会科学版)》2018 年第 2 期,第 23 ~ 28 页。

② 参见肖云鹏等:《面向高比例可再生能源的电力市场研究综述》,载《中国电机工程学报》2018 年第 3 期,第 663 ~ 674 页。

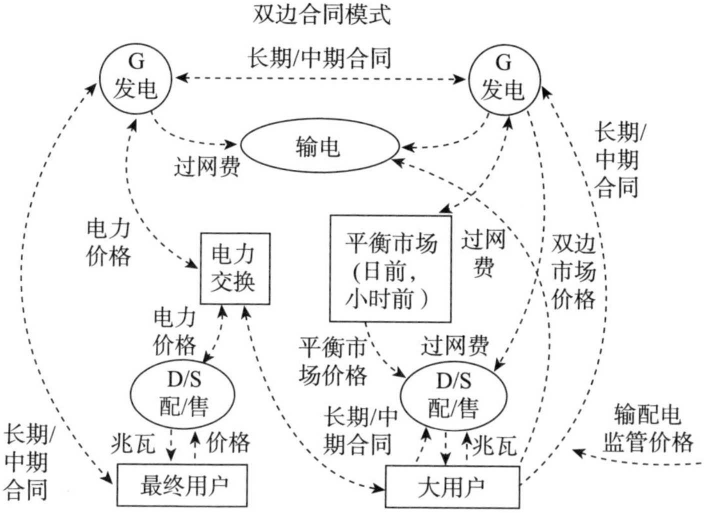

图 3－6　新的交易制度市场机制

资料来源:李基贤、许思扬:《英国电力市场化改革对中国电力市场发展的启示》,载《电工电气》2021 年第 7 期,第 1～11 页。

1. 监管体系。天然气和电力市场办公室(Office of Gas and Electricity Markets,OFGEM)为政府监管部门,由原天然气市场和电力市场各自的管理部门合并成立,宗旨是促进竞争,监管垄断行业,向所有的天然气和电力用户提供选择权。天然气和电力市场办公室通过核发执照监管整个电力工业界,并通过价格控制监管输电和配电系统等垄断行业。自天然气和电力市场办公室成立以来发挥了相当重要的作用,在实行市场监管、建立规章制度、颁发执照条件、创立新交易机制 NETA、研究未来发展方向等方面做了大量工作。电力协会(Electricity Association,EA)则是电力工业界的代言人,保护发电、输电、配电和售电公司利益,制定有关行业标准。

2. 交易体系。在新的市场交易体系中,远期、长期、短期、实时市场并存以满足市场参与者的不同需求。远期合同主要以面对面(Over the Counter,OTC)方式签署。短期交易主要在PX中进行,目前主要有3个电力交易中心:英国电力交易所(UK Power Exchange,UKPX),自动化电力交易所(Automated Power Exchange,APX)以及国际石油交易所(International Petroleum Exchange,IPE)。这些交易中心每天24小时开放,可通过互联网接入。买卖双方可进行电能量或其相关产品的交易。所有的市场参与者,包括供电公司、能源零售商、发电厂、大用户等可有多种选择以决定在何时、何地、以何种方式实现电力交易,从而大大增加了交易量。市场参与者可根据供需情况的变化细微调整合同,减少预测不确定性的影响和不平衡的结算量。

英国电力交易所成立于2001年3月25日。该中心提供电力交易、出清和合同提交等服务。英国电力交易所每月要处理近100万份合同,按时间划分有半年型、季度型、整月型(3、6、9、12月为5周,其余8个月为4周)、一周型和一天型。这些合同最终分解为每半小时的合同。

自动化电力交易所是由一个美国的公司在英国开设的交易中心,以互联网方式进行24小时连续交易。自动化电力交易所提供以下全套服务,如匿名竞价、计划、信贷管理、结算和价格发布等。自动化电力交易所的交易额上升很快,于2001年11月达到与英国电力交易所相当的水平。

3. 发电公司。英国发电市场目前转变为36个发电公司为主体的高度竞争市场。发电容量中,燃气占35%,燃煤占34%,核电占15%,互联电网接入容量占5%,燃油占4%,其他的如抽水蓄能和再生能源占7%。

4. 售电公司。英国电力市场改革的另一个重大突破是供电与配电业务的分离,使所有持有售电执照的公司都可销售电力。市场竞争的加剧、严格的监管和配售业务的分开等因素促进了配售电市场的重组,形成了7个主要的供电集团公司,所有的售电商都具有相同的法律基础向所有用户供电。重组既被许多公司视为增加竞争力的机会,也为越来越多的消费者提供了重新选择供电商的机会。

新的电力交易安排系统标志着英国电力现货市场机制的成熟。它建立了新的电力交易机制、新的管理机构天然气和电力市场办公室和新的用户组织 Energywatch,并实现了配电、售电业务分开,用户侧市场完全开放,市场参与者的权责明晰。①

三、电力远期合约

英国的电能销售有85%左右以远期合约方式进行。远期合约最长有15年,最短仅几个月。在英国电力远期合约中,又以差价合约数量最大。英国电力远期市场的差价合同又分为双向差价合约和单向差价合约。双向差价合约是指不管现货市场价格如何变动,买卖双方都按合约价格交割的合同;单向差价合同是指在现货市场价格比合约价格高时,买方有权按合约价交割,而现货市场价格低于合约价时,买方可以要求按现货市场价格交割的合约。

英国电力市场上的远期合同一般由买卖双方直接谈判,然后商定,中间不再插入中间商。远期合同的格式随意性也很大,且一般合同内容不对外公布,只有买卖双方知道。

① 参见王秀丽等:《英国电力市场新模式——结构、成效及问题》,载《中国电力》2003年第6期,第1~5页。

当然,也有一种插入中间商的电力远期合约——电力远期协议(Electricity Forward Agreement,EFA)。这种电力远期合约的协定时间比较短,且合同格式比较标准,包括价格、数量、有效期、时段等。由于成交量很少,一般用于微调买卖双方电力数量。

远期合同和期货市场由一个独立的市场操作员来运营。两种市场中,市场成员可以提前几年签订合同,并可对市场供求变化作出反应。远期合同市场和期货市场的规则、交易过程和结算方法均由市场自行决定,与电力监管机构无关。

四、电力期货市场的形成

与其他地区电力市场化改革的一个显著差异是,英国自发起电力市场化改革早期,就孕育了期货市场的雏形。例如,电力库模式之所以能够构建起打破地域界限、接入各地所有电厂的全国性一体化电力交易市场,得益于期货理论在其中发挥的重要作用。电力库模式下,发电商必须在上午10时前就次日的电价、电机单位调节功率、开停量作出及时申报。电力库会对次日的全网需求作出评估并就作出申报的电机组实施经济性排序,列出具体的机组运行计划并纳入负荷曲线。所有持照的发电、供电公司必须参加并保持电力库的成员身份。其中,发电净输出在50兆瓦以上的发电商必须经过电力库出售其电力;而负荷在0.5兆瓦以上的供电商则必须由电力库购买电力,NGC受电力库成员的委托负责其运行。[①] (见图3-7)

---

① 参见李帆、朱敏:《英国电力市场及输电系统简介》,载《电力系统自动化》1999年第2期,第33~40页。

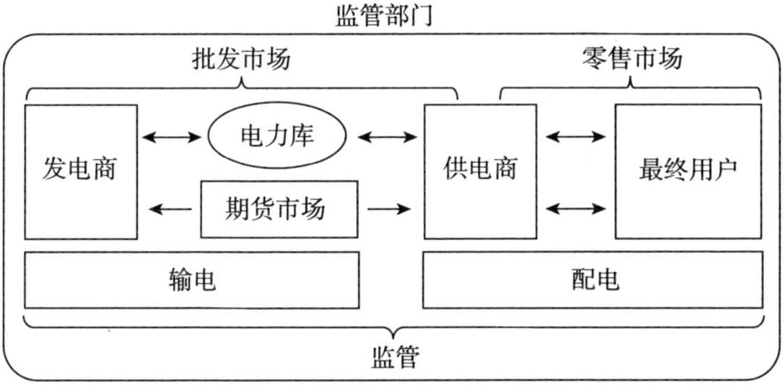

图 3－7 电力库模式运行机制

资料来源：李基贤、许思扬：《英国电力市场化改革对中国电力市场发展的启示》，载《电工电气》2021 年第 7 期，第 1～11 页。

2000 年，英国的国际石油交易所（International Petroleum Exchange，IPE）开始进行电力期货交易。2001 年，伦敦洲际交易所（InterContinental Exchange，ICE）收购了英国国际石油交易所，业务扩展到期货交易，成为英国电力市场期货交易的主要交易场所。①

在期货市场中，发电商和供电商可以在期货市场、远期合同市场或双边市场中以任意价格签订任意电量的合同，出于与需求的平衡，将根据平衡市场中由调度员决定的不平衡价格付费。② 期货合约的买卖完全是市场行为，并不考虑电力系统的运行特性；期货交易所只是完成期货交易的场所，并根据期货交易双方所持有的

① See Markus Burger，et al.，*Managing Energy Risks：An Integrated View on Power and Other Energy Markets*，John Wiley & Sons，2008，p. 4－5.

② 参见宋永华、孙锦鑫：《英国将推出电力市场新模式》，载《电网技术》1999 年第 8 期，第 69～73 页。

期货交易合约数量对交易者的保证金账户进行管理。①

在系统调度中心公布的次日电力现货预期价格以及可交割的电力期货数量基础上,电力交易双方进行期货与现货的套期交易,同时进行电力期货的平仓与补仓交易,主要是交易参与者利用电力期货与现货的价格差,对现货与期货的比率进行调整,并减少无法进行交割的期货合约数量,这样的交易可以持续到市场闭市为止。需要注意的是,调度中心并不需要介入此时的期货交易中,其职责只是根据新的期货合约确定其交割计划并更新现货价格。通过电力期货与现货市场之间的调整,交易双方可以根据电力系统的实际运行情况,主动调整自身的交易计划。在期货与现货的交易完成后,系统调度中心公布最终的期货交割计划以及现货交易计划。

日前期货市场与现货市场中的交易是一个迭代循环的过程。期货市场中的交易时间较长,具有发现商品真实价值的作用;而电力现货交易中,电力商品的交割明显受到物理定律(输电能力以及其他约束条件)限制,电力现货价格可能与期货价格有较大差别。为了确保电力期货价格与电力现货价格之间的趋同性质,在日前电力现货市场和电力期货市场之间进行迭代交易,为交易者提供一个根据不同市场之间价格的差别,调整各自现货、期货合约的机会。随着交易者对各自交易合约数量的调整,电力期货价格和电力现货价格将实现最终统一,那时的电力期货价格会受到电力系统实际运行状态的影响,市场信息的及时披露可对电力交易进行正确指导,以保证电力期货交易与电力现货交易彼此紧密配合。

---

① 参见江健健等:《基于期货的新型电力交易模式》,载《中国电机工程学报》2003 年第 4 期,第 35 ~41 页。

五、英国电力期货市场成效评估

（一）电力交易范围持续扩大

电力市场化交易的范围扩大到整个英国，市场竞争的范围也随之扩大到整个英国地区，更加激烈的市场竞争将促使电价保持稳中有降的趋势，进而减少交易成本。此外，通过促进可再生能源的发展形成了一条有效电力销售渠道，使英国的可再生能源发电商可将电力销售到欧洲大陆。①

（二）市场竞争更充分

由于整个电力交易基于期货，发电者和消费者都能够很好地在一个范围更广的电力市场上参与电力交易。与此同时，统一的、受到监管的定价制度、电力平衡与结算制度，市场的发展、运行、管理和电力监管更加简单，成本更低，供电质量和系统安全有效保障。②

（三）电价显著降低且趋于平稳

新的电力交易模式一经实施，电价即显著下降。据天然气和电力市场办公室统计，在新的电力交易实施后的两年中，由大工业用户每年签订的合同总额下降了35%。③ 在其后的电力市场化改革中，降电价成效巩固。同时，系统调度中心不参与期货交易，期货交易只是发电者和消费者之间的市场行为，电力交易行为的公平性和透明性推动了期货价格与现货价格的趋同；同时，稳定的供求关系可以减弱市场

---

① 参见张俊勇、张玉梅：《英国新一轮电力市场改革及其对中国的启示》，载《华北电力大学学报（社会科学版）》2018年第2期，第23～28页。

② 参见侯孚睿等：《英国电力容量市场设计及对中国电力市场改革的启示》，载《电力系统自动化》2015年第24期，第1～7页。

③ See OFGEM, *What are the New Electricity Trading Arrangements (NETA) OFGEM Press Release*, http://www.ofgem.gov.uk/elarch/retadocs/golive_explained.pdf.

参与者进行市场投机的动力，进而实现电价的稳定。①

（四）风险更加可控

采取电力期货交易后，系统调度中心能够根据市场中期货的交易量和期货价格，对未来的负荷分布和电价进行准确预测。在此基础上，能够进行有效地开展电力系统远期规划，保证电力系统稳定运行和电力稳定供应，避免由于电力系统规划方案缺陷导致的系统供求关系不相适应；电力生产方也能够进行有效的系统规划，保证电力系统的稳定发展。

① 参见江健健等：《基于期货的新型电力交易模式》，载《中国电机工程学报》2003年第4期，第35~41页。

第四章 全球电力期货市场的基本规律

自1882年9月4日，世界上第一家发电厂在美国投入商业化运营以来，电力行业的竞争发展史已有130多年。然而，20世纪30年代，由于经济、技术、政治与社会等方面因素综合作用，电力行业过渡至垄断经营时代。50年后，以1982年智利进行电力市场化改革为标志，电力行业又重新迈向以竞争为主导的市场化改革道路。从第三章的分析可以看出，以市场化改革为发端，以电力商品作为交易对象的现货市场开始出现，依次经过电力现货市场、电力远期合约等发展阶段，最终演变形成电力期货市场。本章基于第三章分析的基础，系统梳理全球视野下电力期货形成的历史轨迹，以期探寻电力期货市场形成的基本规律。

第一节 从垄断经营到引入竞争机制

1882年9月4日，世界第一家发电厂在美国投入商业化运营，标志着现代电力工业的诞生。电力工业在诞生之初，发电厂规模较小，输电距离极短，往往实行点对点的传输交易，且大都由私人出资建设。在资本逐利的驱动下，电力企业不断增多，但规模普遍较小、社会影响不大，此时，国家对电力行业采取自由放任政策，投资者自由进入和退出电力行业，电力价格由企业自主决定，电力行业处于自由竞争状态。此后，随着输电和发电技术的进步，规模效应日益显现，在经济利益的驱动下，电力企业开始踏上兼并之路。以美国为例，1922～1927年的五年间，1600家电厂被收购或合并。随着收购合并进度的深入，垄断逐渐形成，国家垄断也开始出现。①

在上述特定历史阶段，垄断经营促进了电力工业的快速发展，但随后垄断经营造成的弊端日益显现，并严重束缚了电力工业的发展。在德国，四家能源巨头几乎垄断了电力的发、输、配、售四大领域，他们"各自为政"，与政府签订特许经营合同，还与其他电力企业签订秘密协议，形成垄断价格获取巨大利润，损害消费者利益；英国电力经营竞争缺失导致电力工业缺少活力，投资减少；美国电力工业也在快速发展中暴露出越来越多的管理体制缺陷；澳大利亚电力工业的发展和运作均由政府主导，电力行业缺乏竞争，电力企业效率低、服务质量差，但成本居高不下、电价高企而使社会经济效益受到损害；阿根廷将发、输、配电一体化的垄断性私有

① 参见唐敏：《电力行业竞争法律机制研究》，法律出版社2013年，第8页。

企业收归国有后，实行发电、供电、用电统一管理，垄断经营；新西兰在电力市场化改革前，政府直接管理并经营电力企业，使电力企业严重冗员，生产效率低下……由于国家作为管理者和经营者职责不清导致管理混乱，电力供应服务质量低下，电力企业经营效益不高甚至濒临破产。

综观世界各国的情况，电力行业垄断经营的弊端主要表现在：

第一，从国际层面上看，电力垄断加剧了国际贸易摩擦。众所周知，增加出口能弥补外汇短缺，为经济增长提供资金积累，并提升生产技术，促进国内经济增长，①而出口国产品的价格直接影响产品的国际竞争力，决定市场份额。② 一些国家为了降低国内企业的成本，提高本国出口产品的市场竞争力，会通过垄断这个天然渠道压低本国电价，节约生产企业的生产成本，使本国工业产品的成本降低，抢占国际市场份额，排挤他国的工业产品，冲击其他国家的工业企业和危及他国的工作岗位，失业率上升，最后引发贸易摩擦，甚至升级为“贸易战”。因此，在全世界范围内，贸易进口国往往会质疑贸易出口国的电力垄断经营，认为后者的垄断经营阻碍了全球范围内贸易活动的正常开展。

第二，从国家层面上看，电力垄断加重国家负担，导致社会福利受到损失，制约行业的发展。首先，电力垄断企业缺少市场竞争力，常常经营不善，背负沉重债务，逐渐成为财政补贴“黑洞”，给政府财政造成沉重负担。其次，随着各国经济的增长，能源的消耗量不断攀升，随着电力短缺出现，电力市场的供求关系由“供应过剩”

① 参见赖明勇等：《中国出口贸易对经济增长作用的实证研究预测》，载《预测》1998 年第 4 期，第 9～12 页。

② 参见金颖丽：《外贸企业出口报价和成本核算》，载《天津经济》2006 年第 150 期，第 72～75 页。

逆转为“供不应求”。在国有资本控股的电力垄断机制下，民营资金难以进入电力领域，而政府又没有足够资金投入电力行业，造成电力产业停滞不前甚至倒退，进一步激化了供需矛盾。如电网因负荷过高，需分区域或者分时段供电，给国民经济造成负面影响。最后，垄断还造成巨大的社会福利损失，亦即电力垄断会造成资本配置浪费。这是因为，在投资回报率管制下，电力企业会受驱使于尽可能扩大资本基数的刺激，以便在规定的投资回报率下获得较多的绝对利润。这样，为了生产特定产品和服务，企业会运用过多的投资以替代其他投入。① 如在电力行业中就出现了这样一种现象：一个垂直一体化运营的电力公司，它宁愿自己多投资以应付高峰需求，也不愿意从邻近公司购买成本较低的电力，因为多投资的部分可以扩大费率基础，从而在回报率管制下可以增加利润；②同时，在投资回报率管制模式下，电力公司可以不动声色地将成本转嫁到用户（消费者）身上，所以，电力公司很少有降低成本的举动，也使之在适度风险下的投资激励。③

第三，从企业层面上看，政府大多以行政指令方式对电力企业实施管理，使企业以完成政府指令为首要的经营目标，导致企业追求利润的企业天性受到抑制，企业管理效率低下，成本高企，价格无法真实反映供需关系，影响电力市场健康发展。

---

① See Harvey Averch, Leland L., Johnson, *Behavior of the Firm under Regulatory*, *Constraint*, American Economic Review 2, 1052 – 1069 (1962). 转引自王俊豪：《管制经济学原理》，高等教育出版社 2007 年版，第 116 页。

② See Alfred Edward Kahn, *The Economics of Regulation*: *Principles and Institutionsm*, Wiley, 1971, p. 50. 转引自张红凤：《西方规制经济学的变迁》，经济科学出版社 2005 年版，第 122 页。

③ ［美］G. 罗斯威尔、［西］T. 戈梅兹：《电力经济学：管制与放松管制》，叶泽译，中国电力出版社 2007 年版，第 2 页。

普林厄斯(Prineaus)通过对美国49个城市电力公司每度电的发电成本进行分析,发现在其他条件不变的前提下,有竞争对手的电力公司发电成本较没有竞争对手(独占)的电力公司平均低了11%。①

第四,从用户层面看,电力垄断经营将直接导致用户选择权的丧失。电力是居民的生活必需品,在垄断经营背景下,电力企业在特定的区域范围内拥有垄断经营的权利,如果电力企业不主动改善服务,提高服务质效,用户只能被动接受,电力企业的垄断经营直接剥夺了用户的选择机会。②

电力垄断的诸多问题开始让人们反思,能否以更加有效的机制来经营电力行业,以克服垄断经营的弊端。与此同时,垄断与竞争之间关系的理论取得重大突破,电力产业技术上取得长足发展。在一系列综合因素的促成下,全球拉开了电力市场化改革的大幕。

第一,新自由主义经济学理论是电力市场化改革的经济学思想基础。20世纪中期,新自由主义经济学理论逐渐取代凯恩斯主义经济学理论,在西方经济学中占据主导地位,且为多数欧美国家政党与执政者逐渐接受。相较于凯恩斯主义强调政府对市场和经济的干预,新自由主义是以私有化、市场化和自由化为基本特征。新自由主义经济学理论重新强调"私有财产神圣不可侵犯",其基本观点是私有制经济制度具有内在的稳定性,不存在根本性的缺陷,且其能充分保障个人的自由;强调市场在经济活动中起决定性

① 参见庄春发:《公平交易法》,健新书局2001年版,第86~87页。

② 参见井志忠:《电力市场化改革:国际比较与中国的推进》,吉林大学2005年博士学位论文,第36~40页。

作用,经济活动有其自身内在规律,市场机制能保证经济长久地平稳地增长;强调自由化,认为个人既是经济发展的基本出发点,也是经济自由的基石。

具体至电力行业,在凯恩斯主义主导时代,主流观点认为,类似电力这样的公共资源具有“外部效益”,而市场交易不仅无法自动实现其外部效益,还会导致资源的不当配置,故政府对其进行控制和管理极为必要,并相信垄断的电力公司会进行“自我完善”,提高运行效率并合理分配电力资源。①

在新自由主义的理论框架下,处于垄断状态的电力行业进行市场化改革,其本质在于引入竞争机制,建立一个被赋予选择权的电力市场,使各类主体之间相互竞争,通过竞争促使电力企业不断提高运营效率,降低用户的用电成本,提升用户满意度,进一步节约社会的能耗成本,推动经济发展。② 这场改革的核心是形成市场化的定价机制,竞争机制的引入使企业代替国家成为电价的决定主体;供求关系代替行政政策成为电价水平的直接影响因素;竞争则成为电力价格形成的外在强制力量。

第二,管制失灵理论和可竞争市场理论是电力市场化改革的理论基础。众多学者围绕传统自然垄断产业能否引入竞争机制

---

① See Streifert Dan, *Multi-Area Economic Dispatch with Tie Line Constraints*, IEEE Trans on Power Systems 4, 1946 - 1951 (1995); S. J. Wang, et al., *Shor-Term Generation Scheduling with Transmission and Environmental Constraints Using an Augmented Lagrangian Relaxetuin*, IEEE Trans on Power Systems 3, 1294 - 1301 (1995).

② 参见王锡凡等编著:《电力市场基础》,西安交通大学出版社 2003 年版,第 8~10 页;尚金成等:《电力市场理论研究与应用》,中国电力出版社 2002 年版,第 4~6 页;杜松怀:《电力市场》,中国电力出版社 2004 年版,第 1~34 页;张显、王锡凡:《短期电价预测综述》,载《电力系统自动化》2006 年第 3 期,第 92~101 页。

进行了广泛而深入的研究，在充分结合现实情况的基础上实现了原自然垄断理论的新发展，提出了管制失灵理论和可竞争市场理论，这些理论研究成果为电力行业引入竞争机制提供了理论支撑。

首先，传统自然垄断理论认为，电力行业属于自然垄断行业，因此对该行业实行垄断经营具有客观必然性。但是，现代自然垄断理论认识到自然垄断特性具有动态性，一个垄断性产业可以在技术或需求改变驱动下，发展成为竞争性产业。① 由此可以看出，技术和需求是影响自然垄断性质的最基本的影响因素。当上述两个因素之一发生改变时，即使当下来看最适宜的产业组织形式也会改变，自然垄断产业可能变成竞争性产业。因此，受需求扩大或技术进步驱动，电力行业经营方式也就具备了从“自然垄断”经营模式向“市场竞争”转化的基础与条件。

其次，传统经济理论认为，政府加强对垄断企业的行为实施管制，能够有效地防止垄断行为给社会造成的不利影响。然而，实践证明，政府对垄断企业的垄断行为实施管制的过程并非完美无缺，其存在自身难以克服的弊端，并由此导致管制失灵。美国著名经济学家施蒂格勒以实证方法对典型的自然垄断行业——电力行业的电价进行了研究。他对 1917 年至 1937 年美国受管制电价和不受管制电价进行了比较分析后得出结论：管制不仅对电费平均水平没有影响，而且对用电结构（工业用电和居民用电的比率）以及股东收益并无显著影响。② 在分析美国管制方法和体系基础上，有

---

① 参见于立等：《自然垄断的“三位一体”理论》，载《当代财经》2004 年第 8 期，第 10 页。

② 参见［美］乔治·J. 施蒂格勒：《产业组织与政府规制》，王永钦、薛锋译，上海三联书店 1989 年版，第 157～173 页。

学者甚至得出结论,现行的管制体制使受管制地区的电价远高于不受管制的竞争性的电力市场。在20世纪80年代中期,在美国的几个州,包括加利福尼亚州、纽约州和马萨诸塞州,其电价是未受管制州电价的两倍。① 这些学者以实证方法给出了政府管制失灵的结论,随后,一批学者对政府管制失灵进行了系统的研究,提出了"规制无效果"和"管制无效率"两种表现形式,②并意识到管制既非完美无缺,也非毫无成本。③ 中国学者刘世锦、冯飞经研究后认为:"监管始终被信息不对称所困扰,进而影响到监管的有效性,再加上监管成本问题,促使人们不断地寻找更加有效的管理方式。最好的解决方式仍然是市场,也就是说市场竞争机制能够替代或部分替代政府监管,并进而解决传统监管方式存在的问题。"④基于以上分析,由于传统电力行业的管制存在缺陷和失败之处,人们希望通过在该行业引入竞争机制,借此改善和消除管制的这些弊病。

最后,可竞争市场理论为电力行业引入竞争机制提供了新的思路。可竞争市场理论是20世纪80年代由美国的鲍莫尔等人提出的。⑤ 可竞争市场理论核心要义在于,任何行业并不是绝对垄断的,只要不人为设置进入和退出障碍,即使市场上只能容纳一家企

---

① See Richard J. Pierce, Jr, *Completing the Process of Restructuring the Electricity Market*, Wake Forest Law Review 40,451 - 457 (2005).

② 参见肖兴志:《自然垄断产业规制改革模式研究》,东北财经大学出版社2003年版,第78页。

③ 参见[英]F.沃尔夫:《全球输电扩展:通往成功之路》,本书翻译工作组译,中国电力出版社2007年版,第142页。

④ 刘世锦、冯飞等:《垄断行业改革攻坚》,中国水利水电出版社2006年版,第60页。

⑤ 参见吴小丁:《反垄断与经济发展——日本竞争政策研究》,商务印书馆2006年版,第27页。

业，只要新企业认为在效益效率上可以超越现有企业，他们就完全有意愿进入市场；而现有企业则不得不尽可能地提高生产效率，并只能在正常范围内赚取利润。① 可竞争市场理论的意蕴在于，国家应放松进入管制，自由放任政策比通过行政手段或垄断手段主动干预更能有效地保护一般公众利益。② 由此，可竞争市场理论也就为传统的电力行业引入竞争机制提供了一个全新的视角，即在电力行业通过引入竞争机制，既有利于抑制电力企业获得超额利润，又能促其提高生产和管理效率。

第三，电力技术进步是电力市场化改革的技术基础。电力技术进步为电力市场化改革提供了技术支撑和保障。随着发电技术进步，发电成本也随之降低，如天然气混合循环发电上网成本大约为 3～5 美分/千瓦时，而燃煤电厂的发电上网成本 4～7 美分/千瓦时，核电厂的发电上网成本达 9～15 美分/千瓦时。③ 这为发电企业大规模开展竞争创造了条件。在输电环节，输电技术进步，特别是超高压和特高压输电技术的发展，使电力能以极低的价格传输上千英里，④这为电力在更大范围和更广区域内交易创造了条件。在售电环节，售电技术的进步使“零售竞争”成为可能。随着智能电表的发明及应用，用户每一秒钟的用电量和用电负荷都得以准确记录，而且还能客观地反映电力用户电力交

① 参见[美]约翰·斯罗曼：《经济学》，郭庆旺等译，经济科学出版社 2008 年版，第 170 页。

② 参见吴小丁：《反垄断与经济发展——日本竞争政策研究》，商务印书馆 2006 年版，第 29 页；赵杰：《垄断的观念》，人民出版社 2007 年版，第 86 页。

③ See Alexander J. Black, *Electricity Competition and Fair Market Access in Canada*, Energy Law Journal 20, 291 – 294 (1999).

④ See Richard J. and Pierce Jr, *Completing the Process of Restructuring the Electricity Market*, Wake Forest Law Review 40, 461 – 462 (2005).

易即付成本，这为售电环节引入竞争机制创造了有利条件。此外，信息技术革命既有效地解决了发输配售的协调性问题，又为电力交易创造了良好的交易平台。以计算机、数字化和自动化控制为特征的信息技术革命，使发电和输电之间的协调问题在很大程度上被解决了，①为发电业务和输配电业务实施分离，为发电环节引入竞争机制提供了必要的技术支撑。同时，信息技术和通信系统的进步也使电力市场运行所必需的大量信息交换成为可能，②为电力竞争所需要的交易系统、竞价系统、电费结算系统等提供了平台。

经济思想的转变、经济理论的新突破和电力技术的成熟无疑为电力市场化改革提供了可行性条件，打下了坚实基础。世界银行发布的报告指出，“社会主义国家的电力要改革，发达国家的电力也要改革，全世界的电力工业都要改革”，③由此，以 20 世纪 70 年代末 80 年代初为开端，特别是进入 20 世纪 90 年代，拉美的智利、阿根廷等国家、美国各州、欧盟各国（如英国、法国、德国等国家）、斯堪的纳维亚半岛（包括北欧的瑞典、丹麦、挪威等国家）、大洋洲的澳大利亚、新西兰、北美洲的加拿大，亚洲的日本、韩国、新加坡，甚至非洲的部分国家都进行了不同程度的电力市场化改革。

---

① 参见［美］萨莉·亨特：《电力竞争》，《电力竞争》编译组译，中国经济出版社 2004 年版，第 37 页。

② 参见［美］G. 罗斯威尔、［西］T. 戈梅兹：《电力经济学：管制与放松管制》，叶泽译，中国电力出版社 2007 年版，第 3 页。

③ See Hugh Rudnick, et al., *Latin American Deregulation Processes*, IEEE Power Engineering Review 18, 10 (1998).

第二节　电力市场化改革启动与评估

从20世纪70年代末开始，电力市场化改革在世界各国相继展开，表4－1是世界部分国家进行电力市场化改革的开始时间和改革标志的汇总表：

表4－1　全球部分国家电力市场化改革启动一览

一、欧洲						
国家	瑞典	芬兰	波兰	德国	西班牙	希腊
时间（年）	1992	1995	1990	1998	1993	2001
标志	电力市场竞争法	新能源法	电力企业的重组	电力和天然气自由法	放松电力管制改革方案	4001/2011号法律
国家	挪威	荷兰	土耳其	俄罗斯	丹麦	葡萄牙
时间（年）	1991	1989	1984	2001	1996	1991
标志	新能源法	电力法	3096号法令	电力工业改革决议	新能源法	电力改革计划
国家	法国	意大利		克罗地亚	英国	
时间（年）	2000	1992		2002	1990	
标志	电力自由化法	国家电力公司改组		电力私有化法案	电力法	
二、北美洲						
国家	美国		墨西哥	加拿大		
时间（年）	1978		1993	1995		

续表

标志	公用事业管制改革法	能源监管委员会成立	电力工业非管制化法		
三、南美洲					
国家	阿根廷	智利	巴西		
时间(年)	1992	1978	1995		
标志	电力改革法	国家能源委员会成立	第8987号法令		
四、大洋洲					
国家	澳大利亚	新西兰			
时间(年)	1991	1992			
标志	电力工作委员会《电量生产与分配》的报告	电力法案			
五、非洲					
国家	津巴布韦	南非	埃及		
时间(年)	1992	1998	1997		
标志	重组津巴布韦电力供应局	能源政策白皮书	投资保护奖励法		
六、亚洲					
国家	韩国	日本	新加坡	泰国	印度
时间(年)	1999	1995	1995	1994	1991
标志	电力工业改革方案	修改电力事业法	重组公用事业管理局	开放电力建设领域	电力法

从表4－1可以看出：

第一，最早进行电力市场化改革的国家是美国和智利，两国都于1978年开启了市场化改革的实践。美国以颁布公用事业管制政策法为电力市场化改革的标志；而智利是以成立国家能源委员会（National Energy Commission，NEC）为电力改革的号角。

第二，电力市场化改革的浪潮席卷了六大洲，非洲也有津巴布韦、南非和埃及进行了电力市场化改革。其中，欧洲进行电力市场化改革的国家最多，一方面是因为欧洲的国家较多，另一方面则是欧盟强力推动电力市场化改革，并颁布一系列法案，如欧盟分别于1990年、①1996年、②2003年③和2009年④颁布多个电力改革法案，2012年欧洲输电运营商联盟（European Network of Transmission System Operators for Electricity，ENTSOE）发布《欧洲电网十年规划》（Ten-Year Network Development Plan，TYNDP）等。这些指令和规则构成了欧盟电力市场化改革的法律体系，成为欧盟指导和规范各成员国电力市场化改革的法律依据。

第三，各国电力市场化改革的原因有所差异。有些国家的电力市场化改革是为经济改革服务，有些是自然演进的结果，有些则是为了降低电力价格等其他原因。例如，英国电力市场化改革

---

① 90/377/EEC指令和90/547/EEC指令。前一个指令要求工业用户的电力和天然气价格透明化；后一个指令是有关输电方面的改革。

② 96/92/EC指令，简称“96法令”。该法令确定了欧盟内部的电力市场通用规则。

③ 2003/54/EC电力指令和1228/2003号法规，这两个法规合称“03法令”，要求各国实施电力市场化改革。其中第一个指令取代“96法令”。

④ 欧盟各国一致同意开放本国能源市场。

就是在政府减少对经济的干预，对一系列国有行业进行私有化改革的背景下进行的；①俄罗斯的电力体制改革是社会经济体制的巨变而推动的；而美国的电力市场化改革是市场发育的自然历史过程；欧盟的电力市场化改革是为了形成欧洲统一的电力市场；日本的电力市场化改革是为了引入竞争降低电力价格；②澳大利亚的电力市场化改革是为了各州之间的电力资源优化配置；阿根廷的电力市场化改革是为了引入投资，增加电力行业的活力。

第四，大多数国家的电力改革坚持了"立法先行"的思路，以制定或修改相关法律为改革的标志，如瑞典、德国、希腊、挪威、荷兰、丹麦、葡萄牙、法国、英国、美国、巴西、新西兰、埃及和印度等国家。

第五，电力市场化改革的手段多种多样。瑞典、芬兰、匈牙利、波兰、挪威、意大利、墨西哥、阿根廷、澳大利亚和日本等国家，通过在发电、输电、配电和售电的某一个或者几个领域引入竞争；加拿大等国家则采用打破垂直一体化，即将发电、输电、配电和售电分离的方式进行电力市场化改革；韩国通过电力工业企业的首次公开募股进行电力市场化改革；新加坡通过电力工业企业化进行电力市场化改革；西班牙、法国、克罗地亚、英国、智利和新西兰等国家则通过电力私有化进行电力市场化改革；一些发展中国家因为缺少电力行业投资的资金，则通过放开电力行业的某些领域、吸引外资等形式进行电力市场化改革，如埃及。

① 当时英国采用"休克疗法"进行改革。

② 20世纪90年代日本的电力价格远高于欧美主要国家。

在电力市场化改革以后,接下来摆在理论界和实务界面前的重大课题便是如何评估这场改革的成效和成就的问题。对这项工作,国外学者也是新近 10 年才开始着手研究。施泰纳(Steiner)于 2001 年开启了电力市场化改革对国家经济影响的研究,她通过观察经济合作与发展组织(Organization for Economic Co-operation and Development,OECD)的 19 个国家电力市场化改革资料,指出电力市场化改革导致电价更低,使居民和工业用电电价和高利用率上获得双赢。① 但是 Hattori 等却指出,电力现货市场的开放虽然可以降低工业用电价格,但家庭用电的价格却在上升,发电市场的开放更有可能导致电价上涨。② 张(Zhang)的研究团队对 36 个发展中国家的私有化、竞争、发电商的效率进行跨国比较后发现,私有化和发电能力的改革对于提高电力工业的效率并不明显,但引入竞争机制却是非常有力的措施。③ Nagayama 立足 78 个国家的资料,研究私有化和国家电力改革对电价的影响,指出电价和资源分配是推动电力私有化的动因,但电力改革不仅没有降低电价,反而出现电价上涨的趋势。④ 埃尔顿古(Erdogu)对全球 92 个国

---

① See Faye Steiner, Regulation, *Industry Structure and Performance in the Electricity Supply Industry*, OECD Economics Studies 1, 143 – 182 (2001).

② See Toru Hattori, Miki Tsutsui, *Economic Impact of Regulatory Reforms in the Electricity Supply Industry: A Panel Data Analysis for OECD Countries*, Energy Policy 6, 823 – 832 (2004).

③ See Yin-Fang Zhang, et al., *Electricity Sector Reform in Developing Countries: An Econometric Assessment of the Effects of Privatization, Competition and Regulation*, Journal of Regulatory Economics 2, 159 – 178 (2008).

④ See Hiroaki Nagayama, *Electric Power Sector Reform Liberalization Models and Electric Power Prices in Developing Countries: An Empirical Analysis Using International Panel Data*, Energy Economics 3, 463 – 472 (2009).

家的电力市场化程度进行充分评估，指出电力市场化改革的成效很难评价。国家降低输配电的市场占有份额有助于快速推动改革进行，但是，不同国家的改革道路不同决定了电力改革的成效迥异，发达国家的成熟模式未必是发展中国家可供借鉴的模板。① 就连一贯受到批评的电力国有化和垄断，学者也有不同结论。弗洛里奥(Fiorio)通过研究15个欧盟成员国电价和消费者满意度后指出，公有制并非电力市场化改革的阻碍。②

电力市场化改革于1978年在智利和美国率先开始，随后在英国以及世界其他各国逐渐展开。特别是1990年以来，电力市场化改革的国家和地区进一步增多，改革的推进力度也不断加大，电力市场化程度得到不断提高。因此，如何宏观把握全球电力市场化改革情况，将是评价市场参与和电力工业自由程度的关键。

为此，埃尔顿古在2010年和2011年出版了有关全球电力市场化改革情况的力作。③ 在这两份研究中，埃尔顿古对全球98个国家的1990年、2008年、2009年的电力市场改革情况进行了评分，全球电力市场化分数的具体评价指标为：(1)是否有独立的发电厂商；(2)国有电力工业是否企业化；(3)是否制定了电力市场化

① See Erkan Erdogdu, *What Happened to Efficiency in Electricity Industries after Reforms*?, Energy Policy 10, 6551 – 6560 (2011); Erkan Erdogdu, *The Impact of Power Market Reforms on Electricity Price-cost Margins and Cross-subsidy Levels: A Cross Country Panel Data Analysis*, Energy Policy 3, 1080 – 1092 (2011).

② See Carlo Vittorio Fiorio, et al., *The Electricity Industry Reform Paradigm in the European Union: Testing the Impact on Consumers*, Consumers and Utility Reforms in the European Union Conference, 2007, Milan, p. 37 – 44.

③ See E. Erdogdu, *Electricity Market Reform: Lessons for Developing Countries*, University of Cambridge, MPRA Paper No. 27317, August 2010.

的法律;(4)发电、输电、配电和售电的分离程度;(5)是否建立了电力市场监管体系;(6)电力工业的私有化程度;(7)是否建立了批发与零售电力市场;(8)用户可否自由选择电力供应商。

观察全球电力市场化改革现状,不难发现1990年时电力市场化只在少数国家进行。但自此以后,电力市场化仅花19年时间就成为全球化趋势,改革的广度和深度均有快速拓展:

一是电力市场化改革呈现出全球化趋势。截至2009年,全球人口的86%经历了电力市场化改革,电力市场化国家GDP的总和占全球GDP的94%。从人口数、GDP占比、国家发展状态与洲际地理位置等方面来看,这轮改革毫无疑问是全球性的。尽管各国改革的背景、路径、成效不完全一样,但通过改革来提升电力工业效益,以促进本国或本地区经济社会发展已成为共识,如图4－1所示。

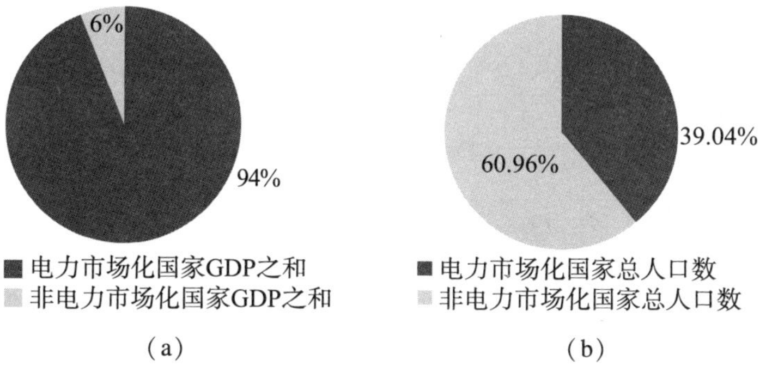

图4－1　全球电力市场化改革范围对比

资料来源:世界银行数据库,http://data.worldbank.org.cn/。

注:计算公式为:2009年电力市场化国家人口数全球占比＝2009年电力市场化国家总人口÷2009年全球总人口,2009年电力市场化国家GDP全球占比＝2009年电力市场化国家GDP之和÷2009年全球GDP。

二是电力市场化改革呈现区域不平衡性。电力市场化改革在各大洲、各地区之间的发展进度和市场化程度不平衡,非洲和东南亚国家改革进度缓慢。如表 4 – 2 所示,欧洲和大洋洲是电力市场化程度提升最大的两个洲。发达国家占多数的欧洲在此轮电力市场化改革中取得了不错的成绩,不仅电力市场化程度的得分达到了 7. 38 分,且在这段时间内电力市场化程度得分提升了 6. 27 分,居于六大洲的首位。

表 4 – 2 各洲电力市场化改革情况统计

(国家/地区:N = 61)

地区	评分均值(加权)			1990 ~ 2009 年		
	开放	总数	百分数/%	1990 年	2009 年	提升分数
欧洲	24	43	55. 81	1. 10	7. 38	6. 27
北美洲	12	23	52. 17	0. 75	5. 17	4. 42
南美洲	12	12	100. 00	1. 13	5. 83	4. 71
大洋洲	2	14	14. 29	1. 25	8. 00	6. 00
非洲	1	53	1. 89	0. 50	5. 00	4. 50
亚洲	10	49	20. 41	0. 80	5. 40	4. 60
全球	61	194	31. 00	0. 86	5. 78	4. 92

资料来源:Erdogu,2011,2010。

三是电力市场化改革程度因国家发展水平程度的不同显示出差异性。发达国家(地区)的电力市场化基础高于发展中国家(地区)。如表 4 – 3 所示,2009 年发达国家(地区)最后的电力市场化程度平均得分达到了 6. 96 分,而发展中国家(地区)为 5. 25 分。但毋庸置疑,发达国家和发展中国家的提升程度均较快,分别提升了 6. 23 分和 3. 97 分。不过,发达国家(地区)和发展中国家(地区)的电力市场化程度差距仍然较大,相差至少 1 ~ 2 个指标。

表 4 - 3 电力市场化进度经济发达水平比较

(国家/地区:N=98) 单位:分

国家类型	发达国家(地区)	发展中国家(地区)
1990 年平均分	0.73(24)	1.28(74)
2009 年平均分	6.96(30)	5.25(68)
提升分数	6.23	3.97

资料来源:Erdogu,2011,2010。

四是电力市场化程度与经济发展水平呈正相关性。图 4 - 2 是 98 个国家 1990 年和 2009 年电力市场化程度与经济发展水平之间的关系模型(Fractional Polynomial)。图 4 - 2(a)是国家经济发展水平对电力市场化程度的预测模型,它显示了经济发展水平与电力市场化程度呈正相关性,与 1990 年相比(R = 0.19),2009 年(R = 0.45)各国经济发展对电力市场化的影响程度更高。

图 4 - 2(b)是不同国家电力市场化程度对国家 GDP 影响的预测模型,它显示了当电力市场化程度低,电力工业的效率跟不上经济发展的速度,甚至阻碍经济的发展时,国家开始进行电力市场化改革;随着电力市场改革程度的深入,能源供应和分配效率提高,电力工业在可能的限度内开始促进经济稳定增长。与 1990 年相比,随着多数国家进行市场化改革,2009 年各国电力市场化程度差距也逐渐增大,由此造成的电力市场化程度对经济的影响更加强烈。

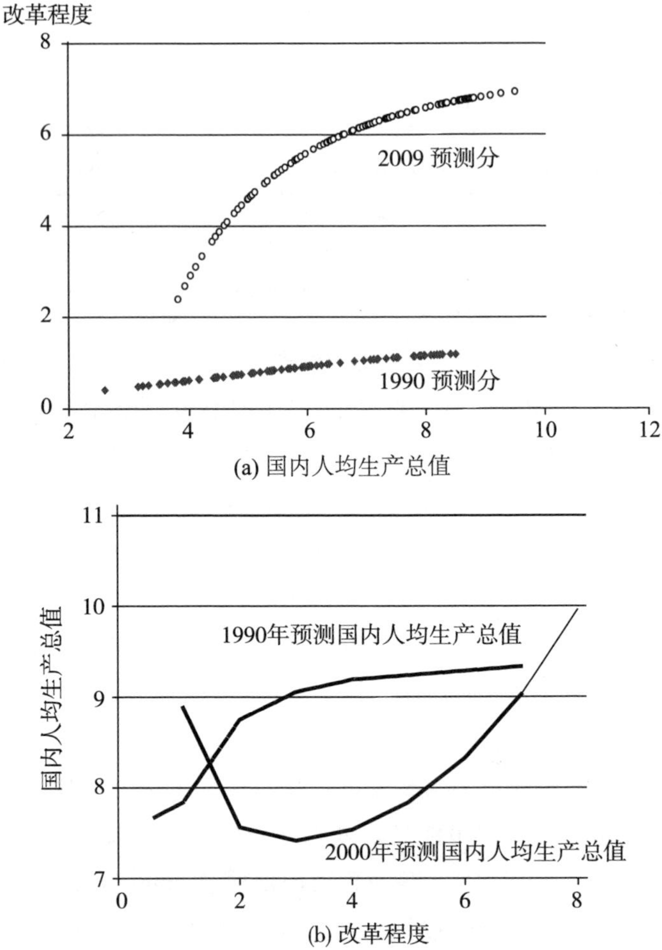

图 4-2　电力市场改革与 GDP 关系模型(98 个国家/地区)

这场电力市场化改革浪潮席卷全球,改革也在不断深化,其基本结论是,经济社会越发达,电力市场化改革程度也就越高。反过来,电力市场化改革程度越高,对经济社会发展的促进作用更明显。这其中隐含的基本逻辑是:电力工业属于关系国计民生的基础产业，在经济社会发展到一定阶段以后，电力行业的垄断经营模式会阻碍经济社会的发展，为此，各国通过电力市场化改革，以提升电力工业效益、促进经济社会发展。

第三节　建立电力现货市场

随着电力市场化改革深入推进，以电力为交易对象的现货交易开始出现，并逐渐演变成专门交易的电力现货市场。关于电力现货市场的内涵外延是否包括日前市场、日内市场和实时市场，学者们有不同表述，①但现货市场以零售市场和批发市场为基本内容，是学界普遍接受的观点。本书在此基础上，以电力现货交易场所作为评价电力现货市场存在与否的标志——若一个国家或地区建立了以电力现货交易为目的的固定电力交易场所，则认为该国或地区存在电力现货市场；若仅开始进行电力现货交易，但没有形成固定电力现货交易场所，本书不将其纳入电力现货市场研究范畴之中。

一、市场概览

截至2009年，全球一共有52个国家建立了以电力交易所为标志的电力现货市场，占全球国家/地区总数之比为24.1%（如表4－4所示），其中著名的电力现货市场就有27个。就现有资料来

① See M. J. Morey, *Power Market Auction Design: Rules and Lessons in Market-based Control for the New Electricity Industry*, Alexandria, USA: Edison Electric Institute, 2001, p. 89－93；邹鹏等：《国外电力现货市场建设的逻辑分析及对中国的启示与建议》，载《电力系统自动化》2014年第13期，第18～27页；张显、王锡凡：《电力金融市场综述》，载《电力系统自动化》2005年第20期，第1～10页；吴军等：《电力市场交易方式分析》，载《电力系统自动化》2002年第12期，第24～34页。

看,尚有大量的国家正在筹备建立电力现货市场。究其原因,因为这些国家或地区的电力市场化改革还在不断调适和完善之中,竞争性电力市场主体还未真正形成,电力现货交易量小,电力现货市场建设仍待进一步探索。

表 4-4　全球电力现货市场概览

各洲	发展中国家(28 个)	发达国家(24 个)
北美洲(3)	墨西哥	美国、加拿大
大洋洲(2)		澳大利亚、新西兰
非洲(2)	喀麦隆、南非	
南美洲(5)	阿根廷、巴西、哥伦比亚、秘鲁、智利	
欧洲(31)	阿尔巴尼亚、保加利亚、波兰、俄罗斯、格鲁吉亚、克罗地亚、立陶宛、罗马尼亚、马其顿、摩尔多瓦、塞尔维亚、土耳其、亚美尼亚	爱尔兰、比利时、奥地利、德国、丹麦、法国、芬兰、荷兰、捷克、挪威、葡萄牙、瑞典、瑞士、斯诺文尼亚、西班牙、匈牙利、意大利、英国
亚洲(9)	菲律宾、哈萨克斯坦、吉尔吉斯斯坦、马来西亚、泰国、印度、印度尼西亚	新加坡、日本

资料来源:Erdogu,2011,2010。

二、市场特点

结合资料,可以归纳出电力现货市场的产生有如下特点:

1. 电力现货市场是电力市场化改革发展到一定阶段的产物。由前文的表和图可知,建立了电力现货市场的国家或地区,电力市场化改革得分普遍较高。这些国家的得分平均为 7.8 分,市场化步伐较深入。

2. 电力现货市场发展时间不长，1990 年是电力市场化的重要时点。电力现货市场平均成立年限为 12.1 年。自从英国 1990 年建立电力库模式的电力现货市场以来，全球在随后几年时间里陆续建立起电力现货市场，图 4－3 是从 1982 年起电力市场历年累积数量。

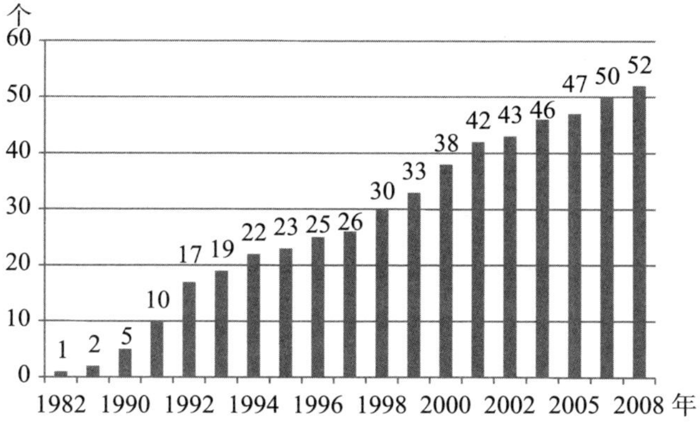

图 4－3　电力现货市场历年累积

3. 全球电力现货市场呈现出多样性。一个国家可以有多个电力现货市场，多个国家和地区也可共享一个电力现货市场。前者如美国，其在全国内拥有电力现货交易所达十多个。后者如挪威、瑞典、丹麦和荷兰等欧洲国家共用北欧电力市场，澳大利亚和新西兰也共用电力现货交易市场。还有一些国家和地区既有国内的电力现货交易所，也参与其他国家和地区的电力现货市场交易，如英国。

三、市场运行

各国电力市场化改革基于各自不尽相同的改革背景，改革的路径选择不完全一致，改革深度和广度不尽相同，由此导致电力现货市场的运行也不完全相同,但其共同特点是均将电力作为商品在电力现货市场进行交易,且大都建立了批发电力市场和零售电力市场两类市场,下文以澳大利亚为例进行阐述。

澳大利亚电力批发市场主要以电力库的方式进行,参与市场交易的发电商通过电力库出售电力,零售商以及其他市场需求者从电力库中买进电力,发电商和购电方按照现货价格结算它们在现货市场出售和采购的电力。具体操作方法是:发电商每隔 5 分钟向国家电力市场管理公司所属的交易平台报价,国家电力市场管理公司根据成本最低并且满足特定负荷的原则,在全部报价中选出最优的发电机组。依照每 5 分钟调度间隔计算一次电价,30 分钟之内共 6 次调度电价的平均值决定这个交易时段的现货价格。

澳大利亚零售市场主要是售电公司从国家电力市场的电力批发市场上购买电力,然后供给终端消费者。自 1998 年电力零售改革以来,澳大利亚电力市场的管辖区域逐步引入零售竞争,起初仅一些大用户有机会选择供应商,后来一些小的用户也拥有这样的机会。① 至 2003 年,澳大利亚的电力零售改革已基本完成。目前,澳大利亚共有超过 50 家电力零售商,其中,起源能源公司(Origin Energy)、澳大利亚天然气和光公司(Australian Cas and Light Company)、TRU Energy 等大型零售商占有超过 50% 的市场份额。尽管大型零售商在市场中占有过半的份额,但由于大量中小型零售商的激烈竞争,大型零售商无法操纵市场。过去十年中,澳大利

① See Joshua S. Gans, et al., *Contracts and Electricity Pool Prices*, Australian Journal of Management 23, 83 – 96 (1998).

亚的电力零售价格基本保持了稳定。①

澳大利亚的批发市场和零售市场是全球电力现货市场的一个缩影，如英国电力批发市场以电力库方式呈现，北欧形成全球第一个跨国的电力的批发市场和零售市场，美国各州改革各不相同，但基本上都形成了电力批发市场和零售市场，开展批发和零售交易。

四、问题分析

电力现货市场在促进电力交易的同时，面临电价波动性大、市场操控、合约期限过短等方面的缺陷。

（一）电价剧烈波动问题

现有研究表明，电力行业若发展成为一个竞争性较强的现货市场，则电力价格会显著降低，但电价波动性也会增加。② 以澳大利亚为例，澳大利亚电力市场改革化以后，批发电价和零售电价均已放开，电力价格主要通过市场竞争方式确定，由此导致电价不可避免地随供需变化而出现波动。例如，一日内负荷处于高峰时的实时电价，与负荷处于低谷时的实时电价可以相差几倍甚至数十倍，有时甚至低谷电价可以为零或负值，而不同天、不同月份的电价则相差更大。

如图4－4所示，维多利亚州2006年1月至2007年3月的电力现货价格从最低的－100美元/兆瓦时到最高的10,000美元/兆瓦时，相差超过100倍。不仅如此，由于国家电力市场包括不同的

---

① See Stephen Littlechild, *Retail Competition in Electricity Markets*, Energy Policy 37,759－763 (2009).

② See Joshua S. Gans, et al., *Contracts and Electricity Pool Prices*, Australian Journal of Management 23,83－96 (1998).

地区，最高的竞标价要与各地区规定的每30分钟出清价相吻合，因此，各地区供需平衡的不同导致现货价格也各有差异。

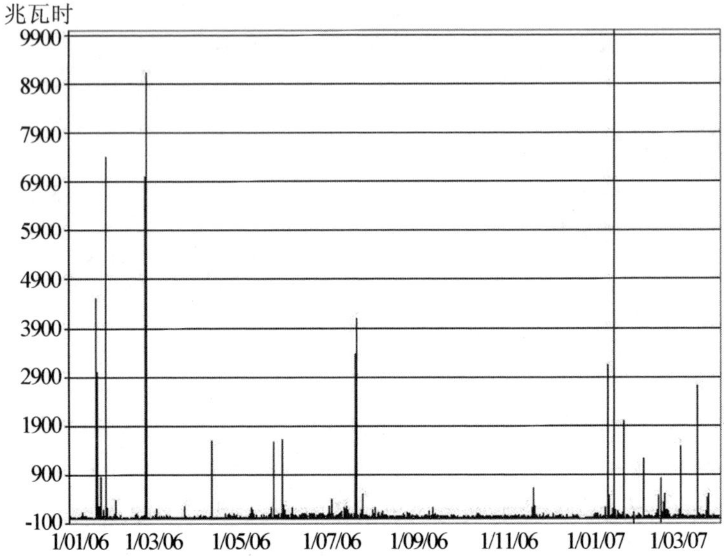

图4-4　澳大利亚国家电力市场维多利亚州的电力区间价格（以2006～2007年为例）

资料来源：NERA，*The Wholesale Electricity Market in Australia*，Economic Consulting，June 2007。

澳大利亚电力现货市场的价格剧烈波动仅是全球范围内电力现货市场价格剧烈波动的一个缩影。① 电力现货市场之所以出现

① 参见叶泽、张新华：《推进电力市场改革的体制与政策研究》，经济科学出版社2013年版，第196页；Hany Shawky，et al.，*First Look at the Empirical Relation Between Spot and Futures Electricity Prices in the United States*，Journal of Futures Markets 10，931-955（2003）.

如此大的波动，其本质原因是电力商品不可有效储存，①这就需要电力供需适时保持平衡，而电力供需不平衡是电力工业的常态，由此两者呈现出不可调和的矛盾。这就形成了电力现货价格随供需变化而变化，随供需矛盾加剧而呈现出价格的剧烈波动。具体言之：

从电力需求看，用户的电力需求随季节、每天不同时段的变化而不同。以图4－4为例，从2006年12月至次年2月的夏季，因为空调的使用增多，导致电力的价格尖峰出现的频率很高。而2006年5月至7月比较冷的冬季，由于小型取暖器的使用，电力的价格尖峰时刻也比较多，在用电高峰时段价格会快速上涨，在低谷时间段则价格很低。

从电力供应看，电力系统运行状况对电力现货价格和电力的实时价格会产生较大影响。如发电厂商发电机组设备发生故障、电网等电力供应系统出现阻塞等；同时，由于发电厂从建设到投资一般都耗时几年以上，一旦用电需求增速超过发电能力的增速，将导致电力供不应求。倘若发生“电荒”的局面，电力需求刚性将导致电力的价格保持在高位水平。②

电力现货市场的价格剧烈波动，将使电力市场的参与者面临

① See Shun Lu, et al., *A Preliminary Analysis on New York Electricity Market*, Power System Technology 17, 62－66 (2004); Xiao-dong Zhang, et al., *The Study of Bidding Strategies for a Power Supplier*, Proceedings of the CSEE 24, 153－157 (2004); Bin Wang, et al., *Main Concept of Standard Market Design in United States and its Enlightenments to Electricity Market Design in China*, Power System Technology 16, 21－26 (2004).

② See Max Stevenson, *Filtering and Forecasting Spot Electricity Prices in the Australian Electricity Market*, *Working paper*, University of Technology, Sydney, 2002.

巨大的风险。[①] 电力是一种不可储存的商品，这意味着在供需方面的价格波动不能通过存货改变，由此导致电力现货市场主体缺乏稳定的预期。其中，电力零售商面临的风险是，电力现货价格较高时，用户需求量很大；而发电商面临的风险则在于不论计划内还是计划外断电，他们将无法如约履行供应。同时，电价的剧烈波动亦不利于引导电力投资，这是因为电力投资的设施设备具有很强的专用性，额度大且建设、投资回报周期长，退出成本高，由此形成较大的沉没成本。加之电价波动剧烈，投资者如无稳定的投资预期，将会形成电力投资的时热时冷情况，进而影响电力的稳定生产和供应。澳大利亚曾经出现的“缺电—上项目—过剩—减少投资—又缺电”的恶性循环便是例证。

（二）市场力问题

一般认为，电力现货市场的市场力是指电力现货市场主体在交易中抬高价格的能力。[②] 以美国加利福尼亚州为例，2000 年，美国安然公司的倒闭使加利福尼亚州电力市场遭受严重的冲击。究其原因在于，加利福尼亚州电力市场上存在严重的市场力问题。在加利福尼亚州电力现货市场上，以安然公司为代表的大型交易商，运用自己的市场力对电力交易进行操纵。其主要采取跨期套利、策略性定价等手段对价格进行操纵，利用日前市场与实时市场上的电力供需失衡，通过转移电力进行跨期套利。市场规则的缺陷也给了这些公司以可乘之机。为缓解电力传输拥挤的电力传输权力也成为其套利工具，安然公司通过金融输电权（见第三章第一

① See Escribano Álvaro, et al., *Modeling Electricity Prices: International Evidence*, Oxford Bulletin of Economics and Statistics 73, 622 – 650 (2011).

② 参见唐敏：《电力行业竞争法律机制研究》，法律出版社 2013 年，第 89 页。

节)来获得巨额利润。① 市场操纵的结果是发电商争相抬高价格以获取更大利润。在2000年加利福尼亚州电力市场处于供小于求的情况下,发电商市场力滥用的可能性不断上升。观察家进一步指出,在加利福尼亚州电力市场结构下,重复竞价导致发电商在该市场内仅利用观察其他人的定价行为,即可调整其定价策略以获得竞争优势,这种市场结构使市场参与者能实现丰厚的利润,如安然公司利用市场力操纵市场,抬高价格,导致发电成本激增,投资者大量离场,市场流动性缺失,电力市场崩溃。同时,电力刚性需求弹性小的特征,容易使发电企业通过增强市场力以获得额外利润。② 事实上,大型发电企业由于拥有大量发电资源或者用电需求而具有强大的市场力。一旦现货市场主体的市场力强大到一定程度,电力市场资源配置和价格反映供求关系的有效性就会遭到破坏。

(三)合约期限过短问题

如前所述,电力现货市场包括日前市场、日内市场和实时市场,它们的共同特点是电力现货交易期限与实物交割期限之间的时间间隔均较短。这种交易机制的好处在于,能够运用价格机制,较为客观地适时反映电力的供需状况,但是,这也同时带来电力市场参与者控制风险的能力明显降低的问题。发生这些事情的原因在于,在特定时间范围内,电力供需具有刚性和电力的不可储存性,这就导致电力生产者或者需求者为了在短时间内获得电力电

---

① See David B. Patton, *Summary of the Enron Trading Strategies in California*, Independent Market Monitor June, 2002, p. 20.

② See James Bushnell, *Oligopoly Equilibria in Electricity Contract Markets*, CSEM Working Paper WP148, University of California Energy Insitute, 2005, p. 7 – 11; Inigo Herguera, *Bilateral Contracts and the Spot Market for Electricity: Some Observations on the British and the Nordpool Experiences*, Utility Policy 2, 73 – 80 (2000).

量平衡,不得不接受较高或较低的电价和其他不合理条件。这样,交易当事人不仅不能在交易之前获得稳定的收入预期,也不能通过一定的方式将相关风险予以锁定或转移。

电力现货市场作为电力市场化改革的第一步,虽然存在诸多缺陷,然而,随着市场化改革程度的深入,电力市场化改革必然寻求其他交易机制和交易办法,以克服电力现货市场存在的诸多问题,确保电力交易的正常进行。

第四节　引入电力远期合约

电力现货市场在促进电力交易的同时,也面临着自身难以克服的问题。正是基于此,一些国家和地区开始探索另外一种与现货市场不同的交易机制与交易模式,由此,电力远期合约作为克服电力现货市场问题的交易机制应运而生。

电力远期合约兴起于 20 世纪 90 年代,它是一种通过双方约定、于较长久的未来某一确定时间以约定的价格买卖特定数量的电力商品的合约。卖方承诺在未来某个时期以合同约定的价格和数量向购买方提供电能,购买方承诺按事先约定的价格支付相应的购电费。与电力现货合约相比,电力远期合约不仅期限大大延长,而且协议的内容具有较强的灵活性,买卖双方可自由协商确定。与电力远期合约相对应,电力即期合约要求参与者即时完成交割,而远期合约则是要求经过一定时间之后再完成交割。由于电力是不可储存的商品,发电商为了所发电力能够在将来顺利卖出,购电商则为了能够在将来买到理想价位的电力,基于此种共性,买卖双方会签署合同。

一、远期合约的产生

电力远期合约存在双方自由协商和隐秘性的特点，这些特点决定了其可能不像电力现货市场那样具有固定的交易场所的明显标志性和规整性，由此给笔者考察全球电力远期合约市场带来了现实困难。尽管如此，笔者仍力求对全球电力远期合约市场进行初步的和非全面性的考察。纵观全球电力远期合约市场的结构，可以发现如下特点：

（一）电力远期合约与现货市场之间密切关联

一般而言，存在电力远期合约的国家和地区，均普遍存在电力现货市场，且电力现货市场与电力远期合约市场并存与运行。英国最初的电力现货市场是以电力库形式存在的。例如，2001 年以来，英国电力市场开始引入远期合约交易。相关数据显示，该市场上电力交易有 80% ~90% 以远期合约的形式进行交易。① 尽管远期合约市场占比较大，但英国的电力现货市场并未停止运行，而是与远期合约市场并存，存在日前市场和实时平衡市场。作为一个包含电力远期市场和现货市场的多国电力市场，北欧电力市场最初以电力现货市场形式存在，1993 年开始出现电力远期合约。目前，北欧电力市场的电力现货交易量占全年销售电力的 1/3，其余为远期合约交易量；澳大利亚电力市场也兼具电力远期合约和电力现货合约，电力现货合约是该市场三大电力合约之一。

（二）电力远期合约出现在电力现货合约市场之后

作为第一个跨国市场，北欧电力市场于 1993 年才开始出现电

---

① 参见许慧一等：《融入金融输电权思想的新型远期合约》，载《现代电力》2007 年第 2 期，第 79 ~ 83 页；D. T. Y. Cheng, *Economic Analysis of the Electricity Market in England and Wales*, IEEE Power Engineering Review 4, 57 – 59 (1999).

力远期合约，而在此之前电力交易主要是现货交易。在美国，1998年在加利福尼亚州、宾夕法尼亚州、新泽西州和马里兰州第一次出现了以电力批发竞价市场形式存在的电力现货市场。这几个市场的买卖双方发现，由卖方提供电量价格曲线与买方提供所需电量价格证明，每日电价竞价方式是不够科学的，难以保障合约及时履行，后来这几个州才出现电力远期合约交易。在澳大利亚，以批发电力形式存在的电力现货合约交易，也是先于电力远期合约交易出现。①

二、远期合约的存在价值

应当承认，电力现货市场存在价格剧烈波动性、市场操纵性、时限较短性等特点，不能完全满足电力市场主体的现实需要。因此，引入电力远期合约市场交易模式，消解电力现货市场存在的问题，是电力现货市场向电力远期合约交易过渡的原动力，同时也引发了学界对电力远期合约市场价值的思考。

（一）有助于克服现货市场的价格剧烈波动

电力远期合约之所以能在一定程度上克服价格剧烈波动，这是由电力远期合约的交易机制所决定的。电力现货市场的合约期限均较短，如北欧电力现货市场以一个小时为竞价时段，如此短的合约期限无法发挥规避电价风险的功能，反而会滋生大量投机。与此相反，通过远期合约，参与者有选择和提前锁定价格与风险的机会，在一定程度上避免了现货市场的价格波动带来的风险，并削弱了发电商对电力市场的操纵力。其原因在于，远期合约使电力被“虚拟”储存起

---

① See Deepak Sharma, Robert Bartels, *Distributed Electricity Generation in Competitive Energy Markets: A Case Study in Australia*, The Energy Journal 1, 17 – 39 (1997).

来，通过预先确定的合同，使购电方和发电方在未来供应和需求上获得双向保障，因此，远期合约降低了发电商在日前市场的份额，减弱了其对日前市场电价的兴趣。同时，由于买卖双方预先设定了的交易价格和交易量，这也有助于提高电力需求弹性，从而减缓电价波动的幅度和强度。[①] 在引入电力远期合约以后，发电商和零售商的信息交流更充分，在某种程度上活跃了各国的电力交易市场。

（二）减缓现货市场的市场操纵力

电力远期合约能够削减大型发电企业的市场力，有效促进市场竞争并提高电力市场效率。[②] 美国加利福尼亚州、新英格兰和宾夕法尼亚—新泽西—马里兰联合电力市场 1999～2000 年的数据显示，远期合约增加了电力需求弹性，减少了巨头企业的市场操控力。[③] 澳大利亚国家电力市场 1997 年 5 月 1 日至 8 月 24 日的经验数据也显示，远期合约大幅度降低了市场价格，这由此降低了发电商因为操纵市场获得的利润。[④] 除此之外，电力远期合约对发电厂商的策略性行为和合谋行为也有很显著的抑制作用，这再次促进了电力市场的公平竞争。[⑤]

---

① See Severin Borenstein, et al., *Measuring Market in efficiencies in California's Restructured Wholesale Electricity Market*, The American Economic Review 2, 1376 – 1405 (2002).

② See Blaise Allaz, Jean-Luc Vila, *Cournot Competition, Forward Markets and Efficiency*, Journal of Economic Theory 59, 1 – 16 (1993).

③ See Chloé Le Coq, Henrik Orzen, *Do Forward Markets Enhance Competition? Experimental Evidence*, Working Paper Series in Economics and Finance 61, 415 – 431 (2004).

④ See Inigo Herguera, *Bilateral Contracts and the Spot Market for Electricity: Some Observations on the British and the Nordpool Experiences*, Utility Policy 2, 73 – 80 (2000).

⑤ 参见杜立民：《电力竞争与我国电力产业市场化改革》，浙江大学出版社 2010 年版，第 55 页。

(三)为规避市场风险提供多元化的选择

电力现货市场交易通常采取的是格式化合约,该种方式虽然提高了交易效率,降低了交易成本,但是,固定的合约无法满足电力市场参与者多元化的需求。这就决定了交易双方根据各自的需求进行谈判,可以对电力买卖量、买卖价格、电力等级、合约期限、买卖双方权利义务等事项进行自由约定。在充分评估未来市场风险情况下,买卖双方通过预先签订公平的电力合约,为防范交易风险提供了可能。

三、缺陷分析

电力远期合约市场在克服电力现货市场缺陷方面的确具有优势,但其自身也仍然存在无法满足市场需求的缺陷,突出表现在以下方面:

(一)标准化差导致流动性弱

电力远期合约多数是在交易所外由供需双方直接制订的,即使在交易所内形成,交易所的作用只限于提供交易场所和合同格式等。在此情况下,电力商品的品质、数量、交货日期和价格均由双方商定,远期合约不具标准化特征。由于远期合约的制订会因人、因时、因地而异,同一商品所需确定的内容在不同的合同中也存在重大差别,无法规范、统一,这使它的转让只能经过合同当事人达成协议,实现修改、补充和废止。对于买方而言,要买到满意的电力远期合约是很困难的。况且,对于合约中的义务方不了解,让买方在符合要求的电力远期合约面前也无法放心购买。① 因此,买卖双方之间的合同转让的概率并不大。这些客观因素的存在都

---

① 参见张少华等:《电力市场中的远期合同交易》,载《电力系统自动化》2001年第10期,第6~10页。

削弱了远期合约的流动性，在电力市场日益发展的情况下，这些缺陷使它不能满足日益增长的市场需求。

（二）合同履行风险较大

远期合约是场外交易，对交易双方而言都存在较大的风险。这是因为，电力远期合约是在未来某个时期内按约定价格进行实物交割，签订时的价值对双方而言为零，但随着现货价格和交割价格的背离，解约价值逐渐偏向一方，受到损失的一方在合约结束时会发生违约的可能。同时，由于“未来发生”蕴含着巨大的不确定性，如购电企业可能出现日常经营问题，导致企业资产出现贬损，到期可能不会履行远期合约。出现这个问题的根本原因在于，远期合约缺乏对每笔交易负成交之责的担保人，缺少能够制约双方交易行为和维护参与者权益的有效机制，就可能造成电力远期合约的违约成本相对较低，当电价剧烈波动时很可能导致部分合约违约。①

（三）签订合约交易成本大

除了交易双方面临的违约风险大以外，签订远期合约花费的交易成本也比较大。与场所内交易相比，场外的远期合约交易对信息的获取不如场内交易容易，而且由于合同条款缺乏规范与标准，双方也要花费大量的时间进行谈判，调查对方的背景，致使合约交易成本较高。

一言以蔽之，电力远期合约由于自身难以克服的缺陷，需要引入新的工具克服其不足，由此决定了全球电力市场化的改革逐步转向更能预防市场风险的交易机制，电力期货市场便应运而生。

① 参见吴军等：《电力市场交易方式分析》，载《电力系统自动化》2002 年第 12 期，第 24 ~ 34 页；T. W. Gedra, *Optional forward contracts for electric power markets*, IEEE Transactions on Power Systems 9，1766 – 1773（1994）.

第五节　发展电力期货市场

电力期货是由电力远期合约标准化演变而来。电力期货市场是在远期合约市场之上通过引入保证金、对冲平仓、结算等制度后，形成的在交易所内采用集中竞价进行交易的交易市场。

一、市场概览

截至2015年，全球目前已经有12个国家开展了电力期货交易，设置了18个电力期货交易市场，如表4－5所示。最早引入电力期货交易的交易市场是挪威、瑞典、丹麦、荷兰等国家1995年联合设立的此欧电力库，期货种类以季、年为主要交易单位。

表4－5　全球电力期货市场概览

所在洲	所属国家	交易所名称	英文缩写	开始时间	期货种类
欧洲	英国	英国电力交易所	UKPX	2000年	月、季、半年期
欧洲	英国	伦敦国际石油交易所	IPE	2000年	月、季、半年期
欧洲	英国	自动化电力交易所	UKAPX	2001年	月、季、半年期
欧洲	荷兰[①]	阿姆斯特丹电力交易所	APX	1999年	日、月、季、半年期
欧洲	法国	法国能源交易所	Powernext	2001年	月、季、年期

续表

所在洲	所属国家	交易所名称	英文缩写	开始时间	期货种类
欧洲	德国	欧洲能源交易所[2]	EEX	2000年	月、季、年期
欧洲	挪威、瑞典丹麦、荷兰	北欧电力市场	Nord Pool	1995年	日、周、月季、年期
欧洲	波兰[3]	波兰电力交易所	GE	2000年	
欧洲	葡萄牙、西班牙	伊比利亚电力交易所	OMIP	2003年	周、月、季、年期
欧洲	奥地利	澳大利亚能源交易所	EXAA	2002年	季期
大洋洲	澳大利亚新西兰	澳大利亚期货交易所[4]	SFE	2002年	季期
大洋洲	新西兰	新西兰期货和期权交易所	NZFFOE	1996年	月、季、年期
北美洲	美国	纽约商业交易所	NYMEX	1996年	月期
北美洲	美国	芝加哥交易所	COBT	1996年	月期
北美洲	美国	加利福尼亚 & 俄勒冈电力期货市场	COB	1997年	月期
北美洲	美国	亚利桑那电力期货交易所	Palo Verde	1997年	
北美洲	美国	明尼阿波利斯电力期货交易所	Twin City	1998年	

续表

所在洲	所属国家	交易所名称	英文缩写	开始时间	期货种类
北美洲	加拿大	艾伯塔电力市场	AIES	2001年	

注：CE，*Futures Europe* 2014，Available at：https://www.theice.com/publicdocs/contractregs/31_SECTION_W.pdf；张显：《电力金融市场研究》，西安交通大学2005年博士学位论文；白青峰：《我国发展电力期货相关问题研究》，武汉大学2010年博士学位论文；张显、王锡凡：《电力金融市场综述》，载《电力系统自动化》2006年第20期，第1～10页。

①1999年，APX成立，2002年，ENDEX期货交易所成立，2008年APX与ENDEX合并成APX-ENDEX，2013年3月1日，APX-ENDEX分立成两个公司：APX，电力现货交易公司和ENDEX，天然气现货交易，天然气衍生品交易和电力衍生品交易公司。3月27日，洲际交易所（Intercontinental Exchange，ICE）持有ENDEX的大部分股权，新公司的更名为ICE Endex。资料来源：Power spot exchange. http://www.apxendex.com/. 2015年4月7日访问。

②2002年由欧洲能源交易所和莱比锡电力交易所合并为欧洲能源交易所。

③根据所查找文献表明，波兰于2000年有电力期货合约交易，但笔者登陆波兰电力交易所官网并无检索到有关电力期货的内容，且从《华沙之声》的新闻报道看，波兰商品交易所TGE正准备于2015年引入电力期货合约。资料来源：The Warsaw Voice，Business. News，Poland's commodity exchange TGE to introduce electricity futures in Q1 2015 January 8，2015。

④2006年澳大利亚股票交易所收购悉尼期货交易所。

在美国，纽约商业交易所（the New York Mercantile Exchange，NYMEX）于1996年3月29日开始交易加利福尼亚地区—俄勒冈边界电力市场（California Oregon Border，COB）和亚利桑那电力期货交易所（Palo Verde，PV）的电力期货合同。1998年7月10日，辛辛那提（Cinergy）和安特吉（Entergy）电力期货合同开始交易。1999年3月19日，宾夕法尼亚—新泽西—马里兰州电力市场的电力期货合同开始交易。加利福尼亚地区—俄勒冈边界电力期货市场和亚利桑那电力期货交易所市场合同是针对美国西部市场设计的，Cinergy合同则针对印第安纳、俄亥俄州和肯塔基州的市场。Entergy电力期货合同覆盖路易斯安那州、阿肯色州、密西西比州和得克萨斯州。①

在欧洲，北欧电力市场（Nord pool）是欧洲境内最早建立电力期货的市场。北欧电力市场的前身挪威电力市场于1995年引入第一份电力期货合约。瑞典电力市场于1996年加入电力期货合约，并于同年与挪威电力市场合并成北欧电力市场。随后芬兰、丹麦西部和丹麦东部分别于1998年、1999年和2000年加入电力期货交易。② 在英国，国际石油交易所（International Petroleum Exchange，IPE）于2000年进行电力期货交易，2001年，伦敦洲际交易所收购国际石油交易所，业务扩展到期货交易，成为英国电力市场期货交易的主要交易场所。③ 法国于2001年7月26日在法国能源交易所电力交易所进行电力期货交易。2000年，德国电力期货交易在莱比锡电力交易所（Leipzig Power Exchangs，LPE）进行。④ 2000年6月，波兰电力交易所进行电力期货交易。荷兰和比利时两个国家的电力市场交易主要在阿姆斯特丹电力交易所（Amsterdam Power Exchange，APE）进行，该交易所在现货交易模式的基础上，结合电力市场化改革，于2000年发展出了电力期货交易。葡萄牙和西班牙两个国家电力交易市场主要在伊比利亚电力交易所进行。2007年，伊比利亚电力市场正式建立，包括西班牙的日前市场和葡萄牙的期货及衍生品市场，由伊比利亚电子交易所（OMIP）负责管理。

---

① See S. Gulay Avsar, Barry A. Goss, *Forecast Errors and Efficiency in the US Electricity Futures Market*, Australian Economic Papers 4, 479 – 499 (2001).

② See D. A. Veenhoven, *The Development of the Risk Premium on One Month Futures in the Western European Electricity Markets*, Erasmus University, 2010, p. 122 – 125.

③ See Markus Burger, et al., *Managing Energy Risks: An Integrated View on Power and Other Energy Markets*, John Wiley & Sons, 2008, p. 4 – 5.

④ See Matthäus Pietz, *Risk Premia in the German Electricity Futures Market*, in Energy and Environment, 3rd International Conference, 2009, p. 160 – 170.

1996年11月18日，新西兰期货与期权交易所（New Zealand Futures & Options Exchange，NZFOE）上市交易了第一份电力期货合约，这标志着新西兰电力期货市场开始建立。[①] 2004年，新西兰期货与期权交易所被澳大利亚期货交易所正式收购，新西兰期货与期权交易所之前的期货与期权都在澳大利亚期货交易所销售，而澳大利亚期货交易所的期货与期权也出现在新西兰期货与期权交易所市场中。[②] 澳大利亚电力期货市场交易最早于2002年在澳大利亚期货交易所进行。澳大利亚国家电力市场（National Electricity Market，NEM）市场与现货市场分开，是独立的市场，由澳大利亚证券监管机构监管，但与现货市场功能是相辅相成的。

二、市场特征

基于对以上资料的整理，可以归纳出全球电力期货市场具有如下特征：

（一）从地域分布上看，电力期货市场与电力现货市场共存

电力期货市场集中分布于欧洲、北美洲、大洋洲，这与电力现货市场的分布大体一致。从国家分布来看，电力期货市场主要集中于电力现货市场较为发达的国家和地区，如欧洲的英国、德国以及挪威、瑞典、丹麦、荷兰北欧四国，北美洲的美国，大洋洲的澳大利亚和新西兰。由此可以得出结论，凡是存在电力期货市场的国家和地区，均存在电力现货市场和电力远期合约。

---

① 参见陈祖文等：《澳大利亚、新西兰的电力市场运作》，载《安徽电力职工大学学报》2001年第3期，第19~26页。

② Http://www. acronymfinder. com/New-Zealand-Futures-and-Options-Exchange-(NZFOE). html.

（二）从交易所结构看，电力期货交易所模式具有多样性

一个国家可能存在多个电力期货交易所，相反，多个国家也可以共用一个电力期货交易所，前者如美国，该国境内存在至少五个电力期货交易场所，后者如北欧四国，挪威、瑞典、丹麦、荷兰共享一个电力期货交易所。

（三）从时间趋势看，电力期货市场出现的时间普遍晚于电力现货市场和电力远期合约出现的时间

无论是世界上第一份诞生于北欧电力交易所的电力期货合约，还是随后在美国纽约商业交易所相继出现的电力期货合约，其出现的时间均晚于电力现货市场和电力远期合约。

（四）电力期货市场的设立对电力市场化分数正相关

建立电力期货市场的国家和地区的分值普遍为 8 分，这充分说明电力期货市场是电力市场化改革发展到较高阶段才得以出现。同时，电力期货市场与电力现货市场具有高度的重合性，即存在电力期货市场的国家必然存在电力现货市场，因而进一步证明了电力市场化改革催生电力现货市场，电力现货市场催生电力期货市场，电力期货市场是电力市场化改革和电力现货市场发展的高级阶段。

三、市场功能

直至今日，电力期货市场作为新兴衍生品交易平台，在电力市场化改革的高级阶段从欧洲开始延伸到北美洲和大洋洲国家，并且还有多个国家正在筹备过程中，其个中原因，与电力期货市场的特有功能不可分割。

（一）电力现货交易价格剧烈波动性被进一步抑制

以澳大利亚和美国加利福尼亚州为例，引入电力期货后，澳大利亚电价逐步趋于平稳。在美国加利福尼亚州，虽然电价高企导致加利福尼亚州危机爆发，但在 1996 ~ 1998 年，美国加利福尼亚州

电力市场在引进电力期货后并没有导致电价的剧烈波动，而是呈现出平稳的态势，达到了加利福尼亚州电力改革的初衷。

电力期货之所以能够抑制电力现货交易价格的剧烈波动，其原因在于：一是电力期货本身具有固定长期价格的功能，这使其能够平抑电力现货市场的投机行为，稳定现货市场电价。二是与电力期货交易机制有关，在电力期货交易模式下，电力市场主体更加多元，交易信息更加公开、透明，电力交易价格发现更加充分。三是电力期货市场为电力参与者提供了价格风险规避的场所，电力期货交易为发电商和消费者对冲价格风险和减少价格大幅度波动提供了机会，为市场参与者提供了风险管理工具，电力市场参与者可通过套期保值等方式控制市场价格风险。① 电力期货的套期保值功能和价格发现功能可以让电力消费者或者其他保值者规避电力市场中电价剧烈波动的风险，促进电力市场的稳定发展。② 四是引入电力期货以后，电力市场参与者可以在自己满意的价格自主选择购买期货合约，市场主体可以根据期货合约交易量，对未来的电力负荷的状况有相对准确的预期，他们会做出相对理性的选择，由此减少了电价的波动性。③

（二）削弱了现货市场主体的市场操纵力

如前所述，现货市场中的发电商对整个电力市场的交易有较大的控制力，甚至会发展到控制电价的程度。采用电力期货交易模式后，市场参与者更加多元和分散，电力市场参与者可以自由买

---

① 参见张显、王锡凡：《电力金融市场综述》，载《电力系统自动化》2006 年第 20 期，第 1 ~ 10 页。

② 参见周浩、陈建华：《电力期货和电力期货合约的设计》，载《证券市场导报》2003 年第 2 期，第 10 ~ 13 页。

③ See Xin Lu, et al., *Electricity Market Price Spike Forecast With Data Mining Techniques*, Electric Power Systems Research 73, 19 – 29 (2005).

卖合约，系统调度中心只在到期才实现交易，即按照买卖双方在期货合约中约定的交割方式进行到期交易，发电商对市场的操纵力得到有效抑制。

（三）控制信用风险

电力期货交易实行每日无负债交易模式，每个交易日结束后，交易所按当天各个合约结算价结算所有没有平仓的合约的盈亏、税金、手续费、交易保证金等，并且将应付的款项实行净额一次划转，然后对应地减少或增加会员的结算准备金，这很好地控制了电力现货市场和电力远期合约市场存在的信用风险。

（四）增强了流动性和流通性

标准化的期货交易是通过买卖合约进行的。一般来说，除价格条款外，合约的所有条款都是预先规定好的。这样的期货合约具有更大的流动性，相对于双边市场，标准化的期货合约为更多的市场参与者提供市场参与途径。在这个条件下，所有参与者根据市场规则，通过公开、公平、公正、集中竞价的方式进行期货合约的买卖。这有助于形成一个真实而权威的价格，使市场信息充分，透明度提高，为套期保值者提供了规避、转移价格波动风险的机会。

第六节　小　结

一、基本结论

通过对全球电力期货市场形成的历史轨迹进行梳理，可以看出，它的形成经过了一个历史过程，是在实践不断发展演变过程中逐步形成的，在把握其内在规律的基础上，我们可以得出如下基本结论：

第一，电力市场化改革有助于改进和提升电力工业效益。长期以来，电力工业实行垄断经营模式，这种模式在经济发展初期适合电力工业的发展,但随着技术进步和市场需求的多样化,这种模式已经制约了电力工业的发展,不利于消费者福祉的改善。基于此,全球多数国家进行了引入竞争机制的电力市场化改革,通过竞争机制的作用,发挥电力各方参与者的积极性,最大限度地提高电力工业的效率,增进社会福祉。

第二,电力现货市场存在的问题需引起高度关注。从全球电力市场化改革的情况看,电力现货市场与电力市场化改革相伴随。但由于电力的不可存储性的特点,现货市场会出现电价的剧烈波动,使市场参与者面临巨大的风险。类似问题若不能得到有效解决,将直接影响电力交易的正常进行,最终葬送电力市场化改革的成果。由此,在进行电力市场化改革过程中应当引以为鉴、未雨绸缪,充分分析电力市场化改革和现货市场上可能出现的问题,并建立相应的机制予以克服。

第三,远期合约功不可没。远期合约在克服电力现货市场价格的剧烈波动、为电力市场主体规避市场风险提供多元化选择,并有效减缓现货市场的市场操纵力。因此,在发展电力现货市场的同时,应同步进行远期合约建设,形成远期合约与现货市场优势互补的格局,推动电力现货交易有效开展。

第四,积极构建电力期货市场。全球电力市场改革与建设实践表明,电力市场化改革、现货市场、远期合约、期货市场四者之间存在层层递进的逻辑演绎关系。电力市场化改革催生电力现货市场,现货市场出现的问题通过远期合约解决,远期合约存在的问题通过期货市场解决。因此,在进行电力市场化改革过程中,应当提前筹划期货市场建设,统筹推进电力市场化改革、现货市场与期货市场建设方案,实现电力市场的协调发展。

二、全球电力市场化进程给中国的启示

就全球来看，欧洲、美国、澳大利亚、日本等主要经济强国（地区）已将电力市场化和期货市场作为发展目标。中国作为世界第二大经济体，电力消费量巨大，电力市场发展前景广阔。如何正确处理中国电力市场中的现实问题，成为中国未来电力改革的重要影响因素。中国正处于电力市场化的攻坚克难阶段，笔者相信，未来中国的电力期货市场将如火如荼。对全球电力市场演进过程的总结分析，可以为中国未来的电力改革走向提供有益借鉴。

第一，电力市场化是电力工业发展的必然趋势。中国电力市场化改革起步不晚，但电力市场化进程不快。以《关于进一步深化电力体制改革的若干意见》（中发〔2015〕2 号）为标志，新一轮电力改革正在纵深推进，中国的电力市场化改革将进入下一个“快车道”。在这场改革“赛跑”中，发达国家和发展中国家同时起步，能否抢占历史先机，成为中国电力从业者的历史使命。

第二，电力改革要以市场化思想为基础。当下，中国应当以马克思列宁主义、毛泽东思想、邓小平理论、“三个代表”重要思想、科学发展观和习近平新时代中国特色社会主义思想为指导原则，适应中国特色社会主义市场经济，以法律为依据，制定未来电力市场化改革的蓝图。

第三，电力技术的进步是电力市场化改革中的技术基础。我国地域广大，幅员辽阔，地区资源禀赋差异巨大，更需依赖先进可靠的电力科学技术，消除技术壁垒，确保市场化改革全覆盖推进。

第四，电力市场化改革的最终成果有电力现货、电力期货、电力远期合约和电力期权等。中国需要选择其中一种或者几种结合，构建符合国情的“电力市场生态系统”，保障电力工业的平稳运行，避免因电力市场残缺而导致“加利福尼亚州电力危机式”

局面出现。

第五，在电力市场化改革过程中避免落入私人垄断境地。在改革过程中除了要对发电、输电、配电和售电进行分离外，还需在各个领域引入竞争机制，防止由国家垄断沦为私人垄断，造成改革失败的后果。

第六，我国引入电力衍生金融工具的时机已经成熟。我国是能源消耗大国，国民经济仍在持续高速增长，能源的消耗量只可能越来越大，而电力是我国能源的重要组成部分。此外，我国电力行业已经进行了长达三十余年的市场化改革，已经扭转了主电网缺电的状况，大部分电网能够做到供需平衡。电力衍生金融工具的引入有助解决我国电力工业面临的一系列问题，也有助电力改革的提速，将市场化带入电力行业，激发电力行业活力，促进电力行业的健康、持续发展。

第七，电力期货的推出有利于我国商品期货市场的完善。我国的期货市场经过整顿，已经步入有序发展正轨。但我国能源商品期货的品种还较少，现货也仅有原油和动力煤两个能源现货品种。这与我国作为头号能源大国的地位不匹配，不利于“四个革命、一个合作”能源安全战略的实施。

中国电力行业已经走到了市场化改革十字路口。近期国资国企改革、能源行业动态，以及电力改革最新动向让我们有理由对能源行业市场化充满期待。

第五章　中国电力期货市场构建的背景

从本书前述章节关于全球电力期货市场形成的论述可以看出，电力期货市场的形成经历了电力市场化改革—电力现货市场—电力远期合约交易—电力期货市场的基本逻辑轨迹。本章从全球电力期货市场形成的基本规律出发，系统、深入地论述中国建立电力期货市场的必要性和可行性，以及构建路径的选择。

需要说明的是，前述章节已经从理论层面论述了电力期货市场存在的客观必然性，本部分并非对其进行简单地重复，而是在其论述基础上加以深化，核心是结合中国国情以及中国电力行业的实际，论述中国构建电力期货市场的必要性和可行性，以期为电力期货市场的形成构建中国方案。

第一节　构建电力期货市场的必要性

从全球电力市场化改革与电力期货市场积累的经验可以看出，电力期货市场是电力市场化改革后的必然选择，电力期货市场与电力现货市场共同构建完整的电力市场，如果缺失电力期货市场，将制约电力行业市场机制运行。对于中国这样的电力市场化改革刚刚起步的国家，构建和发展电力期货市场具有特殊重要意义。

一、完善电价形成机制

电力市场化改革核心是改革电价形成机制。在垂直一体化的垄断经营模式下，电价由政府制定，尽管中国在2002年开始电力市场化改革，但市场化的定价机制尚未完全形成。目前，中国火力发电价格由政府根据区域内平均生产成本加以合理利润水平核定，同一区域内具有相同的“标杆电价”，并实行价格联动机制，如“煤电联动”“气电联动”“煤热联动”等。考虑建造成本等因素，水电、核电、新能源发电大多实行“一厂一价”。所有类型电力价格受行政手段的影响较大，政府定价仍为常态。这种政府主导的电价形成机制存在以下问题：

1. 政府定价的信息不完备。政府定价是建立在有效而完备的信息基础上，而在政府与企业之间存在严重的信息不对称，企业掌握经营成本的全部信息，企业为了自身利益最大化，往往会隐瞒相关经营成本信息，并从中获得相应收益。而在信息不完备的情况下，政府定价必然失真。

2.政府定价成本过高。政府为制定合理的电价，往往会投入大量的人力和物力去收集、整理相应的定价信息和进行相应的价格测算。这部分费用是在市场定价之外而额外产生的费用，政府定价成本过高将造成整个社会福利的损失。

3.政府定价往往偏高。佩尔兹曼经过研究后得出这样的结论：受规制的商品的价格一般低于垄断价格、高于竞争价格。① 政府制定的电价过高，主要是因为以下两项原因：一是政府制定电价时信息不对称；二是管制俘获，即政府在制定电价时，并非总是从社会公共利益出发，而有可能不自觉地成为企业的代言人，正如布坎南所认为的那样，私人利益抑制市场经营活动，而那些受益的私人则愿意为政府定价机构的服务提供补偿。②

4.政府定价滞后。政府制定电价反映的是历史成本，而不能反映即时企业变动成本和资源稀缺程度，也不能随时客观反映电力供需情况，更不能根据电力的供需变化对电价作出适时调整。这样的电价实时适应能力不高，难以有效地调整电力供需关系，资源配置效率不高。

此外，中国现行电价还存在其他问题，如电价结构不合理、交叉补贴突出、电力定价与其他能源比价不合理等。③

中国目前电价形成机制之所以由政府主导的原因是多方面的，其中市场定价形成机制不成熟是重要原因。而电力期货市场

---

① See Sam Peltzman, *More General Theory of Regulation*, Journal of Law and Economics 19,211 – 240 (1976).

② See James Buchanan, *Contractarian Paradigm for Applying Economic Theory*, American Economic Revivew 65,225 – 230 (1975).

③ 参见林伯强、黄光晓编著：《能源金融》(第2版)，清华大学出版社2014年版，第278页。

的建立有助完善电力市场的定价机制。因为电力期货市场本身就是电力市场价格发现机制,电力期货交易的过程就是电力商品价格发现的过程。因此,电力期货市场与电力市场价格发现具有高度契合性。

二、控制和转移风险

垂直一体化的垄断经营机制下,电力企业在政府管制下从事生产经营活动,企业相关风险的主体责任不明确。但在电力市场化背景下,电力市场主体自主从事相应的生产经营活动,相应风险责任将由企业自行承担。由此,电力企业如何防范相关风险,或者将企业面临的风险予以转移,是这些企业面临的重大课题。在市场化改革的背景下,企业面临的主要风险包括:

1. 价格不确定风险。在垄断经营模式下,电力价格一般根据成本加成方法确定,价格是确定的,投资者具有稳定的预期。而在电力市场化改革以后,电价经由市场机制形成、由市场供需决定,随时处于变动之中,具有很大的不确定性。

2. 价格剧烈波动风险。如前所述,电力价格波动十分频繁且巨大,电力价格在用电高峰时期和用电低谷时期可以相差数十倍,而电力不可储存性决定不可通过储存的方式来缓解电力价格的剧烈波动,导致电力价格随着供求关系变化而相应地呈现剧烈的波动性。电力价格的剧烈波动将使电力市场参与者缺乏稳定市场预期,面临较大经营风险。

3. 信息不对称风险。在垄断经营模式下,电力企业集发、输、配、售于一体,电力供需信息主要靠单一企业收集和传递,信息传输渠道较为单一和通畅。因此,电力企业对电力供需信息能较为精准的掌握;而在电力市场化改革后,电力市场主体众多,电力交易各环节分离，电力相关信息分散且各自信息交流不充分，任何一个单一主体只能掌握有限的部分信息，不能掌握全局信息，造成电力企业难以获得有效信息进行有效决策。

4. 交易成本过高风险。在垄断经营模式下，电力主体单一，交易成本较小，而电力市场化改革后，对电力市场交易各方的信息搜寻成本和谈判成本均较高。

5. 安全生产风险。在垄断经营模式下，垂直一体化的电力企业的安全责任主体明确；同时，垂直一体化的电力企业能够较好地控制相关风险，这是因为电力发、输、配、售由一个主体控制，可以通过内部命令方式对各环节进行协调和控制。而在电力市场化改革以后，各类主体繁多，安全责任主体不明确，涉及环节众多，将使安全运行压力增大。

电力期货市场的建立，可以在一定程度上克服上述风险。

1. 转移和控制价格风险。如前所述，电力生产者、销售者和用户通过电力期货市场，运用套期保值原理，可以提前锁定和转移相关风险。

2. 可以形成相对稳定的电价形成体制机制。电力期货市场是集中竞价交易的场所，由于电力期货市场的特殊交易机制，经由电力期货市场化以后，可以提前研判价格风险，平缓电力现货市场的价格剧烈波动。

3. 一定程度上可减少信息不对称风险。电力期货市场各类主体出于期货交易目的，汇集大量各类信息并传导到电力期货市场，电力生产者、销售者和用户可以根据期货价格变化，能够较为客观地对电力供需、电力价格进行研判。

4. 可有效节约交易成本。电力期货市场是集中竞价交易的场所，各类交易主体汇集于此进行集中交易，可以减少交易主体的交易搜寻成本。同时,标准化的期货合约可以有效地减少合约谈判协商成本。

5. 可对电力安全起到支撑保障作用。如前所述,电力期货市场汇集各类信息,电力企业可以根据电力价格的变化情况,研判电力供需情况,并根据获得的信息及时调整供需,实现电力供应与使用的平稳有序。

三、调控运行机制

电力天生具有自然垄断的属性,将其与普通商品一样进行完全的市场化显然是不可行的,电力行业基础设施不可能进行重复建设,如不对垄断加以控制,将会因市场竞争的不完全、机构投资者不足而导致市场操纵与过度投机,出现“电力市场失灵”。而电力期货市场作为一个包括发电公司、电网公司、配电公司、电力经销商、电力经纪人及其他主体参与的市场,各类市场主体在一个公开、公正、透明的交易机构内进行交易,使市场信息得以充分释放,市场竞争活跃度提高。通过电力期货的套期保值,期货与现货价差等功能引导普通交易者、套期保值者、市场套利者的广泛参与,防止部分主体垄断市场、操纵市场交易。

电力期货市场的建设也有助于规范政府管理行为。目前,中国的电力市场基本由政府主导,各个电力交易主体地位不平等,电力价格相对固定,行政色彩浓厚。未来建立电力期货市场,将有助于厘清政府职能,电力交易将在电力交易场所内按照相关制度、规则和法律规定进行,政府只需设立相关的监管机构对电力期货交易进行监管,并不直接干预具体电力价格,将行政管理职能交由电力市场的自治机构行使,行政干预色彩将大大弱化。

四、推动电力行业发展

电力期货市场对推动中国电力行业健康有序发展，将起到积极作用，主要表现在：

首先，有利于较为准确地预判未来的供需关系，指导电力行业规划与投资。电力期货市场是一个预见和判断未来电力行业走势的市场，通过充分的市场主体参与、信息的流动，电力参与者能获得较为准确的供需变化信息，为未来电力市场各方面建设提供信息基础，政府相关部门可以据此对电力行业进行统筹规划，相关投资者可以根据获得的相关电力供需信息，对未来电力发展进行科学的投资决策。

其次，有利于市场参与者规避市场风险，防止过度投机。电力期货交易在交易所内公开、透明交易，各种信息充分交流，电力生产商利用期货的套期保值功能弥补因电力价格波动而产生的价差损失，合理组织生产；电力期货的价格发现功能能预见和发现真实的电力价格，同时套期保值功能能较好平抑电价，使投机者的投机空间被限定，更加趋于理性，避免过度投机而引发电力市场危机。

最后，有利于提高电力行业的生产效率，优化资源配置。电力期货市场是促进竞争、规范交易的场所，通过期货市场的运作促使各方交易主体较为充分地竞争，提高电力行业整体的生产效率。电力期货市场是公开、透明、标准的市场，并具备较为完善的法律、法规作为制度保障，能很好地规范电力期货交易，形成稳定的电力市场秩序，使电力资源通过竞争机制的作用实现优化配置。

第二节　构建电力期货市场的可行性

无论是从电力期货市场形成的前提条件，还是从电力期货市场形成的各项要素来看，构建中国电力期货市场的各项条件正在逐步形成。

一、电力市场化改革

从全球电力期货市场形成的规律看，电力市场化改革是建立电力期货市场的第一步，是开展电力期货交易的前提。从中国电力行业的发展历程来看，中国电力行业市场化方向一直在持续，且呈加速发展的态势，中国电力期货市场形成的前提条件正在逐步形成。

电力市场化改革是伴随中国改革开放的进程不断推进的，迄今为止，大致经历了四个阶段：萌芽阶段、初创阶段、全面开展阶段和全面深化阶段，如图 5－1 所示。

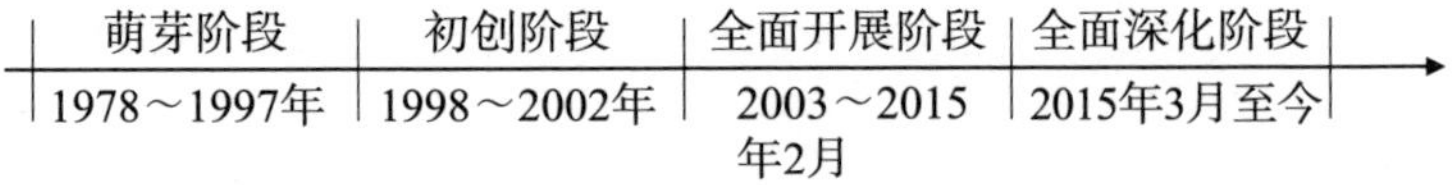

图 5－1　中国电力市场化改革基本脉络

第一阶段：电力市场化改革的萌芽阶段（1978～1997 年）。在 1978 年之前，中国电力工业实行“统收统支”政策，即电力企业所有收入上缴国家财政，所有支出由政府经审批后拨付，电力企业实行完全的行政垄断经营，企业没有自主经营权。1978 年，随着中国改革开放的蓬勃开展，电力企业逐步恢复自主经营权，实行厂长（经理）负责制，企业活力得到进一步释放。特别是 1995 年颁布的《电力法》明确了电力企业依法自主经营、自负盈亏；电力事业实行“谁投资、谁收益”的基本原则，这一原则为电力行业朝市场化改革的方向迈进奠定了坚实的法律制度基础。

第二阶段：电力市场化改革的初创阶段（1998～2002年）。这一阶段的电力行业市场化改革得到进一步发展，在这一阶段，电力行业政企合一的体制被打破，原电力工业部被撤销，其电力工业部的行政职能移交给国家经贸委和地方政府，成立了国家电力公司，实行公司化运作。这些举措为推进电力市场化改革扫清体制障碍。

第三阶段：市场化改革的全面开展阶段（2003～2015年2月）。2002年，国务院印发《电力体制改革方案》（国发〔2002〕5号），《电力体制改革方案》对市场化改革作出了全面部署，标志着中国电力市场化改革的全面推进。《电力体制改革方案》的核心思想是打破垄断、引入竞争机制，完善电价形成机制，通过市场化机制提高资源配置效率。同时，通过竞争机制的作用，提高电力企业效率，降低生产经营成本。2007年，为进一步推进电力市场化改革，国务院转发了电力体制改革工作小组《关于“十一五”深化电力体制改革的实施意见》，该意见以坚持市场化改革方向、加快电力市场建设为主基调，对“十一五”期间进一步深化电力体制改革提出了总体思路、主要任务和基本原则。

第四阶段：电力市场化改革全面深化阶段（2015年3月至今）。2015年3月，中共中央、国务院印发了《关于进一步深化电力体制改革的若干意见》（中发〔2015〕9号），对全面深化电力市场化改革做出系统部署。《关于进一步深化电力体制改革的若干意见》在总结前期电力市场化改革取得的成绩与存在的主要问题基础上，对全面深化电力体制改革的总体思路、基本原则、近期的改革任务等进行了规划。本轮改革的总体思路是进一步突出坚持社会主义市场经济改革方向,加快构建有效的市场体系和市场结构,形成主要由市场决定能源价格的机制,形成“有法可依、政企分开、主体规范、交易公平、价格合理、监管有效”的市场局面。

从30多年来的电力行业发展历程可以看出,电力市场化改革一直是电力体制改革的主线,特别是2002年以后,中国电力市场化改革步伐呈加速发展态势。可以预见,随着全面深化电力市场化改革的实施,建立电力期货市场将会成为中国电力市场化改革的必然选择和客观要求。

二、电力市场主体多元化

与电力市场化改革同步,中国电力市场主体形成大致经历了以下四个阶段:

第一阶段:电力市场主体萌芽时期(1978年至1997年)。在这一阶段,为解决严重缺电的问题,政府鼓励多种形式筹措办电资金,特别是1985年批转国家经委《关于鼓励集资办电、实行多种电价的暂行规定》(国发〔1985〕72号)以来,进一步激发各方集资办电的积极性。这在促进电力工业大发展的同时,客观上打破了“独家办电”格局,造就了多元化的电力市场主体。

第二阶段:电力市场主体地位确立阶段(1997年至2002年)。在这一阶段,电力行业长期以来形成的政企合一格局被打破。1997年,国家电力公司成立,确立了其市场主体地位,电力企业开始步入社会主义市场经济轨道,电力企业开始按市场经济规律经营和管理。

第三阶段:多元化市场主体形成阶段(2002年至2015年3月)。根据《国务院关于印发电力体制改革方案的通知》要求,电力行业市场化改革全面启动,电力市场化改革的首要任务是形成多元化市场主体。为此,电力行业实行了以“厂网分开”为标志的电力市场主体重构,即在中央层面,将国家电力公司所属的发电资产进行重组,形成了包括华能国际电力股份有限公司(HUANENG Power International Inc.)、大唐国际发电股份有限公司(Datang International Power Generation CO., LTD.)、中国华电集团公司(China Huadian Corporation)、中国国电集团公司(China Guodian Corporation)和中国电力投资集团公司(China Power Investment Corporation)等在内的五大发电集团。同时,对电网资产实施重组,形成了国家电网公司(State Grid Corporation of China)和南方电网公司(China Southern Power Grid)。在这一阶段,多元化的市场主体格局初步形成。

第四阶段:电力市场主体日益多元化阶段(2015 年 3 月至今)。根据中共中央、国务院《关于进一步深化电力体制改革的若干意见》精神,中国全面深化电力市场化改革总体思路是“管住中间、放开两头”,即区分竞争性环节和垄断性环节,在发电侧和售电侧开展有效竞争;在垄断输配网环节,实行政府监管下的垄断经营。基于此,在传统的“厂网分开”形成多元化的发电市场主体之外,售电环节将会产生更多的售电主体,由此,中国的电力市场主体将更加多元,有效竞争的格局将逐步显现。

可以预见,随着中国电力市场化改革的进一步深化,电力市场主体数量将会呈现大幅增长态势。电力市场主体多元,为电力期货市场多元化主体展开交易创造条件。

三、电价市场化形成机制

改革开放以来,中国电价形成机制大致经历了以下发展阶段:

第一阶段：政府垄断定价阶段(1978 年至 2003 年)。在这一阶段，分别实施“还本付息电价”“燃运加价”“经营期电价”等政策。这个时期电价形成机制的共同特点是由政府主导，企业没有任何定价权。这一阶段的政府定价一般是根据电力企业成本加成的方法确定，并随着经济社会发展，调整电价确定方法与程序。

第二阶段：有限市场定价阶段(2003 年至 2015 年)。随着电力市场化改革的全面启动，电价改革提上议事日程。为此，国务院办公厅于 2003 年下发《关于印发电价改革的方案通知》(发改电〔2003〕124 号)。根据该通知精神，国家发改委于 2005 年出台《上网电价管理暂行办法》、《输配电价管理暂行办法》与《销售电价管理办法》(发改价格〔2005〕514 号)。根据上述文件规定，中国电价进入有限市场定价新阶段。具体言之，上网电价方面的改革采用全面引入竞争机制模式，价格由供给方和需求方相互竞争形成。在过渡期，上网电价主要实行“两部制电价”。其中，容量电价由政府制定，电量电价由市场通过竞争机制自发形成。输配电网由政府价格主管部门依照“合理盈利、依法计税、公平负担”原则制定。销售电价改革目标是由所有的用户自己选择供电商，且价格形成由市场确定。但初期仍由政府按照“坚持公平负担，有效调节电力需求，兼顾公共政策”的原则，制定具体销售价格，并在此基础上建立与上网电价联动的机制。

第三阶段：市场竞价阶段(2015 年至今)。根据中共中央、国务院印发的《关于进一步深化电力体制改革的若干意见》精神，随着中国电力市场化改革的积极推进，需要进一步理顺电价机制，形成适应市场要求的电价机制，即将输配电价与发售电价的形成机制分开，除输配电价由政府单独核定以外，放开部分竞争性环节电力价格，分步实现公益性以外的发售电价由市场形成。

从上述中国电价改革历史进程可以看出，随着电力市场化改革的不断深化，电价市场化改革方向也不断深化，市场化的定价已经成为电力定价必然趋势。

四、电力交易量巨大

中国年度电力交易额巨大，且在 GDP 中占比亦较高。图 5－2 展示了中国近 16 年来每年的电力交易额及电力交易额占 GDP 的比重。从图 5－2 可以看出，电力在中国的交易额呈逐年上涨的态势，截至 2014 年年底，电力的交易额达 18, 345. 73 亿元，2004 年电力交易额占全国 GDP 的比重最大，达到了 3. 89%。从交易量来看，电力已经完全具备成为期货品种的条件。

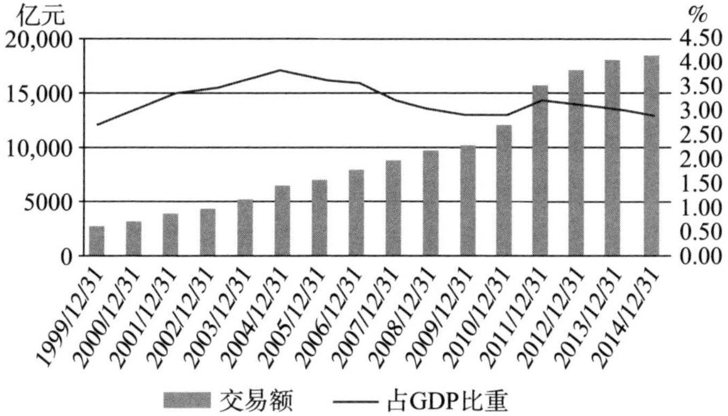

图 5－2　中国 1999～2014 年电力交易额及 GDP 占比

资料来源：万得资讯。

五、期货市场日趋成熟

中国期货市场起步于改革开放后。1988 年，国务院发展研究中心、国家体改委、商业部等部门根据中央领导指示，组织力量开展期货市场的研究，并成立期货市场研究工作小组。① 1990 年 10 月，经国务院批准，由商业部和河南省人民政府合办的全国性粮食批发市场——郑州市场成立。此后，黑龙江省粮食批发市场、吉林玉米批发交易市场、山东威海花生批发市场、安徽芜湖大米批发市场、江西九江粮食批发市场等相继成立。这些市场均为现货批发市场，但引入了期货部分功能。1991 年 9 月，深圳有色金属交易所成立，交易铜、铝、锌、镍、镁、锑等有色金属。1991 年 9 月，北京金鹏铜交易所成立，②主要交易电解铜及铜材，以现货交易为主，以远期合约为辅，然后逐渐向期货、期权交易过渡。1992 年 5 月，上海金属交易所成立。到 1993 年年底，全国已经有数十家交易所建立。③ 到 1994 年年底，全国 50 余家期货交易所上市了 50 个交易品种，1000 多家期货经纪公司成立。这样的无序扩张导致了期货市场的混乱局面，为此，国务院开始了为期 8 年的清理整顿。④ 1993 年 11 月，国务院颁布《关于制止期货市场盲目发展的通知》（国发〔1993〕77 号），开始了中国期货业的第一次清理整顿，确立 15 家期货交易所为试点交易所，一批期货品种被暂停交易。1998 年 8 月，国务院发布《关于进一步整顿和规范期货市场的通知》（国发〔1998〕27 号，见附录一），由此开始了中国期货业的第二次清理整顿，15 家期货交易所被合并为 3 家，分别为上海期货交易所、郑州期货交易所和大连商品交易所，期货品种被进一步精简。2000 年

① 参见游伯笙：《建立和发展中国期货市场》，载《教学与调研》1994 年第 1 期，第 34 ~ 40 页。

② 北京金鹏铜交易所是中国有色金属工业总公司主办的单品种交易所。

③ 参见田源等主编：《期货交易全书》，中国大百科全书出版社 1993 年版，第 271 ~ 306 页。

④ 参见李强：《中国期货市场的理论与实践》，中国财政经济出版社 1999 年版，第 2 ~ 6 页。

12 月,中国期货业协会成立,标志着期货行业的自律性组织诞生。2001 年 3 月,“十五”规划提出“稳步发展期货市场”工作方针,清理整顿告一段落,中国期货业逐步进入健康有序发展的轨道。

尽管中国期货市场起步较晚,但经过二十多年发展,中国国内三大商品期货交易所在国际上已具有一定的影响力,国际期货业协会(Futures International Association,FIA)公布的全球各大衍生品交易所 2013 年成交量最新排名显示,四个期货交易所均跃居全球前 20 位。其中,中国金融期货交易所(China Financial Futures Exchange,CFFEX)2013 年全年成交量 193,549,311 手,位列第 19 位;郑州商品交易所(Zhengzhou Commodity Exchange,ZCEX)2013 年全年成交量 525,299,023 手,位列第 13 位;上海期货交易所(Shanghai Futures Exchange,SHFEX)2013 年全年成交量 642,473,980 手,位列第 12 位;大连商品交易所(Dalian Commodity Exchange,DCEX)2013 年全年成交量 700,500,777 手,位列第 11 位。2013 年能源期货交易量占全球衍生品总交易量的 5.8%。① 由此可见,中国期货市场已经具有一定规模,在全球衍生品市场占据一席之地,一些期货品种已经具备定价权。在电力期货所属的能源化工板块,中国已经上市了天然橡胶、燃料油、PTA、LLDPE、PVC、甲醇等六大品种。这六大品种交易时间悠久,市场活跃,且交易量大。2011 年全国能源化工类期货品种累计交易量为 33,177.7649 万手,累计成交额为 27.8152 万亿元,分别占当年全国期货市场总量的 31.47% 和总额的 20.23%。② 因此,能源化工期货在中国期货交易市场占据

① 数据来源:美国期货业协会(FIA)。

② 中国期货业协会编:《中国期货发展报告 2012》,中国财政经济出版社 2012 年版,第 78 页。

了很大份额。中国上市电力期货不再处于“摸着石头过河”的探索阶段,而是有先例可循。

与此同时,与中国期货市场发展相适应的法律、法规体系逐步完善,期货监管水平日益提高,期货交易的相关风险防范措施越来越完善。从1990年10月郑州粮食批发市场引入期货交易以来,中国期货市场已经走过30多年发展历程,这也是期货市场法治化发展的30多年。1994年,由于期货市场上的乱象,中国证监会对期货市场进行了长达8年的清理整顿。国务院于1999年6月颁布了《期货交易管理暂行条例》(国务院第267号令),结束了中国期货立法的空白局面。2004年2月,国务院发布了《关于推进资本市场改革开放和稳定发展的若干意见》(国发〔2004〕3号),将期货公司的地位与证券公司等同,意味着期货公司被正式纳入金融企业范畴。2007年2月,国务院颁布了《期货交易管理条例》(国务院第489号令),进一步规范期货市场。2012年12月,国务院再次修订《期货交易管理条例》,删去和修改多项行政审批事项,为新的机构投资者参与原油国债等期货品种扫清障碍。与此同时,一批配套的规章制度,如《期货交易所管理办法》(中国证监会第42号令)、《期货公司管理办法》、《期货从业人员管理办法》、《期货公司监督管理办法》等也随之颁布实施,共同建构期货市场秩序,保障期货市场健康有序运行。

在风险防范与监管方面,我国对期货公司实施三级监管,并采取“五位一体”监管模式。三级监管指中国证监会负责对期货公司进行行政监督管理,中国期货业协会和期货交易所负责对期货公司实行自律管理;“五位一体”则包括中国证监会及其派出机构、中国期货业协会、期货交易所、期货保证金安全存管监控机构实施全方位监管。其中中国证监会及其派出机构负责对期货公司及其分支机构进行监督管理;中国期货业协会和期货交易所负责对期货公司进行自律管理;期货保证金安全存管监控机构负责对期货客户保证金实施监控。

商品期货市场和金融期货的建设经验,中国期货市场法律法规不断完善,以及风险防范与监管机制的构建,为建立中国电力期货市场奠定了坚实基础。

第三节　构建电力期货市场的路径

从全球电力期货市场的形成可以看出,电力期货市场的形成是一个漫长的过程,不可能一蹴而就。由此,中国电力期货市场的形成也需要实施中长期规划,规划电力市场化改革需要从发、输、配、售四个环节的竞争性与垄断性业务相分离,并引入多元化竞争主体,再建立电力现货市场,并最终形成电力期货市场。通过观察各国电力市场化改革的基本进程,笔者发现:全球 98 个国家或地区从推行市场化改革到电力现货市场的建立,平均需要约 12 年;从电力现货市场的建立,到电力期货市场的设立,平均也需要 4 年。因此,本书准备了一个中国未来电力市场建设的中长期规划,并提供一个可行的路径。

一、深化电力市场化改革

Amundsen 和 Singh 研究欧洲电力期货市场后发现,欧洲电力期货市场建立的前提是实施了电力行业重组,在此基础上建立电力现货市场,以此推动电力行业内竞争,因此,建立电力期货市场之前最好分拆现有的垄断电力企业。① 为适应电力市场化改革的需要，中国在2002年进行了“厂网分开”的分拆式改革，将国家电力公司所属的发电资产进行了重组，形成五大发电集团；②进行了电价体制改革；开展了大用户与发电企业直接交易、发电权交易、跨省区电能交易的电力市场化交易试点。目前，在发电环节，中国多元化的市场主体初步形成，电价形成机制正朝着市场化方向逐步完善，电力市场化交易取得一定进展，但以发展的眼光看，中国电力市场化改革还存在一些问题：

一是与有效竞争相匹配的多元化发电市场尚未完全形成。所谓有效竞争，是指在规模经济和竞争活力两者有效协调起来的一种状态。如果规模过小，企业生产达不到规模经济效益；如果企业生产规模过大、过于集中，则会形成垄断，限制竞争。因此，最优的竞争应当是在规模经济与竞争活力之间达到最佳平衡状态，而从图5－3中国电力企业装机容量的结构可以看出，中国多元化的发电企业虽然已经初步形成，但从整体上看，国有资产在整个发电装机容量中占比达94.9%，民营及外资发电企业的占比仅为5.1%，其中仅五大发电集团的占比就高达44.9%。在如此高的权重配置下，个别发电企业的规模过大，市场力较强，容易导致市场活力不足，影响竞争有效开展。

二是售电侧有效竞争格局尚未建立。中国售电侧开放刚刚起步，在特定区域内配售一体化的供电企业仍处于绝对主导地位。因此，该领域的市场主体结构造成目前仍不能形成有效竞争

---

① See Eirik Schroder Amundsen, Balbir Singh, *Developing Futures Markets for Electricity in Europe*, The Energy Journal 3, 95－112 (1992).

② 五大发电集团是指华能国际电力股份有限公司、大唐国际发电股份有限公司、中国华电集团公司、中国国电集团公司和中国电力投资集团公司。

的格局。

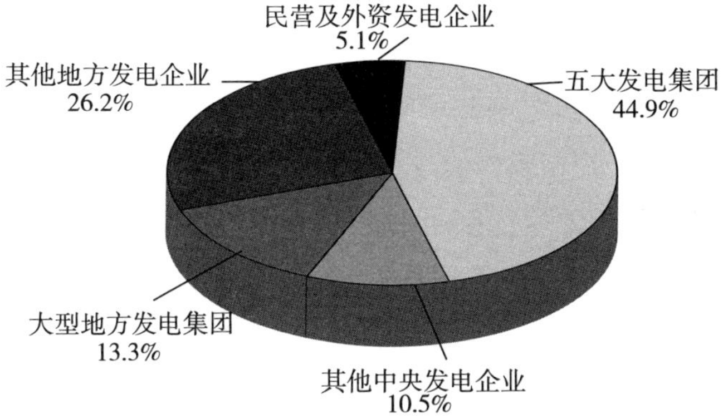

图 5 – 3　2011 年年底全国电企装机容量结构

资料来源：国家电力监管委员会：《电力监管年度报告（2011）》，载国家能源局官网，http://www.nea.gov.cn/2012-06/28/c_131680980.htm。

三是市场化交易机制尚未完全形成。目前，中国仅在小范围开展大用户直接向发电企业购电的试点，大规模的市场交易尚未开展，市场配置资源的决定性作用难以发挥。

四是电价形成机制尚需理顺。中国目前的电价形成仍实行政府主导，电价结构矛盾突出，电价领域交叉补贴问题突出，市场化电价形成机制尚未真正建立。

基于此，中国需要进一步深化电力市场化改革，以市场化改革为导向，使市场配置资源起到决定性作用，并促进电力事业发展。改革的内容主要包括以下几个方面：

一是构建有效竞争格局下的市场主体。按照区分竞争性环节、垄断性环节的总体思路，形成相关领域市场主体有效竞争的格局。即在发电领域，逐步消解大型发电企业的规模，有效削弱其在发电市场上的市场力，使其在规模经济与竞争活力之间寻求最佳平衡;大力培育和壮大多元化发电市场主体规模,提高其有效竞争能力。在售电领域,积极培育多元化的售电市场主体,壮大其经营规模;适度限制配售业务一体化的供电企业参与市场竞争,以促使该领域市场竞争有效开展。

二是建立和完善市场化的交易机制。稳步放开发电计划指标,赋予市场主体自主选择权,加大发电企业、用户、售电公司直接交易的范围、深度和广度,形成由发电企业、用户、售电公司等市场主体自主确定交易对象、交易电量和交易价格的新机制。

三是完善电力交易价格形成机制。区分竞争性环节与垄断性环节电价,将输配与发售电价在形成机制上分开。发售电价由相关市场主体通过协商、市场竞价等方式自主确定,输配电价由政府在科学合理测算的基础上确定。

二、建立电力现货市场

建立电力批发和零售等现货市场,创建电力交易平台,这是电力市场化改革的必然要求,各类用户将通过该平台选择到自己满意的交易对象,确定合理的交易价格,这需要在深化电力市场化改革的基础上适时开展。中国电力现货平台的建设起步于2003年,先后启动了东北、华北、南方、华中电力市场试运行,形成了东北、华北、华中、西北、南方等区域电力市场体系。但是,从实践来看,这些区域电力市场虽然建立了初步框架,但其功能和作用远未得到有效发挥,这可能是由于中国现阶段电力市场区域间交易量不大,该区域电力市场的模式不完全适应中国国情所致。基于此,中国的电力市场交易平台需要重构,主要思路是着力加快构建全国统一的电力市场,主要基于以下几方面的考虑:

一是由能源资源供求特点决定。中国能源需求与能源资源呈逆向分布格局，[1]即中国能源需求在东部经济发达地区，但是，这些地方的能源资源相对不足；中国中西部地区经济总量较小，但能源资源丰富。由于能源资源的分布特点，使东部地区和中西部地区电力交易频繁，全国统一电力市场建设能够满足中国能源资源供需之间的区域差异，有利于电力资源在全国范围内流动。

二是资源配置效率更高。中国统一电力市场平台建设，可以使电力资源在全国范围内流动，这使电力资源在更大范围、更高层面进行配置，资源配置效率更高，资源开发利用更充分。

三是特高压电网建设与投运，具备了全面联网的客观条件。特高压是指电压等级为交流1000千伏和直流±800千伏及以上电压等级，特高电压电网是当今世界电压等级最高、最先进的输电网络，能够实现电力大规模、远距离输送。根据国家电网发布的《国家电网有限公司2020社会责任报告》，国家电网已累计建成投运“十四交十二直”26项特高压工程（包括晋东南—南阳—荆门1000千伏特高压线路、向家坝—上海±800千伏特高压线路等重点项目），在运在建线路总长度达4.1万公里，累计送电超过1.6万亿千瓦时。目前仍在建设多条特高压线路，这些输电工程的建设和投运，为全国统一电力市场建设奠定了坚实的物理基础。

三、开展远期合约交易

开展远期合约交易，体现购售电双方意愿，有利于形成长期稳定的双边市场交易模式。我国目前已经开展的大用户与发电企业直接交易、发电权交易和跨省区的电能交易均属于远期合约交易

① 参见刘振亚：《中国电力与能源》，中国电力出版社2012年版，第36～241页。

范畴，但目前这些交易规模较小，交易机制不够健全，影响了远期合约交易的有效开展。为此，中国需要从以下方面入手，进一步加强远期合约交易。

一是搭建远期合约交易平台。目前中国的远期合约规模较小，基本上是通过政府指导下的一对一协商谈判方式确定远期合约内容。随着电力市场主体的增加，远期合约交易的广泛开展，原来的一对一协商谈判方式将难以适应现实需要。为此，中国有必要搭建统一的远期合约交易平台，使有意愿参与远期合约的主体在统一的交易平台协商谈判远期合约内容。至于远期合约交易平台，可与电力现货市场平台建设一并考虑。

二是建立远期合约交易与实时交易的有效对接机制。远期合约交易和实时交易的各自目标定位不同、交易机制各有差异，但双方最终都统一至电力供需的有效平衡上。因此，两者需要建立有效的对接机制，相辅相成，相得益彰，共同促进电力交易的有序开展。具体言之，电力远期合约的交易双方在电力远期合约交易确定的电力电量基础上，可以通过实时交易市场平衡远期合约的电量，实现电力供应的有序开展。

三是提供远期合约交易的辅助服务。如加强电力供需信息披露，为远期合约双边提供交易信息服务。建立远期合约的履约保障机制，防范交易双方违约行为的发生。

四是加强市场监管，防范不公平交易。远期合约交易采取双方协商谈判方式进行，交易双方的市场交易信息不完全对称，合约谈判能力不完全对等，容易发生不公平交易行为。为防范此类情况发生，电力监管机构需要加强交易行为监管，发现不公平交易行为，应当及时采取监管措施，以保障电力远期合约持续稳定有序开展。

四、适时建立电力期货市场

电力期货市场是电力市场发展的高级阶段，只有电力市场化改革和电力现货市场发展到一定阶段才有条件建立和运行。尽管建立中国电力期货市场仍需较长时日，但长远考虑，它是电力市场的发展方向。推动中国电力市场向电力期货市场演进，为相关主体提供远期价格基准和风险管理手段，可以完善电力市场机制，真正发挥市场化改革作用。为此，中国需要在进一步深化电力市场化改革、建设电力现货市场和远期合约交易市场的基础上，适时推出电力期货市场。

中国电力期货市场是一个复杂的系统工程，涉及电力期货交易平台建设、电力期货合约设计、电力期货交割、电力交易风险防范以及电力交易监管等相关问题。有关这些内容，本书将在第六章进行详细论述。

综上，从本章分析可以看出，中国构建电力期货市场具有特殊意义，有利于完善中国的电价形成机制，控制和转移电力企业相关风险，促进电力行业发展。同时，随着中国电力市场化改革的稳步推进、多元化的电力市场的主体形成、市场化的电价机制逐步确立以及中国期货市场运行的成功经验，我国电力期货市场的建立的条件已逐步具备。在电力期货市场构建的具体路径上，进一步深化电力市场化改革，开展批发和零售电力现货市场和交易以及开展远期合约交易，在此基础上适时稳妥建立电力期货市场，开展期货交易。

第六章　中国电力期货市场的构建路径

前文对全球电力期货市场形成的客观规律,以及中国电力期货市场构建的必要性和可行性等问题进行了论证。在此基础上,本章对中国电力期货市场的构建路径提出设计。由于中国电力期货市场构建涉及的问题较多,本章仅就电力期货市场构建的几个关键问题展开。同时需要说明的是,由于中国尚没有具体的电力期货市场,因此,本章对中国电力期货市场相关问题的构建设想主要是基于全球比较基础上作出的。

第一节 电力期货交易所模式

电力期货交易所是买卖电力期货合约的场所,承担着电力交易、交割、清算等任务,汇集电力发、输、配、售各环节的交易信息,是电力期货交易的核心。电力期货交易所本身并不参与电力期货交易活动,而是秉承公开、公平、公正的原则为电力期货交易者提供交易平台;监督、管理交易所内进行的交易活动,调解交易纠纷;为交易双方提供履约及财务方面的担保;为期货交易提供结算、交割服务;提供信息服务。此外,交易所还为先柜台交易和双边交易提供基准点。①

依据电力期货交易的场所不同,大致可以将电力期货交易所模式划分为三类:综合性期货交易所模式、电力现货与电力期货一体化交易所模式、能源期货交易所模式。综合性期货交易所模式,是指将电力期货作为期货的一种品种,统一纳入期货交易所进行交易;电力现货与电力期货一体化交易所模式,是指将电力期货纳入电力现货交易所一起进行交易;能源期货交易所模式,是指将电力作为能源的一种,纳入能源交易所进行交易。

本书将从全球视域对三种电力期货交易所模式进行考察,并归纳其优劣所在,以探求中国电力市场在引入电力期货交易时,选择最为合适的电力期货交易所模式。

---

① See Hans Byström, H. N. E. Bystr Om, *The Hedging Performance of Electricity Futures on the Nordic Power Exchange*, Applied Economics 35, 1 - 11 (2003).

一、综合性期货交易所模式

（一）基本情况

截至2014年12月，全球进行电力期货交易的交易所中，采取综合性期货交易所模式的有纽约商业交易所（The New York Mercantile Exchange，NYMEX）、芝加哥期货交易所（Chicago Board of Trade，CBOT）和悉尼期货交易所。其中美国的纽约商业交易所成立于1872年，主要交易能源期货和稀有金属期货两大类产品，但能源期货交易量远远超过其他商品期货。1996年，该交易所引入电力期货。2008年，该交易所被芝加哥商品交易所集团收购。

芝加哥期货交易所成立于1848年，由82位谷物交易商发起组建，该交易所成立之初主要从事农产品期货交易，后来发展成为从事金融期货交易以及黄金和白银等期货交易。① 1996年，芝加哥期货交易所建立了两个电力期货合约交易，涵盖MAIN区域和SERC区域，即芝加哥联邦爱迪生公司管辖区域（ComEdK）电力期货合约和田纳西州流域管理局管辖区域（TVA）电力期货合约。芝加哥期货交易所于2006年10月17日与芝加哥商业交易所合并，形成了芝加哥交易所集团（Chicago Mercantile Exchange Group，CMEG）。

悉尼期货交易所成立于1960年，成立之初主要开展羊毛期货交易；在20世纪70年代末，该期货交易所拓展到金融期货交易。20世纪80年代末期，建立了电子化的交易平台，开展24小时不间断交易；20世纪90年代末，发展成为全电子化的期货交易所。在21世纪初，实行了股份制改造，并成功上市。2002年9月，该期货

① 参见胡小军：《现代期货知识》，载《学习与实践》1994年第4期，第56～59页。

交易所开始推出电力期货。2002 年 10 月,澳大利亚证券交易所(Australian Stock Exchange, ASEX)也推出电力期货。由此,这两家交易所就开始了在电力期货上的长期竞争,而悉尼期货交易所在电力期货的交易中占据着较为明显的优势。2006 年,澳大利亚证券交易所收购了悉尼期货交易所,自此以后,它们两者的电力期货便可同时在这两家交易所进行交易。①

(二) 主要特征

分析综合性期货交易所可知,其主要呈现以下特点:

一是交易品种丰富。在综合性的期货交易所模式中,期货交易所是各类期货品种交易的汇集之处,涉及的期货种类繁多,电力期货仅是众多期货品种的一种。如纽约商业交易所中交易的期货品种,既包括金属期货,又包括能源期货等。仅就电力期货品种而言,包括日型谷电期货(daily off-peak)、日型峰电期货(daily peak)、月型谷电期货(monthly off-peak)、月型峰电期货(monthly peak)等多个电力期货品种。在悉尼期货交易所中,交易的期货品种包括商品期货和金融期货等,其中电力期货包括基本负荷期货、季度峰值负荷期货、季度基本负荷超过 300 美元期货等多种类型。其中,季度期货合约分别是 3 月、6 月、9 月、12 月。后期又逐步发展形成了双边套期合约、区域间套期保值合约、权益保护合约等。②芝加哥期货交易所的期货品种包括玉米、小麦等商品期货,也包括股票指数、市政债券指数等金融期货。

二是投机者数量多,投机性强。在综合性期货交易所从事期

① 参见唐敏等:《澳大利亚电力期货市场的形成与发展》,载《财经科学》2015 年第 4 期,第 22~33 页。

② See D. Crossley, *Advanced Metering for Energy Supply in Australia*, Energy Futures Australia, 2007, p. 34-42.

货交易的市场主体之中，投机者多而套期保值者少，且在综合性期货交易所中，多实行现金交割方式，实物交割仅为补充，这进一步助长了市场的投机性。如纽约商业交易所采用现金交割促进了对冲的实现，但市场参与者一旦没有实物交易约束可能会引起投机者过度的投机行为，他们凭借自身市场能力，并利用市场存在的缺陷进行大量的套利，破坏期货市场的交易秩序。2000 年的加利福尼亚州危机就是典型例证——以安然公司为首的市场参与者利用批发与零售市场的价格差，进行大量的投机行为，最终引发市场危机。①

三是电力现货市场价格和期货市场价格之间的联系较为松散，致使套期保值能力丧失。在综合性期货交易所中，由于缺乏现货作为交易支撑，纯粹的期货交易容易割裂期货交易与现货交易的联系，导致期货价格与现货价格难以实现有效互动。以纽约交易所为例，该交易所割裂了现货市场价格与期货市场价格的发现机制，导致期货交付时的产品价格与现货市场的产品价格明显不同。②

四是过度依赖投机者，最终可能导致期货市场无效。电力期货交易因其交易的远期性，市场中存在大量的投机者、套利者，加之缺乏现货市场作为支撑，现货市场与期货市场缺乏相关性，一旦投机者无法获利便大量离开期货市场，期货市场对冲能力下降，导致期货合约对冲的不平衡，期货市场趋于成为

---

① See S. Borenstein, et al., *in efficecies and Market Power in Financial Abritrage: A Study of California's Electricity Markets*, The Journal of Industrial Economics 2, 347 - 378 (2008).

② See Emile J. Brinkmann, Ramon Rabinovitch, *Regional Limitations on the Hedging Effectiveness of Natural Gas Futures*, The Energy Journal, 113 - 124 (1995).

无效市场。①

五是采用现金交割为主，实物交割为辅。在美国，纽约交易所、澳大利亚证券交易所、芝加哥期货交易所均采用现金交割为主、实物交割为辅的模式，这种交易模式极大地实现了电力期货的对冲功能，帮助能源商等市场参与者规避因电价起伏而带来的电价波动。② 例如，在澳大利亚，如图6－1所示，纯粹的实物交割的期货合约只占3%，其余均为金融交易合约或两者混合的合约。③

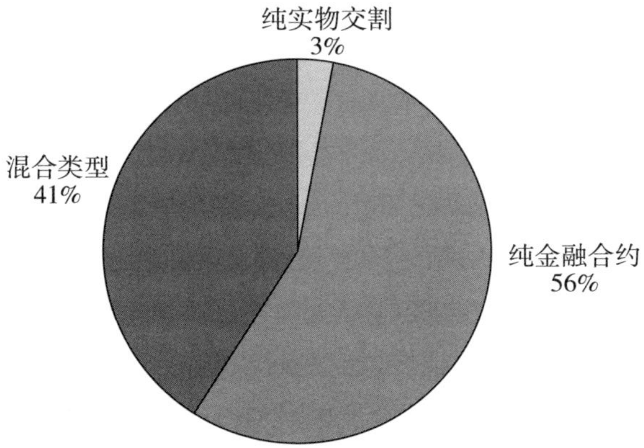

图6－1　澳大利亚国家电力市场交易模式结构

资料来源：D-cypha Trade。

---

① Jonathan S. Moulton, *California Electricity Futures*: *The NYMEX Experience*, Energy Economics 27, 181－194 (2005).

② See S. Gulay Avsar, Barry A. Goss, *Forecast Errors and Efficiency in the US Electricity Futures Market*, Australian Economic Papers 4, 479－499 (2001).

③ See ERIG, *Review of Energy Related Financial Markets*: *Electricity Trading*, Sydney, 2006, p. 68.

二、电力现货与电力期货一体化交易所模式

（一）基本情况

电力现货与电力期货一体化模式下的交易所，是在原有的电力现货交易所、电力调度中心的基础上，根据市场的发展而逐步形成的。这种交易所既包括电力的即时交易、远期交易等现货交易，又包括期货合约、期权合约、互换等电力金融交易。交易所除了组织期货合约的交易外，还负责组织现货电力的交易、保持电网的稳定性和安全性。目前，实行该模式的交易所主要包括德国欧洲能源交易所、法国能源交易所、北欧电力市场。① 这类交易所的电力市场中，电力现货市场与电力期货市场并存。

欧洲能源交易所于2002年在德国莱比锡城注册成立，它由德国法兰克福电力交易所和莱比锡电力交易所合并而来。自此，它从地域性的电力交易所演化为一个欧洲领先的能源交易平台。欧洲能源交易所的业务主要有电力、天然气、煤炭和排放限额交易，电力方面有现货市场和期货市场。其市场结构分为以下四个模块，如图6－2所示。②

---

① 由于北欧四国挪威、芬兰、丹麦、瑞典在电力领域实行一体化结构，均在Nord Pool进行交易，故称“北欧Nord Pool”。

② 参见欧洲能源交易所官网，http://www.eex.com/en/EEX/Exchange/Sub-Markets%20of%20the%20Exchange; http://www.eex.com/en/EEX/Exchange/Basics%20about%20ope。

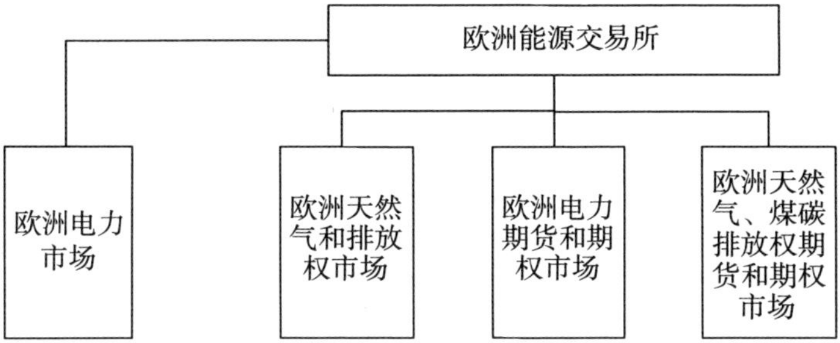

图 6－2　欧洲电力市场结构

资料来源:欧洲能源交易所官网。

2001 年 11 月,法国成立了 Powernext 电力市场。该市场现有注册成员 32 个,包括发电商、供电商、具备资质的用户、批发商等。他们以无记名的形式在该市场中进行隔日交易。目前市场日平均交易总量约为 1700 万千瓦时。2004 年 6 月,法国能源交易所推出电力期货。2006 年 11 月,荷兰、法国和比利时共同推出三方联合的电力市场,即阿姆斯特丹电力交易所(Amsterdam Power Exchange,APEX)、法国能源交易所和比利时电力交易所三家电力交易所。2014 年 10 月,法国能源交易所被欧洲能源交易所收购。

欧洲能源交易所的电力金融衍生品市场中主要有 Phelix Futures,French Futures,Phelix Options。其中,Phelix Futures 是欧洲能源交易所市场上交易量最大的电力期货种类。Phelix Futures 是欧盟最早的衍生产品。Phelix Futures 在 2007 年的交易量达到近 1000 亿千瓦时。

1996 年 10 月,挪威和瑞典决定建立一个电力联合运营中心北欧电力市场,并同时引入电力期货交易,成为第一个跨国界交易的电力市场。随后,芬兰和丹麦分别于 1998 年和 1999 年加入北欧电力市场,北欧电力市场由此形成。1995 年,北欧电力市场的前身挪威电力市场开始交易电力期货合约，瑞典于1996年开始进行电力期货交易；芬兰、丹麦也相继开展期货交易。北欧电力市场可分为两个相对独立的市场：电力现货市场（Elspot）和电力金融市场（Eltermin）。① 其中，前者是一个日前现货市场，有近200家发电商和主要消费者在现货市场从事现货交易。② 而金融市场有期货合约（futures contract）和远期合约（forward contract）两种合约类型。在期货合约交易过程中，最初的电力期货交易均采用物理交割的方式。据统计，北欧现货交易市场成交额只占年售电量的30%左右，其余均为期货交易。

（二）主要特征

电力现货与电力期货一体化的交易所模式呈现以下显著特点：

一是现货市场与期货市场联系紧密，能够满足多种交易者的需求。这种模式的电力交易所同时包括现货交易与期货交易，甚至还包含远期合约交易。从电力市场交易的供需角度而言，市场中既有电力供应者，也有电力消费者，它可以完全满足两种交易者身份的无障碍转化。为了对冲未来电力需求供应和价格风险，交易者可通过期货合约进行套期保值。另外，届临交割日时，如果电力实际需求有变化，还可以通过清算交割方式的选择，如现金交割或者实物交割来调整实际输配电量等，满足交易者的不同需求。

二是清算交割方式多样化。现货与期货交易并存的电力交易

---

① See Roald Maudal, et al., *Term Structure of Futures Prices in the Nordic Power Market*, NTNU, Norvegian University of Science and Technologie, 2003, p. 47 – 58.

② See Audun Botterud, et al., *The Relationship Between Spot and Futures Prices in the Nord Pool Electricity Market*, Energy Economics 32, 967 – 978 (2010).

所一般是从现货交易发展到期货交易，其清算交割系统也是兼具实物交割与现金结算，具体交割方式可以随交易者需求而自由选择。

三是现货价格与期货价格紧密关联。期货价格能够反映未来一定时间内商品的价格走势，帮助交易者进行分析决策。而期货价格会将现货价格作为参考，两者在波动上具有关联性，期货价格可以立足于现货价格的数据基础，其反映更为真实。

四是构建较为复杂，交易成本较高。从电力现货与电力期货一体化交易所形成过程来看，这种电力期货交易所模式从建立到成熟，需要一个较为长期的过程。例如，欧洲能源交易所从 2002 年建立直至今日，其仍在不断地完善中。同时，要实现期货交易与现货交易的无障碍连接，需要具备复杂的交易系统作为保障与支撑。同时，交易所对包括工作人员、交易者和监管者在内的从业人员素质要求较高，在一个复杂的、复合型电力交易所中，需要大量的具有电力与期货交易专业能力兼备的复合型人才。①

五是市场流动性不足。相较综合性电力期货交易所而言，电力现货与电力期货一体化交易所的交易者多为套期保值者，投机者数量相对缺乏，致使市场流动性不足。

三、能源期货交易所模式

目前全球能源交易所中，仅有国际石油交易所进行电力期货交易，该交易所于 2001 年被洲际交易所（Intercontinental Exchange，ICE）收购。本部分将以洲际交易所为例对国际上能源期货交易所

① See Roald Maudal, et al., *Term Structure of Futures Prices in the Nordic Power Market*, NTNU, Norvegian University of Science and Technologie, 2003, p. 47 – 58.

模式进行探究,以期见微知著。

(一)基本情况

洲际交易所于2000年成立,其前身是1997年建立的洲际电力交易所(Continental Power Exchange, CPE),其目的是发展一个透明高效的能源场外交易市场(Over the Counter, OTC)交易平台。洲际交易所自成立之初,就一直致力于能源场外交易所市场的领先地位,2001年6月,为了扩展能源期货和清算业务,洲际交易所收购了成立于1980年的伦敦国际石油交易所(International Petroleum Exchange, IPE),将其纳为全资子公司并改名为洲际交易所欧洲期货交易所,从而获得了伦敦国际石油交易所布伦特原油和柴油产品等特色合约,掌握了国际市场原油的定价基准。2007年3月27日,洲际交易所与天然气交易所股份有限公司(Natural Gas Exchange, Inc., NGX)又达成协议,组成北美天然气市场和加拿大电力市场的技术和清算联盟。协议规定,双方运营的北美现货天然气和加拿大电力清算与双边市场在洲际交易所的电子交易平台上交易,而商品的实物结算设施由天然气交易所股份有限公司提供。洲际交易所不仅从中获得了这些产品的部分交易费用收入,同时也获得了基准天然气交易所股份有限公司天然气指数的独占许可发放权。2007年7月,洲际交易所收购了全球化学制品电子交易所(Chem Connect Inc.)的交易业务资产,其在天然气和化工产品电子交易市场的领先地位进一步巩固了洲际交易所在美国天然气和电力市场的主导权。2013年3月,洲际交易所又联合收购了Endex交易所并控股79.12%,天然气现货和衍生品以及电力衍生品的重要市场地位得以巩固,洲际交易所向欧洲大陆天然气和电力衍生品交易中心的目标又迈进了一大步。

洲际交易所不仅是全球领先的受监管市场,还是全球知名的清算所运营商，业务涉及期货交易所、场外交易市场、衍生品清算以及与其相关的服务等。总部设在美国亚特兰大的洲际交易所，并在纽约、伦敦、芝加哥、休斯顿、温尼伯、卡尔加里、华盛顿、阿姆斯特丹和新加坡等9个城市设有公司，交易范围遍及数十个国家。

目前，洲际交易所分别拥有4家受监管的期货交易所和场外交易市场，以及5家位于欧洲和北美的清算所。4家期货交易所主要包括：洲际交易所美国期货交易所、洲际交易所欧洲期货交易所、洲际交易所加拿大期货交易所以及欧洲大陆能源交易所（ICE Endex）。其中，受监管的能源期货市场通过洲际交易所欧洲期货交易所、洲际交易所美国期货交易所和洲际交易所欧洲大陆能源交易所进行管理；受监管的美国农产品和金融期货市场通过洲际交易所美国期货交易所进行管理；受监管的加拿大农产品期货市场通过洲际交易所加拿大期货交易所进行管理。①

（二）主要特征

从洲际交易所业务范围、交易内容、交易方式等方面可以看出，该期货交易所有别于其他交易所的显著特点是：

一是产品和服务多元。洲际交易所的产品和服务主要分为三大版块，即场内期货和期权产品、场外产品和与其相关的市场数据和服务。其中，场内期货和期权产品分布在洲际交易所的4家期货交易所，约有952种期货合约和140种期权合约；加拿大期货交易所主要以加拿大谷物农产品为主，欧洲期货交易所主要以能源为主，美国期货交易所的产品种类相对较多，涉及农产品、能源、金

① 参见刘晓雪、侯薇薇：《异军突起的ICE：并购发展历程及其启示》，载《中国期货》2013年第6期。

融和环境等方面。此外，在洲际交易所欧洲期货交易所还上市了19种原油期货价差合约。场外交易则主要集中在能源、信用违约掉期、环境排放和巴西电力等四种产品，主要分为清算场外交易市场合约和双边场外交易市场合约。由此可见，无论从交易品种、交易范围、交易模式来看，该交易所已经成为复合型的交易所，在该交易所中，既有能源交易，又兼具其他品种的交易；既包括现货交易，又包含期货交易。

二是能源产品优势明显。一直以来，能源衍生品都是洲际交易所的优势产品，在其全球产品组合中占据了62%，涉及原油和成品油、天然气、电力、煤炭和排污权等。在场内市场上，洲际交易所是世界第二大能源期货交易所，世界原油和成品油期货有一半在洲际交易所欧洲期货交易所的市场中交易，在该交易所交易的原油期货合约是世界范围内现货石油定价的基准依据。此外，洲际交易所欧洲期货交易所还是欧洲主要的二氧化碳排放衍生品合约市场，洲际交易所美国期货交易所上市的北美天然气和电力合约、洲际交易所欧洲期货交易所和欧洲大陆能源交易所上市的欧洲天然气和电力合约均是洲际交易所的主力能源合约。

三是高度重视结算环节，场外结算场内化有序推进。根据各国监管的模式不同，实行差异化清算服务。洲际交易所在市场快速扩张的同时，十分注意结算环节的跟进，实行不同地域、产品的结算分离，并考虑国家监管制度上的差异化要求，提高结算环节的专业化和差异化服务，提高结算效率，以促进市场的流动性。

四是交易所的全球化。无论从交易所的地理位置、还是交易所内交易的品种、参与者、时段、交易结算，洲际交易所均具有全球性的交易所集团性质。

五是能够较为准确地发现电力商品的价格。在该交易模式中,利用能源价格间的相互影响,有利于发现真实的电力商品价格。由于不同品种能源的价格之间有密切影响(例如,在天然气发电模式下,天然气位于电力生产上游段,其价格上升必将带动可预测电价会随之上升),分析能源期货交易所的每日各类能源的交易数据,可以更准确预测电力价格,因而,该交易模式有关电力商品价格更为准确。此外,该交易所定价基础具有全球性。可以预见,随着该交易所的不断发展,电力交易全球化以后,该交易所内形成的电力商品价格可能成为全球电力商品价格的基准价格。

四、中国模式设计

通过对全球的电力期货交易所模式的比较分析可以看出,各国采用何种模式,是根据自身的国情、历史传统、价值取向等综合因素形成的。借鉴国外做法,并结合具体国情,中国宜采用电力现货与电力期货一体化交易所模式,主要基于以下原因:

一是符合世界大多数国家的做法。现有资料显示,目前 15 个国家开展了电力期货交易,设置了 17 家电力期货交易所,在这 17 家交易所中,实行电力期货与电力现货一体化交易所模式的为 11 家,占比达 64. 7% 。

二是电力现货与电力期货一体化交易所模式更有利于在电力现货市场与电力期货之间实现良性互动。如前所述,电力现货与电力期货一体化交易所模式,市场参与者中套期保值者与投机者同时并存,有利于通过期货交易发现真实的电力期货交易价格,更有利于实现电力期货交易与电力现货交易的无缝对接。在这种模式下,这些交易所的主要功能与职责是为电力交易提供一个参考价格,保证电网运行的安全稳定,类似于目前国家电网交易中心的作用,最终的期货交易由买卖双方各自完成。① 正是基于此,电力期货与电力现货一体化交易模式成为世界大多数实行电力期货交易国家的首选模式。

三是电力现货与电力期货一体化交易所模式更符合中国国情。2002 年中国启动电力市场化改革以来,在中国东北启动了区域电力市场建设的试点,随着国家电监会先后发布了《关于建立华东区域电力市场的意见》《关于建立南方区域电力市场的意见》等相关文件,相继启动了华东、华中、南方电力市场的建设和运行工作。2015 年 3 月,中共中央、国务院印发了《关于进一步深化电力体制改革的若干意见》,要求组建和规范电力交易机构,开展电力现货交易,因此,在电力现货市场的基础上稳定开展电力期货交易,能够实现有序衔接。与此同时,中国期货市场虽有一定程度的发展但并不完善,现有期货交易场所不多,交易规模也较小,交易额度不大,不具有如美国期货业市场发达的条件,因而也不具备采用综合性电力期货交易所的先天条件。

当然,强调中国未来电力期货交易模式的选择,宜采用电力现货与电力期货一体化的交易模式,并不否认综合性电力期货交易所模式和能源期货交易模式的优点,相反,中国在发展电力现货与电力期货一体化交易模式中,应充分吸引上述两种模式的优点,更加注重培育市场参与者、更加注重期货品种的多元性、更加注重交易的简约性,从而推动中国电力期货交易健康、有序发展。

① See R. Bjorgan, et al., *Financial Risk Management in a Competitive Electricity Market*, IEEE Transactions on Power Systems 4, 1285 – 1291 (1999).

第二节　电力期货市场主体

电力期货市场主体有广义与狭义之分。广义的电力期货市场主体包括直接参与电力期货交易的主体、为电力期货交易提供服务的主体、电力期货市场监管主体等。狭义的电力期货市场主体仅指直接参与电力期货交易的主体。本文所指的电力期货市场主体，主要从狭义角度进行界定。与其他期货市场一样，根据参与电力期货市场交易的动机和目的不同，可以将电力期货市场主体分为两种类型：一类为套期保值者，另一类为投机者。

一、套期保值者

电力期货市场的套期保值者，是指利用电力期货交易规避电力价格风险而参与电力期货交易的主体，这些市场主体会根据自身的电力现货供需情况，适时买进或卖出一定数量的电力期货合约，用电力期货市场来抵消因电力现货市场价格变化造成的市场亏损，从而达到规避自身价格风险的目的。

各国基于自身的国情及市场化改革的路径等不同，参与电力期货市场的套期保值者也各不相同。本节分别以澳大利亚、北欧、美国为例，管窥全球电力期货市场套期保值者的一般规律。

（一）全球电力期货市场的套期保值者概览

1. 澳大利亚电力期货市场

澳大利亚电力期货市场的套期保值者是从电力市场改革化中逐步演变而来。澳大利亚电力市场化改革方案设计为：在原有垂直一体化电力公司基础上，通过重组、拆分原有电力公司，以及放开准入限制等方式塑造多元化市场主体。伴随电力期货市场的出现,这些电力市场主体逐步成为澳大利亚电力期货市场的套期保值者,主要包括发电公司、输配电网公司、售电公司、用户等。具体言之:

第一类主体是发电公司。发电公司主要负责发电并出售电力,澳大利亚电力市场的发电公司包括私有发电公司和政府所有的发电公司。① 按照澳大利亚《国家电力法案》(National Electrial Act,NEA)规定,所有发电企业需要在国家电力市场管理公司(National Electricity Maket Managcment Company,NEMMCO)注册,按照国家电力管理有限公司的调度安排发电,但单站总装机容量在30兆瓦以下的电站则不属于这个范围。②

第二类主体是输配电网公司。这类主体依据国家电力法案的管制要求提供输配电网络服务,缴纳市场参与费,以确保电网安全运行和公平开放。目前,澳大利亚各州均建立了一家独立的输电公司,而配电公司的数量则较电力市场化改革之前大幅减少。新南威尔士州现在只有6家(原为25家),维多利亚州现有5家,昆士兰州为7家,南澳大利亚州有1家,首都地区有3家。③

第三类主体是售电公司和大用户。售电公司是发电公司与中小用户之间的媒介,售电公司主要是从国家电力市场的电力库中购买电力,然后销售给中小用户,并负责支付给发电公司、输电公司、配电公司相应费用。目前,澳大利亚的售电公司主要有三大

① See Luke Reedman, *Using a Real-Options Approach to Model Technology Adoption under Carbon Price Uncertainty: An Application to the Australian Electricity Generation Sector*, Economic Record 1,64-73 (2006).

② See Outhred Hugh, *Review of Electricity Industry Restructuring in Australia*, Electric Power Systems Research 1,15-25 (1998).

③ 参见刘顺达:《市场化改革中的澳、新电力供应工业》(上),载《电力技术经济》1999年第6期,第17~21页。

类:现有售电公司、有特定地区特许经营权的当地售电公司,以及针对特定阶层的用户提供差异产品的售电公司。① 大用户是指可直接参与国家电力市场交易,从电力库中购买所需要的电力,并支付相应费用的客户,澳大利亚各州对大用户的定义不完全相同,但均需年用电量达到一定的比例和规模。

第四类主体是中小终端用户。中小终端用户是电力的最终消费者,他们从售电公司或配电公司处购买电力,并支付相应的购电费。

上述主体在电力期货市场出现之前,直接参与电力现货市场交易,在电力期货市场形成之后,自然演变为电力期货市场的套期保值者,利用期货市场提前锁定电力价格,转移电力现货市场风险。

2. 北欧电力期货市场的套期保值者

北欧电力期货市场中套期保值者的形成历程较为复杂,与之形成过程紧密相关的是由挪威开始北欧电力市场化改革。1991 年 1 月,挪威正式实施《挪威能源法案》,由此拉开该国电力市场化改革序幕。其后,瑞典、芬兰、丹麦也逐步实施改革,先后建立起竞争性的电力市场。至 2000 年 10 月,包括这四国在内的北欧电力市场建成。北欧电力市场的基本结构特征可以概括为“两个分开”,即非竞争性市场与竞争性市场分开、零售市场与批发市场分开。其中,非竞争性市场主要包括电力的输送、分配、电网管理这些具有自然垄断属性的部分;电力的生产和销售则是完全开放的竞争性

① See D. Gavin, *Review of the Effectiveness of Retail Competition and Consumer Safety Net in Gas and Electricity*, St Vincent de Paul Society Victoria Inc., 2007, p. 57 – 65.

市场,北欧电力期货市场的套期保值者等市场主体也产生于这一改革进程中,主要有发电商、零售商和用户。①

第一类是发电商,即并网发电的电厂。其中,部分发电商属于电网公司的分支机构,有的发电商同时还拥有中低压输配电网络(如芬兰的赫尔辛基电力公司、瑞典的博卡电力公司)。而不具备输电网络的发电商需要与用户签订电力销售合同,与电网公司订立输配电网络服务合同并支付服务费。这类电力公司中,本世纪初芬兰有32家、瑞典有60家、挪威有158家、丹麦有17家。②

第二类是零售商,其向最终用户销售电力。北欧电力零售市场目前已经向全部的电力用户开放,如芬兰约有70家零售商,他们之中绝大部分为私有公司。

第三类是用户。在北欧,大工商业用户基本上是与批发商协商签订电力买卖合同;而中小居民用户,基本上与零售商协商签订电力买卖合同,③这些居民用户既可以向本地的电力零售商买电,也可以向其他地区的电力零售商买电。

北欧电力市场仅在发电环节和零售环节开放竞争,然而输配电网环节依然处于垄断经营阶段。因此,北欧的电力期货市场中,套期保值者相比于发输配售领域全面放开的电力市场要少。

3. 美国电力期货市场的套期保值者

从1992年《能源政策法案》(Energy Policy Act, EPA)通过

---

① See K. Rademaekers, et al., *Review and Analysis of EU Wholesale Energy Markets*, *ECORYS Netherlands*, EU DG TREN Final Report, 2008, p. 89 – 95.

② 参见云电集团农电系统考察团:《北欧电力交易市场与电力市场运行》,载《云南电业》2004年第8期,第16~20页。

③ See Nils-Henrik M. von der Fehr, Petter Vegard Hansen, *Electricity Retailing in Norway* (*February* 20, 2009), available at http://dx.doi.org/10.2139/ssrn.1346908.

起，到后来联邦能源管理委员会陆续颁布的第 888 号、第 889 号和第 2000 号行政命令，美国电力体制改革至今一直在逐步推进中，其核心在于放松电力管制，打破单一垄断格局，引入市场竞争机制。从 1996 年引入电力期货交易到如今的美国电力期货市场，套期保值者中的发电商、输电商数量日益增多，市场主体日益多元化。

第一类是发电商。为造就更多的发电商，美国法令取消发电领域的投资限制性规定，除传统的公用性电力企业以外，其他任何资本可以自由进入发电领域。得益于此政策，独立发电商大幅度增加，且规模相对分散，如在美国数百家发电商之中，最大的发电商所控制的装机容量仅占该国总装机容量的 4%，而且整个美国排名前 20 名的最大发电公司拥有的装机容量仅占全美总量的 45% 左右。①

第二类是输电商。该国输电商较为分散，据统计，该国大大小小的输电商约有 500 家之多。这些输电商之中，公共事业性质的电力公司持有比例约为 2/3；其余的输电商的持有者主要包括联邦政府所属机构、农村的电力合作社，还有小部分由营利性电网经营公司持有。

第三类是配电商。目前，美国各州配电商数量不一，有的数量比较多，例如，加利福尼亚州就有 25 家配电公司，明尼苏达州有 20 家，华盛顿有 30 家，而像阿肯色州、科罗拉多州、夏威夷州等地则分别只有 1 家配电公司。

---

① See Sufang Zhang, Yongxiu He, *Analysis on the Development and Policy of Solar PV Power in China*, Renewable and Sustainable Energy Reviews 21, 393 – 401 (2013).

第四类是批发商。整体而言,美国的电力市场为区域性电力市场,全国没有建立统一的电力市场,与此相适应,该国的电力批发商也呈区域性分布的特点。如该国区域范围内的加州电力市场和宾夕法尼亚—新泽西—马里兰联合电力市场等区域电力市场市场化程度较高,因而这些区域的批发商数量较多,交易较为活跃;而在美国东南、西北和西南电力市场的市场化程度较低,竞争程度不高,这些区域批发商数量相对较少,交易也不活跃。

第五类是零售商。美国在电力市场化改革进程中,零售市场是逐步放开的,零售商伴随零售市场的逐步放开而出现并增多。美国传统的配电商承担着保底供电服务的义务,默许特定区域的配电商对该区域内的所有用户承担普遍服务义务,并按政府规定的电价标准向用户收取电费。此时,有意向从事零售业务的投资者会比照该电价标准评估该领域能否获利,用户也比照该电价标准决定是否转向零售商购电。由此,美国平稳有序地推进了零售市场的开放,零售商也平稳有序地发展壮大。

第六类是用户。美国赋予用户自由选择权,大型工商业用户既可以直接参与批发市场交易,也可选择零售市场进行交易;中小用户,既可以选择维持现状(向原有的配电商直接购买电力,并执行政府定价),也可向零售商购买电力,参与市场交易。从实际情况来看,该国主要电力用户仍选择了"维持现状",由原有的电力公司提供产品和服务,以加利福尼亚州为例,该州 3/4 的人口电力供应仍由公用事业性质的南加州爱迪逊公司和太平洋天然气和电力公司提供;仅有 1/4 人口的电力销售由 24 家电力服务供应商提供。在美国的电力市场化改革过程中,仅有大约 2% 的居民和 32% 的企业改换了电力供应商。①

（二）全球电力期货市场套期保值者的基本规律

1. 电力期货市场套期保值者与电力市场化改革密切相关

从上述有代表性国家和地区电力期货市场套期保值者的基本情况可以看出，电力期货市场的套期保值者基本上是由传统的垂直一体化的垄断经营主体逐步向电力市场主体演变而来的。

纵观澳大利亚、北欧及美国电力期货市场的套期保值者，他们主要是由电力市场化改革过程中形成的市场主体组成。例如，美国，从1992年《能源政策法案》通过起，一直坚持放松电力管制、打破单一垄断格局的思路。改革的主要方式是打破发、输、配、售一体化垄断模式，重组垄断性电力公司，将发电、输电、配电、售电各环节分离，分离出的公司作为独立主体参与电力市场，这也就成为后来电力期货市场的主要套期保值者。

1991年5月，澳大利亚工作委员会提交了《电量的生产和分配》的报告，该报告旨在于通过引入竞争机制，以实现电力工业能够更好地满足用户的需求和改善用户的福祉，提升本国经济实力。为实现这一主旨，该国首先将传统的电力行业改组成独立的发电、输电、配电和零售环节，并使各环节均处于竞争性电力市场中，使市场竞争机制充分发挥作用。基于电力市场化改革，澳大利亚形成了多元化的市场主体，这些主体成为后来的电力期货市场的主要套期保值者。

2. 全球电力期货市场套期保值者具有共通性

从上述几个国家和地区的情况看，电力市场化改革基本上将

① 参见[美]威廉姆·L. 马赛：《市场化与管制——加州危机之后的美国电力改革》，载《中国电力企业管理》2002年第3期，第22～24页。

电力市场主体区分为两类：一类为电力生产和销售主体等竞争性经营主体；另一类为输电和配电等垄断性经营主体，这两类主体均可以参与电力期货市场的套期保值，但电力期货市场的套期保值是以电力竞争性经营主体为主导。

二、投机者

电力期货市场中，投机者不以电力供需为交易目的，仅是利用电力期货市场的价格波动，高卖低买或低买高卖，从中赚取价格差额、获取利益的市场参与者。

电力期货市场的投机者起着举足轻重的作用，他们承担着电力期货市场中套期保值、规避风险的角色，如果没有投机者，电力期货市场将缺乏流动性，这将导致电力期货市场将不复存在。因此，电力期货投机者直接决定了电力期货市场的流动性，也直接决定了电力期货市场的存与废。所谓期货市场的流动性，是指市场参与者以合理价格迅速进行一定数量的期货合约交易的能力。① 下文将结合流动性指标，考察电力期货市场的投机者。

（一）全球电力期货市场投机者概览

1. 澳大利亚电力期货市场的投机者

已有学者实证研究分析指出，澳大利亚电力远期合约市场缺乏流动性（这也是澳大利亚引入电力期货的原因之一），即缺乏一定数量的投机者，导致套期保值者的风险无法真正转移，这直接表

① See Maureen O'Hara, *Presidential Address: Liquidity and Price Discovery*, The Journal of Finance 58, 1335 – 1354 (2003).

现为交易量并不充足。① 自2005年以来,澳大利亚电力期货市场交易数量有了新的突破,有更多的投机者进入到电力期货市场,②最主要原因是风险溢价对投机者的吸引。如图6－3所示,从2004～2013年澳大利亚证券交易所每年电力期货合约统计的流转额可以发现,2005～2007年流转额有快速增长,2013年的期货流转额是此前3倍之多。③ 如果说市场是制度的试金石,这就说明澳大利亚引入电力期货后成效极为明显,其中重要原因就是电力期货可以在州与州、国与国之间都可以进行交易,不限于区域间的交易。当然,这种大范围的交易也与国家电力市场的目标相一致,即推动长期高效的投资、加强零售市场的竞争与降低零售商成本。而这种较大范围的交易作用是显而易见的:促进期货合约的流动性;形成有利于电力消费者的合理电价;有利于期货市场基本功能的实现,即发现价格与实现套期保值。不仅如此,澳大利亚引入电力期货后,电力金融市场比较活跃,流转额较大,市场参与度较高,这也一定程度上实现了促使市场透明度增强的初衷。④

---

① See Xinin Hu, Donald Winchester, *Forward Contracts in Electricity Markets: The Australian Experience*, Centre for Energy and Environmental Markets 5, 3089－3103 (2007).

② See Xinmin Hu, et al., *Empirical Observations of Bidding Patterns in Australia's National Electricity Market*, Energy Policy 36, 2075－2086 (2005).

③ 参见唐敏等:《澳大利亚电力期货市场的形成与发展》,载《财经科学》2015年第4期,第22～33页。

④ See Andrew C. Worthington, Helen Higgs, *The Relationship between Energy Spot and Futures Prices: Evidence from the Australian Electricity Market*, ICFAI Journal of Applied Economics 4, 65－82 (2004).

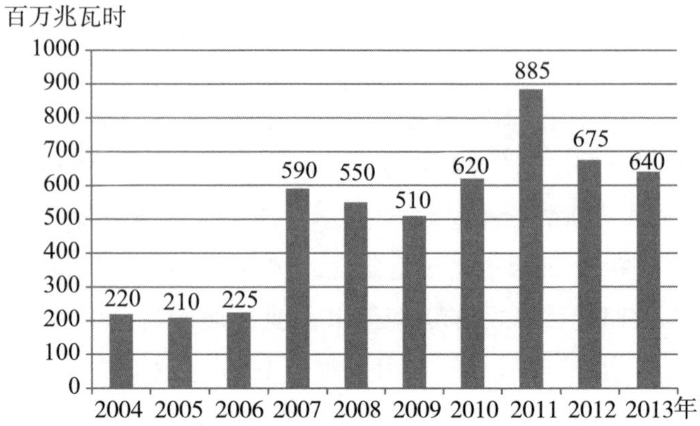

图 6－3　2003～2013 年澳大利亚证券交易所

电力期货合约年流转额

资料来源：D-cyphaTrade。

2. 北欧电力期货市场的投机者

根据 Bessembinder 和 Lemmon 对于北欧电力期货市场定价模型的研究发现，北欧电力期货有非零和的溢价，这充分激励了投机者参与其中，①因为这意味着投机者渴望从与套期保值者交易中获得利益。Janne 还继续研究投机者的存在是否有利于减小风险溢价。通过使用一般均衡模型，他发现北欧电力期货市场 1998～1999 年的风险溢价是正向的，但在 2000～2002 年，由于投机者的剧增，风险溢价变得很低，由此他认为投机者的增多会导致风险溢价的降低。② 从图 6－4 可以看出，在 2002 年，投机者的数量达到最值，流转额也最大，原因是北欧这一年干旱引发电价飙升，套期保值者相应增多，

① See Hendrik Bessembinder, Michael L. Lemmon, *Equilibrium Pricing and Optimal Hedging in Electricity Forward Markets*, The Journal of Finance 3, 1347－1382 (2000).

② See Janne Peljo, *Futures Pricing in the Nordic Electricity Market*, Aalto University School of Business, 2013, p. 1－99.

投机者也大量进场。2008 年也达到相对较高的数量。除此以外的其他年份,特别是 2009 年以来,电力期货的流转额则较为平稳,投机者较为适中,期货市场运转良好。

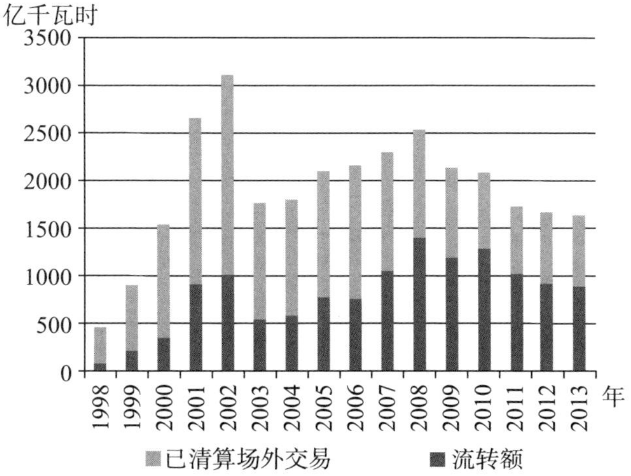

图 6－4　北欧电力期货(期权)市场电力期货合约年流转额对比

资料来源:Nasdaq OMX。

3. 美国电力期货市场的投机者

与美国电力市场化改革相适应,以竞价为基础的现货市场与期货市场出现以来,伴随市场的不断发展演变,以投机为目的的交易主体越来越多,交易方式日益复杂、交易手段日益多元,交易活动频繁活跃。以安然公司为例,该公司为适应电力交易需要,推出了安然在线交易平台,每日电力交易量最多时高达 5000 多笔,合约交易量超过 10 亿美元。当然,加利福尼亚州率先推行是高竞争强度的短期即时电力市场,这种短期即时市场的波动性为投机者提供了温床。在缺乏长期合同约束的情况下,发生了安然公司等投机者操纵市场加剧电力危机的局面。①

正是因为加利福尼亚州电力危机，美国政府认识到电力市场并非完美无缺，需要对其进行干预和改革。2002 年，加利福尼亚州启动了称之为“市场全面设计计划”的市场改革方案；2005 年，美国国会颁布了《能源政策法》(Energy Policy Act, EPA)，该法案要求美国能源管理委员会发挥更多的作用，对市场实施必要的干预，对投机者的行为实行必要的监管和处罚。通过一系列强有力的干预措施，美国电力期货市场的过度投机行为得到有效抑制。以 2015 年 2 月 1 日至 3 月 31 日已清算的投标量为例，在此期间的加利福尼亚电力市场的电力实际需求量与实际供应量曲线较为均衡且变动趋势基本一致，这其中反映了电力期货市场运行较为平稳。这一平稳状况得益于加利福尼亚州电力市场上套期保值者与投机者的数量适中，市场整体流动性较好。(见图 6-5)

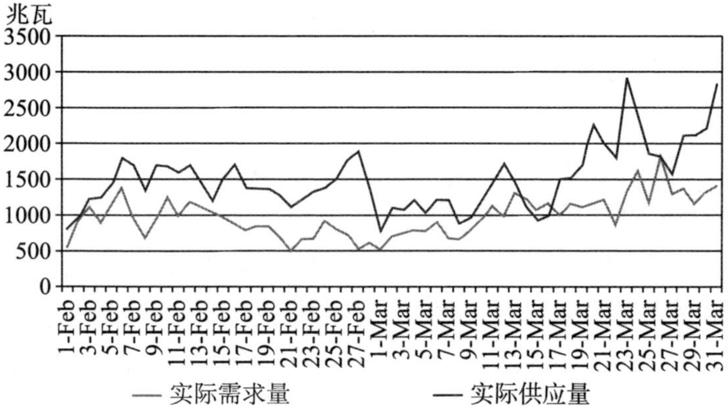

图 6-5　加利福尼亚电力市场已清算投标量对比

资料来源：California ISO. From：http://www.caiso.com/Pages/documentsbygroup.aspx?GroupID=A9180EE4-8972-4F3B-9CB8-21D0809B645E。

① 参见尹海涛：《美国电力市场改革的启示》，载《南风窗》2013 年第 23 期，第 42～44 页。

（二）全球电力期货市场投机者的基本规律

1. 风险溢价是吸引投机者加入市场的最主要动因。许多学者根据模型分析发现，正是存在正的风险溢价才吸引了投机者的参与，而且正向风险溢价越高，吸引投机者的意愿越强。①

2. 投机者的市场参与有利于电力期货市场流动性的提高。投机者受逐利趋使，会不断地频繁交易，通过频繁交易使自身利益最大化。如此一来，便增加了电力期货市场的期货合约交易量，提高了市场活跃度，减缓了价格的剧烈波动。同时，投机者的加入，增加了市场流动性，使电力期货市场得以正常运转。

3. 适度的投机者是电力期货市场运转的基础。总结上述 3 个电力期货市场运行经验可以看出，投机者数量过多和过度投机，将使期货市场陷入崩溃，如 2000 年时的美国加利福尼亚州电力期货市场；反之，适量的投机者不仅有利于提高市场流动性，而且有效促进电力市场平稳、有序运转，价格不会出现大起大落的剧烈波动，澳大利亚的电力期货市场、北欧的电力期货市场以及近年来的加利福尼亚州电力期货市场均反映了这一点。

三、中国方案设计

（一）中国电力期货市场套期保值者的构建

梳理全球电力期货市场套期保值者的情况可知，电力期货的套期保值者源于电力市场化改革，因此，中国未来的电力期货市场套期保值者也将因电力市场化改革而逐步形成。2015 年 3 月，中

① See Victor L. Bernard, Jacob K. Thomas, *Post-Earnings-Announcement Drift: Delayed Price Response or Risk Premium?*, Journal of Accounting Research 27, 1 – 36 (1989).

共中央、国务院印发的《关于进一步深化电力体制改革的若干意见》规划了中国未来电力市场化改革的路线图,因此,中国电力期货市场的套期保值者也将在这份文件框架逐步展开。

一是坚持“放开两头、监管中间”的思路。中国电力期货市场的套期保值者区分为竞争性主体和垄断性主体,即在发电领域和售电领域,打造多元化的市场竞争主体;而在输配电网领域实行垄断经营。

二是在发电环节形成多元化有效竞争性主体。2002 年,中国实行厂网分开,将发电企业与电网企业分离,组建了多层面、多种所有制、多区域的发电企业。但是,中国的国有发电企业无论是在规模上还是在装机容量上占比均较大,以中国排名前五位的发电集团为例,①五大发电集团的发电市场份额在 2007 年占比达到了 42%,且保持不断增长的趋势。② 如此大的市场价额容易形成市场力,不利于发电市场的充分有效竞争。为此,中国有必要对规模过大的发电集团进一步拆分,着力培育独立发电企业,壮大独立发电企业的规模。同时,借鉴世界其他国家的做法,对发电企业进入期货市场实行准入限制,即须达到相应条件,经发电企业和售电企业自愿申请方可进入期货市场实行交易。

三是在售电环节培育多元化的竞争主体。目前,中国售电市场主体的培育刚刚起步,宜采取多种方式,大力培育售电主体,包括继续加大大用户直购电范围,允许大用户直接进入期货市场,参与期货市场套期保值;允许拥有分布式电源的用户或微网用户参

① 五大发电集团是指:中国华能集团公司、中国大唐发电集团公司、中国华电集团公司、中国国电集团公司和中国电力投资集团公司。

② 参见唐敏:《电力行业竞争法律机制研究》,法律出版社 2013 年版,第 66 页。

与电力期货交易，鼓励各类资本、各种所有制经济创办售电公司，并参与期货市场交易。

四是在输配电网环节鼓励电网企业参与期货交易，实行套期保值。电力市场化改革以后，电网企业承担着保底供电商义务，需要参与购售电交易活动。为转移购售电交易活动的交易风险，电网企业需要进入期货市场，规避和转移相关风险，因此，电网企业有必要进入期货市场，成为期货市场的套期保值者。

（二）积极培育电力期货市场的投机者

之所以要大力培育投机者，这是因为投机者在电力期货交易中起着至关重要的作用，主要表现在：

一是电力期货套期保值功能实现得益于适度的投机者。电力期货的套期保值交易能够为发电商、售电商、用户等主体规避风险，但此种风险必须有相应的风险承担者，电力期货投机者正好扮演了这样一个角色。综观全球电力期货市场的运作，一个期货市场中如果只存在套期保值者，那么，这些套期保值者无法达到规避和转移风险的目的。引入投机者还能弥补这种不平衡，从而实现期货的套期保值功能。投机者之所以参与市场，主要出于盈利目的的考虑，他们会依据自己对价格作出的判断，频繁地在电力期货市场上进行交易，希望在电力价格的波动中获得收益。① 另外，投机者的参与，也为套期保值者提供了更多的交易机会，从而扩大了市场交易者的数量，套期保值者由此能够较容易找到交易对方，由

---

① See Stephen J. Taylor, *Rewards Available to Currency Futures Speculators: Compensation for Risk or Evidence of Inefficient Pricing?*, Economic Record 68, 105 – 116 (1992).

此可以提高市场的流动性。[①] 如果市场上没有足够的投机者，意味着套期保值者缺乏充足的交易对手，风险转移不能得到有效转移，期货市场的套期保值难以实现。

二是适度的投机交易能增强市场流动性，保障电力期货市场价格发现功能的实现。期货的价格发现功能需要在市场流动性较强的前提下才有可能实现。而投机成分的多少决定了电力期货市场流动性的强弱。如果只有套期保值者，即使集中了大量的交易信息，也缺乏合适的交易对手进行交易。在这种情况下，少量的成交量可能就会对电价产生巨大的影响。同时，当期货交易缺乏流动性时，电价可能会被扭曲。而投机者的加入可以活跃期货市场，他们为了获得利益会频繁地进行交易，同时也会收集尽可能多的与价格有关的信息，由此，整个期货市场的信息就会越来越充分，最终形成的电价也就更合理。

三是适度的电力期货投机可以减缓电价的剧烈波动。投机者在交易电力期货时，会想方设法地搜集信息对未来的电价作出预估，以获得利益。当电力期货市场供大于求时，电价低于电力市场的均衡价格，投机者会低价购买期货合约，导致需求增加，最后导致电力期货价格上升，供给与需求得以平衡；反之，当需求大于供给时，电价会高于电力市场的均衡价格，投机者以高价卖出期货合约，导致供给增加，最后导致电力期货价格下降，供给与需求得以平衡。由此可见，电力期货投机者的参与，大大抑制了电价的剧烈

① See Kenneth Yung, Yen-Chih Liu, *Implications of Futures Trading Volume: Hedgers Versus Speculators*, Journal of Asset Management 10, 318 – 337 (2009).

波动。①

(三)积极防范期货市场主体的市场操纵行为

期货市场有序高效运转的前提是市场中没有明显的市场操纵行为。无论是套期保值者还是投机者,一旦在电力期货市场存在操纵行为,将会扭曲电力期货交易机制,破坏交易秩序,使期货市场的价格发现机制失效。因此,在电力期货市场主体构造中,应充分关注期货市场主体的操纵行为,并在主体构造环节予以消除。例如,对各类主体进入期货市场实行准入限制,允许符合条件的市场主体参与期货交易;对超过一定规模且具有市场控制力的发电企业和售电企业进行拆分;对于输、配电网主体参与期货交易的数量进行限制等。②

第三节　电力期货合约设计

电力期货合约,是指电力期货市场主体以特定价格在市场进行交易,在将来某一特定时间完成交割的电力商品合约,它是电力期货市场交易的客体和对象。电力期货交易,实质是电力期货合约的买卖,最主要的内容包括交易价格、交易单位、最大最小波动、交易时间、交割条款。本部分在比较世界主要电力期货合约设计的基础上,提出中国电力期货合约设计的初步设想。

① See Dwight R. Sanders, et al., *Hedgers, Funds, and Small Speculators in the Energy Futures Markets: An Analysis of the CFTCs Commitments of Traders reports*, Energy Economics 3, 425 – 445 (1998).

② See Ahmad Faruqui, et al., *Analyzing California's Power Crisis*, The Energy Journal 4, 29 – 52 (2001).

一、全球概览

本部分将选取三个典型的期货市场的电力期货合约，并对合约内容的具体设计予以解构。

(一)美国纽约期货交易所的电力期货合约

详情，如表6-1所示。

表6-1 纽约商品交易所电力期货合约细则

合约描述	谷荷合约	峰荷合约
交易单位	760兆瓦时/手	920兆瓦时/手
报价单位	美元	
最小变动单位	0.05美元/兆瓦时	
合约月份	N年至N+3年内48个月	
交易时间	周日19:00至周五14:30;每天14:30至15:15休市45分钟	
高峰时段	周一至周五上午7:00至23:00	
低谷时段	周一至周五的23:00至次日上午7:00,以及整个周六和周日以及北美电力协会的假日	
高峰日	周一至周五,不包括北美电力协会(NERC)的假期	
最后交易日	每月最后高峰日的前一个交易日	
交割数量	2.5兆瓦×16小时(高峰日高峰时段小时数)×高峰天数	
交割率	2.5兆瓦	
交割时间	交割月前一个月的最后交易日至任意交易日结束	
交割方式	现金交割为主,现货交割为辅	

资料来源：Contract Rules: Electricity Contract. From（表6）https://www.theice.com/publicdocs/contractregs/31_SECTION_W.pdf。

(二)伦敦石油交易所电力期货合约

详情如表 6－2 所示。

表 6－2　伦敦石油交易所电力期货合约细则

合约描述	峰荷合约	谷荷合约
交易单位	1 兆瓦时/手,12 兆瓦时/天	1 兆瓦时/手,24 兆瓦时/天
报价单位	英镑	
合约月份	月度合约:1～12 月 季度合约:当年四个季度加上次年前两个季度 季节(半年度)合约:连续四个半年合约 春季合约:当年 4 月第一个交易日至 9 月最后一个交易日 冬季合约:当年 10 月第一个交易日至次年 3 月最后一个交易日	
最小变动价位	1 便士/兆瓦时	
交易时间	EFA 时间上午 7:00 至 19:00	EFA①时间上午 8:00 至 17:00
最低交易数量	10 手	
最后交易日	交割月的第一个 EFA 公历日的前数第二个交易日	
交割方式	现金交割为主,现货交割为辅	
交割率	1 兆瓦	
交割时间	基于 EFA 公历,每个 EFA 公历日是从 23:00 至次日的 23:00	
	交割期的每个交易日的早 7:00 至 19:00,每半个小时进行一次	每个交易日结算时间中的每半个小时进行一次

资料来源:王子元:《电力期货:小荷才露尖尖角》,载《期货日报》2005 年 11 月 24 日。

①在 EFA 公历中,自 2001 年 12 月 31 日起,每年的 1 月、2 月、4 月、5 月、7 月、8 月、10 月和 11 月为 20 天,3 月、6 月、9 月、12 月为 25 天。

（三）澳大利亚证券交易所电力期货合约设计

详情如表6－3所示。

表6－3　澳大利亚证券交易所电力期货合约细则

合约描述	谷荷合约	峰荷合约
合约单位	1兆瓦时/手	
合约月份	Q1：1月1日至3月31日 Q2：4月1日至6月30日 Q3：7月1日至9月30日 Q4：10月1日至12月31日	
最小变动价位	0.05澳元/兆瓦时	
合约到期日	本季度最后一个交易日	
合约价值	合约单位×非高峰时段小时数	合约单位×高峰时段小时数
交易时间	除高峰时段时期的其他时间	周一至周五上午7：00至22：00
最后交易日	当季度最后一个交易日的16：00或交易所规定的其他时间	
交割方式	现金交割为主，现货交割为辅	
交易数量	现金交割的数量是根据澳大利亚结算中心用澳大利亚国家电力市场管理公司所采用的非高峰用电时段的现货价格的算术平均值	
交割日	到期日后的第三个交易日	

资料来源：http://www.sfe.com.au/content/bulletins/sfe/2004/sfe2004_058.pdf。

二、比较分析

通过对上述三家交易所的电力期货合约的比较分析，可以管窥全球电力期货合约设计的一般情况：

一是各交易所电力期货合约内容包括以下基本要素:交易单位(合约单位)、报价单位、最小变动价位、交易时间、合约月份、最后交易日、交割方式、交割时间。

二是各交易所期货合约内容不完全相同,除上述电力期货合约的基本要素以外,各交易所根据各自的情况,期货合约内容各异,如纽约商品交易所和伦敦石油交易所的电力期货合约内容设置了交割率、交割数量;而澳大利亚证券交易所没有设置该指标。

三是在交易单位方面,均将电力期货合约划分为谷荷合约和峰荷合约。之所以作出区分,是基于电力商品在谷荷时段和峰荷时段价值不同,深夜低谷期的电价和白天高峰期的电价是完全不同的,白天电价高,深夜电价则较低,且两者差异可能会很大。因此,电力期货市场应针对负荷高峰时段和低谷时段的特点,设计出与之相适应的期货合约。同时,各国合约设计大小各不相同,如纽约商品交易所电力期货合约中谷荷合约为 760 兆瓦时/手,峰荷合约为 920 兆瓦时/手;而伦敦石油交易所电力期货合约中的谷荷合约设计为 1 兆瓦时/手、24 兆瓦时/天,峰荷合约为 1 兆瓦时/手、12 兆瓦时/天;在澳大利亚证券交易所的电力期货合约中的谷荷合约和峰荷合约均设计为 1 兆瓦时/手。

四是最小变动价位方面,各交易所的大小各不相同,但变动金额均较小,如纽约商品交易所为 0. 05 美元/兆瓦时;澳大利亚证券交易所为 0. 05 澳元/兆瓦时;伦敦石油交易所为 1 便士/兆瓦时。

五是交易时间方面,纽约商品交易所与澳大利亚证券交易所的时间较为相似,高峰时段均为周一至周五上午 7:00 开始,不同的是前者至 23:00,后者至 22:00。英国峰荷合约从 EFA 时间上午 7:00 至 19:00,谷荷合约从 EFA 时间上午 8:00 至 17:00。

六是合约月份方面,各交易所合约月份各不相同,如纽约商品交易所合同月份最长期限可达 4 年,而澳大利亚主要是季度电力期货,英国伦敦石油交易所合约月份种类较多,有月度合约、季度合约、半年度合约、春季合约、冬季合约等。

七是最后交易日方面,各交易所差异较大,纽约商品交易所规定为每月最后高峰日的前一个交易日,伦敦石油交易所交割月的第一个 EFA 公历日的前数第二个交易日,而澳大利亚证券交易所规定为当季度最后一个交易日的 16:00。

八是交割时间方面,各交易所差异也比较大,纽约商品交易所为交割月前一个月的最后交易日至任意交易日结束,伦敦石油交易所则基于 EFA 公历,每个 EFA 公历日是从 23:00 至次日的 23:00,而澳大利亚证券交易所则根据合约到期日,为本季度最后一个交易日。

九是交割方式方面,清算及交割多采用现金结算,少数采用实物交割,如伦敦石油交易所用现金清算的期货合约;英国也有少量是实物交割。澳大利亚证券交易所也主要采用现金交割。

三、中国方案设计原则

综合全球电力期货合约设计的经验,结合中国的具体情况,本书对中国的电力期货合约设计的基本原则作如下构想:

一是电力期货合约内容应包括的基本要素包括交易单位(合约单位)、报价单位、最小变动价位、交易时间、合约月份、最后交易日、交割方式、交割时间。

二是充分考虑中国期货交易的惯例,无论是期货交易时间、最小变动价位还是交割方式等方面,应充分考虑中国期货交易已有的交易习惯。

三是充分考虑电力产品本身的特点，如交易单位的设计，报价单位、交割时间等应符合电力产品本身的属性。

四是正确反映电力期货市场特点，实现期货的价格发现和套期保值的基本功能。

五是帮助吸引增量资金，适度活跃交易，增加市场流动性。

六是有益于风险控制，防止市场操纵行为，保持市场稳定。

七是提高吸引电力投资的力度，保证电力系统本身的健康发展。①

根据上述基本原则，中国的电力期货合约的主要内容大致可作如下考虑：

一是交易单位（合约单位）方面：参照世界惯例和电力产品特性，设计为峰荷合约和谷荷合约。至于具体时段，可以中国现行的电力峰谷时段划分标准确定，即峰荷合约的时段确定为6：00～22：00；谷荷合约的时段确定为22：00～次日6：00。

二是报价单位方面：确定为人民币。

三是最小变动价位方面：参照国际通行做法，结合中国目前的电价水平，最小变动价位确定为0.1元/兆瓦时。

四是交易时间方面：参照中国的期货交易惯例和证券交易惯例，确定为每周一至周五9：00～11：30、13：00～15：00。

五是合约月份方面：由于电力在每个月份都大量生产和大量需求，可以确定每月均为合约月份，即全年1～12月全部作为合约月份。

六是最后交易日方面：为吸引市场参与者进行交易，可选择合

① See R. Bjorgan, et al., *Financial Risk Management in a Competitive Electricity Market*, IEEE Transactions on Power Systems 4, 1285－1291 (1999).

约交割月份之前的前 1 个交易日。

七是交割方式方面:采用现金交割与实物交割结合的方式。

第四节　电力期货交割模式

电力期货交割,是指当合约到期时,交易双方按照合约约定转移电力产品的所有权,履行完结合约权利义务的过程。一般分为现金交割、实物交割两种方式。现金交割,是指合约履行期限到期时,双方采用结算价格来计算盈亏,并且以支付现金的方式来完成合约的履行,以了结合约双方的权利义务。实物交割,是指合约履行期限到期时,双方采用电力实物交付的方式来了结合约权利义务。

综观世界主要电力期货市场,电力期货交割模式主要包括两种:一是现金与现货交割模式,二是现金交割模式。

一、现金与现货交割模式

在此种模式下,合约到期时,交易者大多选择现金交割、补差价,少数选择实物交割。澳大利亚证券交易所、纽约商品交易所及芝加哥交易所等即采用此种模式。

相对于完全的现金交割方式,交易者有更多的自由选择;同时,由于市场中有较多的套期保值者和相对充足的投机者,可以更大程度实现电力期货的对冲功能。同时,该种模式下期货价格与现货价格也紧密相关,可以帮助交易者进行分析抉择。而现货价格与期货价格在波动上具有关联性,在具备现货价格的数据基础上,期货价格的分析反馈更为真实。①

二、现金交割模式

在此种模式下,合约到期时,交易者依据交易所的交易规则及其公布的结算价格进行现金差价结算,以了结电力期货合约权利义务关系。波兰电力交易所等即采用此交易模式。

此种交易模式下,电力期货交割均采用现金方式进行,不进行现货交割。由此,电力期货市场的流动性进一步增强,市场参与者能够快速地进入或退出期货交易,这样能够更好地帮助市场参与者规避电价波动的风险。同时,电力现金交割模式可以极大地节省交易成本,提高交易效率,减少交易费用。

与此同时,这种模式也存在不足之处,主要表现在:

一是影响价格发现功能的实现。关于该问题,学界存在一定的争议。林青(Lincoln)进行了现金交割方式对商品价格影响的研究后发现,现金交割方式会影响期货市场预测未来的现货价格。而陈(Chan)则认为,电力期货现金交割模式会导致大量的投机者出现,由此导致电力期货价格与电力现货价格之间的联系弱化,最后无法实现现货市场价格和期货市场价格的联动,价格发现功能也会相应丧失。② 在通常情况下,期货市场的价格会在交割期到来之际收敛于现货价格,这是因为,无论期货价格高于或低于现货价格,一方均有权要求其通过实物交割来完结此笔期货交易。但是,在仅有现金交割方式的情况下,由于一方不能通过实物交付来完

① 参见王肖峰:《我国电力期货发展的必要性及交易策略研究》,上海交通大学 2013 年博士学位论文,第 26 ~ 34 页。

② See Leo H. Chan, Donald D. Lien, *Cash Settlement and Price Discovery in Futures Markets*, Quarterly Journal of Business and Economics 40, 65 – 77 (2001).

成交割，导致电力期货价格与电力现货价格割裂，使两者的价格最终难以趋于一致。

二是单纯的现金交割模式可能导致投机过度。采用现金交割促进了对冲的实现，但市场参与者一旦没有实物交付的压力约束，必然会引起过度的投机与套利，凭借自身市场力，利用市场存在的缺陷进行无节制的套利，破坏电力期货市场秩序。

三是过度依赖投机者导致期货市场无效。现金交割模式下，市场中存在大量的套利者，加之缺乏现货市场，现货市场与期货市场缺乏联动，一旦小型交易商无法获利离开期货市场，期货市场对冲能力下降，导致期货合约对冲的不平衡，从而使期货市场成为一个无效市场。①

三、中国方案设计

对比上述两种模式后发现，单纯的现金交割或现货交割均存在一定的问题，中国未来的电力期货交割模式选择，较为理想的模式是现金交割与现货交割并行的模式，其原因在于：

首先，现金交割方式适应电力期货交易的需要：一是与电力的物理性质相适应。与其他实物商品不同，电力的不可储存性带来电力实物交割困难，即消费用电量需要与每天由发电厂所发出的电量实现实时平衡。与其他实物交割相比，因为无法被大规模有效储存，电力实物交割更为困难。二是现金交割方式更具有适应性，电力系统经常发生如机器故障等系统原因，导致发电不足，或者用电需求发生显著变化等情况，允许现金交割可以缓解这些问

---

① See Jonathan S. Moulton, *California Electricity Futures: The NYMEX Experience*, Energy Economics 27, 181 – 194 (2005).

题。三是现金交割方式可以节约交易成本、提高交易效率。四是现金交割方式更有利于吸引投机者加入电力期货市场,从而使电力期货市场更为活跃。

其次,电力现货交割必不可少。一是有利于在电力期货与电力现货之间形成良性互动,使电力现货价格变动与期货价格变动最终趋于一致。由于电力现货交割方式的存在,交易双方可以在现金交割与现货交割之间实现无缝对接和有效转换,电力期货市场与电力现货市场关联度进一步增强,电力现货价格与期货价格最终趋同。二是现货交割方式有助于防止过度投机,避免电力期货价格与现货价格之间出现剧烈波动,以保证电力期货市场的有序发展。

最后,与中国国情相吻合。中国目前实行的商品期货交易所交割模式中,采取的是现货交割为主、现金交割为辅的模式,中国电力期货交割实行该模式与中国现行的期货交易交割模式相一致。

综上,由于中国的电力期货市场尚未建立,因此,本章对电力期货市场的构建具有设想性。本章在比较全球电力期货市场相关问题的基础上,对中国电力期货市场的构建中涉及四大关键问题进行了设想。具体言之,在电力期货交易模式选择上,电力现货与期货一体化的交易模式是比较合理的选择;在电力期货市场主体构建方面,需大力培育两类主体:套期保值者和投机者;在电力期货合约设计上,宜结合电力产品的特质进行;在电力期货交割模式选择上,宜采用现金交割与现货交割并行模式。

第七章　中国电力期货市场风险防范与监管制度

从全球电力期货市场形成来看，各国均将法律制度建设放在优先地位，在法律层面为电力期货市场建设提供正当性依据，为电力期货市场的运行提供规则指引和制度保障。

在我国电力期货市场立法中，如何保障电力期货市场有序运行，防范相关风险应当是重中之重。因此，电力期货市场风险防范制度与电力期货监管制度应当放在电力期货市场立法的优先位置。电力期货市场风险防范制度旨在从电力期货市场主体角度，对市场主体之间的权利和义务进行科学配置，建立起相应的交易规则和交易机制，并以此约束电力期货市场主体的交易行为，防范电力期货交易风险；

而电力期货市场监管制度侧重于以国家公权力为基础，从第三方角度介入电力期货市场，对电力期货市场主体的行为进行审查与监管，以防止市场主体滥用市场行为妨碍交易正常进行。基于此，电力期货市场风险防范制度与电力期货市场监管制度如“鸟之两翼”，共同保障电力期货市场健康、有序运行。

第一节　风险防范制度

电力期货交易参与各方在电力期货市场的交易过程中均存在较大的风险，为有效防范相关风险，立法必须建立相应的风险防范制度和机制，以此促进电力期货市场健康运行和电力交易活动顺利开展。通过比较分析，电力期货市场涉及的主要保障机制和制度包括：保证金制度、每日结算制度、强行平仓制度、涨跌停板制度、信息披露制度、风险准备金制度等。在中国电力期货市场建设过程中，应当同步建立起相应的机制和制度，以保证电力期货市场正常运行。

一、保证金制度

电力期货交易保证金制度和其他商品期货相似，是指电力期货结算会员按照结算规则，存入指定账户的一定数量的资金，或缴存符合标准的一定数量的有价证券，以作为电力期货交易的结算和履约的保证。从国际电力期货市场看，电力期货交易保证金主要有初始保证金与维持保证金两种。投资者初次买进或卖出期货合约时，应当根据交易所的规定，为每一份电力期货合约存入一笔最低数量的保证金。这笔保证金被称为初始保证金，其目的是为该合约建立良好的信誉保证。初始保证金可以采取诸如短期国库券这种付息有价证券的形式。① 维持保证金则是在交易过程中，随着交易量和交易盈亏的变化增加相应的保证金金额。

当电力期货交易合约的价格发生波动时，投资者所持期货合约的价值也将随之发生变化。在投资者以支付全款为代价持有期货合约时，期货价格波动不会危及交易对方或者期货市场。然而，期货交易并非全款交易，而是实行标杆交易，且杠杆率较高。由此，在期货价格波动超出期货合约持有者已支付对价的情况下，容易引发投资者的道德风险，即在此种情况下，投资者会选择赌博式投资，将风险转移至交易对方和期货市场之中，如此将会造成连锁反应，危及整个期货市场的安全运行。

保证金制度的设立就是为了防止期货投资者出现此种道德风险，以维持整个期货市场诚信和稳定。在保证金制度作用下，期货投资者的价格波动风险将被严格限制在其自身可承受的范围内，防止投资者的投资风险外溢，避免危及交易相对方和期货市场。这样，保证金相当于一个报警器，当期货投资者亏损额达到一定程度时，这个报警器就会响起，发生警报，提醒期货投资者可以选择继续增加保证金，维持期货交易，或者认亏平仓出场结束交易。同时，电力期货保证金制度的实行，可以避免电力期货市场参与者为防范交易安全，采取诸如对交易对方的资信调查，要求交易对方提供担保等措施，从而有效节约交易参与各方的交易成本。

二、每日结算制度

每日结算制度与保证金制度一脉相承。其基本运作规则是：

---

① See Edward J. Kane, *Market Incompleteness and Divergences between Forward and Futures Interest Rates*, The Journal of Finance 2, 221 - 234 (1980).

在每个期货交易日结束后，期货交易所首先计算出该交易日的收盘价（收盘价为全天所有交易进行加权平均数），然后根据收盘价计算每个会员（指在交易所有席位的期货公司）的原始保证金和维持保证金。如果保证金不足，将通知会员补缴。

如果在期货公司开设账户的个人投资者或者机构投资者的保证金比例不符合规定，而该期货公司在交易所的保证金比例符合规定，则交易所不会对该个人投资者进行平仓或者发送追加保证金的通知。而每个交易所会员（期货公司）会对在自己公司开设账户的个人投资者或者机构投资者账户进行结算，并要求保证金比例不符合要求的个人投资者或者机构投资者补缴保证金或者进行部分或全部平仓。

每日结算制度为控制期货市场流动性风险设置于可量化、可操作的指标和依据，并有助于将期货市场的风险控制在相对较短的时间周期范围内。

三、强行平仓制度

强行平仓制度是与交易保证金制度、每日结算制度等相互配合的期货市场风险管理制度。也就是说，期货交易所根据投资者每日交易的结果，计算出该投资者所持期货的盈余或亏损，并与对应的保证金账户进行比对，如果该保证金账户余额不足以支撑所持期货的亏损，期货交易所将通知该投资者限时补足，如果未在限期内补足，则期货交易所将对其持有的期货合约进行强制平仓，了结所持期货合约交易。

根据强制平仓的主体不同，可以将其分为两类：一是当期货交易所会员不能及时补足保证金时，由交易所进行强制平仓；二是当期货投资者不及时补足保证金时，由该投资者所在的期货公司进行强制平仓。

强制平仓通常在以下三种情形下启动：一是当期货交易所的会员或者期货交易投资者的交易保证金不足规定的限额且未及时补足时；二是当会员或者期货投资者持仓超过一定比例时；三是当会员或投资者违规时。

电力期货交易强行平仓制度对于促进期货市场发展具有重要意义，具体表现在：

一是保护投资者的利益。强行平仓制度虽然在一定程度上限制了投资者的权利，但它是建立在保护大多数投资者的利益基础上的。电力期货市场上虽具有套期保值、价格发现等功能，但其中也充满各种风险，尤其在中小投资者占多数、缺乏专业知识且信息不对称的市场结构中，期货投资者的风险也比较大，例如，一些投资者投机心理强，热衷于跟庄，投资理念以短期交易为主，缺乏价值投资的理念等。① 强制平仓制度可以促使投资者及时止损，以保护大多数投资者的利益。

二是维护整个期货市场的金融秩序。由于期货市场是一个零和博弈市场，一旦风险失控，投资者的利益将可能归零甚至为负，如不能及时追加保证金，风险将转嫁至期货公司，最终导致交易所的结算风险。而强制平仓事实上成为一旦发生保证金未到位时采取的“紧急避险”之举，从而降低期货市场的风险，将投资者的损失降到最低点，期货市场秩序因而得以维护。

---

① 参见胡茂刚：《金融期货市场监管法律制度研究》，华东政法大学 2008 年博士学位论文，第 164 页。

四、涨跌停板制度

电力期货交易涨跌停板制度又称每日价格最大波动限制制度，该制度与中国现行股票市场中的涨跌停板制度原理相同。涨跌停板制度要求电力期货合约在交易日中的买卖价格不能高于或者低于规定的幅度，超过这个幅度的报价为无效，不能成交。对于涨跌停板的相关要求，世界各国期货交易所的规定不完全相同。

在美国，纽约商品交易所采用“熔断机制”，即当期货价格超过一定程度时，交易将被暂停一段时间（通常不超过1~2小时）。而芝加哥商品交易所对涨跌制度规定有所不同，对于连续3天触及涨跌停板的商品不是限制其价格幅度，而是放开其价格波动幅度，该种商品期货的价格可以扩大到原来涨跌停板的1.5倍直至合约到期。

英国关于涨跌停板制度的规定较为灵活，伦敦石油交易所采用“熔断机制+放开涨跌停板”模式。当一种商品期货的价格波动达到一定幅度，“熔断机制”生效，该商品期货暂停交易一段时间，然后再恢复交易，当恢复之后涨跌停板取消。

法国则采用严格涨跌停板模式。每份期货合约列明涨跌停板幅度，但交割期临近时涨跌停板将会被放开。①

涨跌停板制度为控制电力期货交易者的风险、维持正常的电力期货市场秩序发挥着重要作用。首先，涨跌停板制度的实施，交易参与者能够提前研判当日最大盈亏，提前锁定交易风险，使其形成稳定风险控制预期。其次，涨跌停板制度将期货市场价格波动

---

① 参见李辉：《谈谈涨跌停板制度》，载《经济导刊》1994年第4期，第27~29页。

幅度锁定在特定的区间范围内,即使市场出现突发事件或者发生过度投机、操纵市场的行为,市场交易格局亦不会发生大的变化或引发市场恐慌,市场正常的交易秩序得以维持。最后,涨跌停板制度的实施,为交易所要求其会员提供保证金提供了可靠依据,在该制度的支撑下,交易所依据每日交易最大涨跌要求其会员提供相对应的保证金,因此,涨跌停板制度有助于保证金制度的实施。

五、信息披露制度

电力期货市场信息披露制度,是指电力期货交易所按有关规定定期公布电力期货交易有关信息的制度。与上市公司证券交易信息披露制度不同,电力期货交易信息披露制度的责任主体为电力期货交易所,电力期货交易所及时公布电力期货合约的有关信息及其他应当公布的信息,并保证信息的真实、准确和完整。①

参考世界相关国家的情况,电力期货交易所的信息披露义务包括即时行情信息发布、每日信息发布、每周交易信息发布和每月信息发布。披露主要内容大致包括:商品名称、开盘价、最新价、收盘价、结算价、涨跌幅度、交割月份、成交量、持仓量、总体持仓量变化、大户持仓量变化等。

电力期货交易所按照上述要求发布信息披露的相关信息,在电力期货交易中发挥着重要作用,主要表现在:

一是有利于降低电力期货交易成本。信息披露制度使电力期货市场的透明度大大增强,减少电力期货交易者在交易过程中的信息搜寻等成本,从而也使投资者更愿意进行电力期货交易。

---

① See Douglas W. Diamond, Robert E. Verrecchia, *Disclosure, Liquidity, and the Cost of Capital*, The Journal of Finance 4, 1325 – 1359 (1991).

二是有利于电力期货参与者决策。电力期货市场的有效运作离不开信息,它影响电力期货参与各方对电力期货产品的定价。电力期货交易的所有交易者应当在公平、公正、公开的环境下接收信息,然后做出决策,从而让市场真正地反映供需和价格变化,提高市场的效率。①

三是有利于减少电力期货市场的操纵行为。有效的信息披露能使电力期货市场更加公开和和透明,使投资者的参与更加理性,投资者可以根据期货交易所提供的有关信息做出分析判断,从而抑制投机者的市场操纵行为。而且更为重要的是,期货监管机构可以根据电力期货信息披露情况及时发现市场操纵行为,继而采取有效措施实施监管,从而消除市场操纵行为。②

六、风险准备金制度

前述制度着重于对期货市场实施事前风险控制,而风险准备金制度则侧重于事后的补救,其要义是在风险发生后的救济性处理。风险准备金制度是建立一支基金,对于因发生危机而无法履约的会员或者期货公司,从风险准备金中拨付资金完成该危机会员或期货公司的履约,保证市场不受违约的影响,防止风险扩散和造成系统性风险。风险准备金一般是期货交易所从其会员交易手续费中按照一定比例提取。例如,中国按照 20% 的比例提取,当风险准备金达到交易所注册资本的 10 倍以上时,可以不再提取。

由于金融风险的复杂性和不确定性,再完备的事前防控措施

① See Richard Lambert, et al. , *Accounting Information, Disclosure, and the Cost of Capital*, Journal of Accounting Research 2, 385 - 420 (2007).

② 参见黄韬、陈儒丹:《完善我国期货市场交易信息披露法律机制的研究》,载《上海财经大学学报》2012 年第 4 期,第 33 ~ 34 页。

并不能完全消除金融风险，因此，在事前防控措施失效的情况下，风险保证金制度的实施，可以对已经发生的金融风险予以及时补救和修复。例如，因为国际行情巨变，基于联动效应，国内行情连续涨停或跌停，某一家期货公司出现爆仓，造成资不抵债致使公司破产，那么，其在期货市场上的亏损就无人承担，交易所此时就先用风险准备金来弥补此处亏损，再查明风险发生的原因，寻找相应的责任承担者。期货风险准备金就成了市场和社会的“稳定器”。这样既保护了投资者，也维护了市场的交易秩序。同时，风险准备金制度的建立，可以有效增强社会公众对期货业的信心，保证投资者权益不因突发事件而受到侵害，从而促进期货市场的健康发展。

第二节　监管制度

电力期货市场监管是指期货监管机构运用法律、经济以及必要的行政手段，对电力期货的交易等行为实施监督管理。

与前述电力期货市场交易风险防范制度不同，电力期货市场交易风险防范制度旨在从电力期货市场主体角度，对市场主体之间的权利和义务进行配置，建立起相应的交易规则和交易机制，并以此约束电力期货市场主体的交易行为，防范电力期货交易风险；而电力期货市场监管制度侧重于以国家公权力为基础，从第三方角度介入电力期货市场，对电力期货交易行为进行审查和监管，以防止市场主体滥用市场行为，妨碍交易的正常进行。

一、监管原因

一般监管理论认为，市场运行过程会出现失灵，即出现市场不能克服的问题，而这些问题将会影响到市场的有效性，为此，国家需要伸出干预之手，对市场失灵的地方进行必要干预，以确保市场正常、有序运转。在电力期货市场交易中，同样存在市场失灵之处，而这些失灵的地方同样无法依靠电力期货市场自身解决，这就为国家对电力期货市场实施监管提供了正当性。具体言之，电力期货市场失灵主要表现在：

一是电力期货市场存在信息失灵。主要体现在电力期货市场主体在信息获取、处理过程中存在不同程度的局限性，有的市场主体掌握信息更充分，而有些市场主体缺乏获得信息的渠道，这可能导致市场机制失灵和出现市场操纵行为，使电力期货市场形成的价格信息不能真实地反映供求关系，从而影响电力期货市场运行。

二是电力期货市场存在垄断和市场操纵行为。如在期货市场中可供交割的商品不足或交割成本过高时，可能存在部分期货市场交易者以垄断期货市场为目的，大量买入或卖出期货合约。以美国加州电力期货市场为例，不少学者将其失败归因于市场操纵。①

三是电力期货市场存在过度投机行为。尽管电力期货的创设依赖于电力现货，但电力期货一旦创设成立，便作为独立的金融衍生产品进行交易，这为电力期货参与者实行投机行为创造了条件。同时，电力期货交易实行杠杆性信用交易，这无疑进一步加剧了投机行为发生的概率。

四是电力期货市场存在较强的负外部性。电力期货市场的负外部性主要反映在容易产生系统性连锁风险。如发生突发性事件或存在市场操纵行为时，合约价格不可避免地出现剧烈波动，这可

① See Jonathan S. Moulton, *California Electricity Futures: The NYMEX Experience*, Energy Economics 27, 181 – 194 (2005).

能导致一些期货公司最终被迫选择违约,违约期货公司不可避免地就会遭受损失,期货公司如果承担不起这一损失,会继续波及至期货公司的会员单位,并将该风险扩散开去,最终造成连锁反应,将风险传递到整个金融市场,导致社会的不稳定。①

二、监管体制

电力期货市场监管体制是电力监管制度的核心之一,是监管制度设计的逻辑起点。恰当的电力期货市场监管体制是电力期货市场监管有效性的必要条件,因此,各国均高度重视电力期货市场监管体制建设。本部分在比较国外电力期货市场监管体制的基础上,结合中国现行期货市场监管体制,提出中国电力期货市场监管体制的基本构想。

(一)国外电力期货市场监管体制概览

纵观国外电力期货市场的监管体制,各国基于不同国情,电力期货市场的发展程度和阶段,监管体制的传统等因素,设计了适合本国国情的监管体制。以下以美国、英国和德国期货市场监管体制管窥出全球电力期货市场监管最新趋势。

1. 美国的期货市场监管体制

美国对电力期货市场的监管实行的是"三级监管体制",包括政府监管、行业协会自律管理和交易所自律管理。美国期货监管机构——商品期货交易委员会是美国统一的监管机构;美国还成立了全国期货协会(National Futures Association,NFA),该协会由商品期货交易委员会负责监督,是自律性组织。此外,各期货交

① See Francois M. Longin, *Optimal Margin Level in Futures Markets: Extreme Price Movements*, Journal of Futures Markets 2, 127 – 152 (1999).

易所还提供期货交易的一线监管。① 商品期货交易委员会、全国期货协会和期货交易所之间紧密联系，主要体现在：

其一，商品期货交易委员会与全国期货协会的关系。全国期货协会作为自律组织，其主要负责对会员财务状况实施审计、负责从业机构和从业人员注册登记、负责纠纷的调解和仲裁以及期货推广教育等；而商品期货交易委员会是政府机构，主要目标和任务是对期货市场实行有效监管，保证期货市场健康、公平、有序发展，促进宏观经济健康运行，②并负责将期货市场监管情况定期向国会汇报。同时，根据美国《商品交易法》(Commodities Exchange Act, CEA)的规定，商品期货交易委员会有权对全国期货协会进行监督与管理。

其二，商品期货交易委员会与期货交易所之间的关系。两者监管层次各有侧重，商品期货交易委员会侧重于整体宏观的调控和监管，而期货交易所更加注重日常交易的监管。③ 同时，商品期货交易委员会监管范围更全面，可以深入每个会员公司的内部，对其日常经营风险、风险防控措施、期货与现货的交易状况等实施"一揽子"的了解和掌握，并实施监管；而期货交易所主要负责期货交易时的现场监管。

2. 英国的期货市场监管体制

纵观英国对期货市场的监管历史，该国的监管方式随着历史

---

① See CBOT committee. From http://www.cmegroup.com/company/.

② See Edward J. Kane, *Regulatory Structure in Futures Markets: Jurisdictional Competition between the SEC, the CFTC, and Other Agencies*, The Journal of Futures Markets 4, 367 – 384 (1984).

③ 参见马险峰、汪珺：《美国期货市场：何以在危机中"独善其身"?》，载《证券市场导报》2010年第9期，第41～47页。

环境的变化而发生改变，经历了从最初的自律型监管为主向政府监管与自律监管并重的转变。

1986 年，英国通过了《金融服务法》（Financial Service Act，FSA），根据该法的规定，该国采用了复合型专职职能监管体制，即英国监管体制由多层级构成的有机整体，整个金融体系的监管由财政部长全权负责；财政部长通过授权方式将部分职责授予给证券与投资委员会（State Investment Board，SIB）；为更好地履行职责，证券与投资委员又将部分职责授权给自律管理组织。[①] 通过逐级授权，英国的监管活动形成统一的体系，有利于统一监管。2000 年，英国通过了《金融服务及市场法案》（Financial Services Markets Act，FSMA），根据该项法案，英国成立了金融服务监管局（Financial Services Authority，FSA），这是一个全新的监管机构，其主要目标是保护投资者的利益，促进金融市场的流动性，维护市场的安全性。同时，《金融服务及市场法案》还赋予其较大的监管权力。以《金融服务及市场法案》和金融服务局的成立为标志，英国的监管体制也在发生转化，即从过去偏重于自律性监管向政府监管和自律性监管并重的转变。

经过十几年的演变，英国现在的期货市场监管基本形成了金融服务局、期货交易所和期货业协会三者分工明确、紧密配合的监管模式。具体至电力期货监管，英国目前形成了金融服务局、电力期货业协会和英国石油交易所三者密切配合的监管格局。

3. 德国的期货市场监管体系

德国没有专门的《期货法》，有关期货监管的内容主要体现在

---

① See Stefano Ponte, *The Latte Revolution? Regulation, Markets and Consumption in the Global Coffee Chain*, World Development 7, 1099 – 1122 (2002).

《证券交易法》《交易所法》和各期货交易所的交易规则和规章制度之中。从这些法规体系来看,德国对期货市场监管实行三级监管模式,分别为联邦金融监管局和州政府所设的交易所监管机构、期货交易所自身与交易所内自己设的交易监察部门以及期货业协会。从实际运行情况来看,期货交易所的管理起着举足轻重的作用,德国的期货交易监管主要通过期货交易所来完成,各交易所根据自身所制定的规章制度对期货市场实施有效监管。① 这种监管模式大大地促进了期货市场的发展。

4. 全球期货市场监管的基本趋势

从上述三个国家的情况可以看出:上述三国均实行三级监管模式,即政府、期货交易所和行业协会三者协同监管,充分发挥在不同领域的优势和作用,以实现横向协同、纵向贯通。之所以会出现趋同化的趋势,是因为越来越多的国家意识到,电力期货市场失灵是一个复杂的系统工程,单靠哪一类主体、哪一种方式均存在缺陷,需要充分发挥各自的主体作用,多管齐下,才能最大限度地实现监管的目的。与此同时,上述三国越来越重视自律性监管,充分发挥自律监管的作用,更加注重政府在宏观层面上的监管,微观层面更依赖于自律监管。

(二) 中国期货交易监管体制现状及问题

目前,中国电力期货市场尚未建立,电力期货市场监管体制也处于空白状态,但中国期货监管体制已经建立,因此,本部分从审视中国目前期货监管体制现状及问题着手,以期为构建中国电力

---

① See Susanne Lütz, *The Revival of the Nation-State? Stock Exchange Regulation in an Era of Globalized Financial Markets*, Journal of European Public Policy 1, 153 - 168 (1998).

期货交易监管体制提供方案指引。

1. 中国期货交易监管体制的现状

中国现行的期货交易的监管主要是由证监会、中国期货业协会和期货交易所共同完成。

(1)政府监管。中国证券监督管理委员会是期货市场监管的最高权力机构,主要负责制定期货交易的相关管理制度、交易规则和实施办法;对期货交易所实施管理;审核期货品种上市;对期货行业的参与者、从业人员实施监管等。

(2)行业协会的自律管理。中国期货业协会是中国期货市场的自律性组织,该协会成立于2000年,一直充当着政府与期货行业之间的桥梁与纽带。其主要职能包括:负责制定行业准则和职业道德;对协会会员实施自律管理和教育;调处会员之间的纠纷和维护会员的合法权益;组织对期货从业人员考试、考核和教育等。

(3)期货交易所的管理。期货交易所作为期货行业的一线的监管机构,负责对交易所交易参与者和交易行为实施监管和风险防控,如对期货交易参与者的准入资格实施审核,监督期货交易行为,预防和制止期货市场价格垄断、价格操纵行为,防范和制止内幕交易行为等。

2. 存在的主要问题

(1)期货市场监管的法律地位有待进一步强化。尽管中国法律规定了中国证监会对期货市场的监管职能,但从日常运行来看,中国证监会的主要职责和精力是对证券市场的监管。关于期货市场的监管主要由中国证监会的期货监管部来具体实施,相对而言,监管力度小,监管力量弱。

(2)期货行业协会的自律监管体系有效性不足。中国现行的监管体制过于突出行政监管,对自律性监管重视程度不够。如作为重要的行业自律性监管组织的期货行业协会，其主要职责是教育、宣传和业务培训，没有充分发挥该协会自我管理、自我约束职能。

（3）三级监管机构体系有待进一步理顺。尽管中国立法已经确立了中国证监会、期货行业协会和期货交易所的法律地位，但三者的关系还有待进一步理顺，如在期货交易风险防控方面，三者如何有机衔接；在期货交易过程中，三者的监管权限缺乏明确具体的边界，此类情形，容易导致多头监管和监管真空。

（三）建立中国电力期货市场监管体制的建议方案

一是将电力期货市场监管体制纳入整个期货市场的监管体制之中。尽管电力期货与其他期货有区别，但是，电力期货与其他期货更有共同之处，尤其是电力期货市场的运行规则，它与其他商品的期货市场的运行规则在本质上没有太大的区别，因此，有必要将电力期货市场的监管一并纳入期货市场的监管。

二是充分发挥行业协会的自律监管作用。进一步强化期货行业协会的法律地位，充分发挥期货行业自我管理和自我约束的作用。同时，为更好地服务于电力期货市场，可以适时成立电力期货行业协会，使该协会的职责更具有针对性，更好地服务于电力期货市场。

三是统筹好政府监管、行业协会自律监管、期货交易所监管的关系。随着期货市场的发展和完善，政府监管应当逐步退出微观监管领域，更加注重宏观监管。更加注重期货交易所自身管理和监督的有利条件，进一步强化期货交易所处于一线监管的地位，发挥它的微观监督与管理的职能。充分发挥期货行业协会自律管理和桥梁纽带作用，即期货行业协会在现有宣传、教育和培训职能的基础上，进一步增加惩戒性的自我管理、自我约束机制。在此基础上,电力期货行业协会应当在期货公司、政府监管机构、期货交易所之间架起沟通的桥梁,使相互之间的沟通更加通畅,信息交流更加便捷,监管更加有效。

三、监管内容

在构建电力期货市场监管之后,需要构建电力期货市场监管的范围和内容。一般而言,监管机构需要从事前、事中和事后三个维度监管电力期货市场。

(一)准入监管

电力期货市场准入监管,是指监管机构为确保电力期货市场安全稳定与有序竞争,对国内外的个人、法人或其他组织进入电力期货市场、参与市场活动设置一定准入条件,以确保合格的主体进入市场。市场准入作为电力期货市场的运行屏障,旨在消除市场缺陷,抑制过度竞争,防范市场风险,维护市场运行秩序和确保交易安全。① 根据全球电力期货市场的运行经验,电力期货市场的套期保值者和投机者等一切有意向参与电力期货交易的机构和个人,需要委托专业的期货中介机构,由专业的期货中介机构代理客户进行期货交易。因此,为维护正常的电力期货交易秩序,需要对专业期货中介机构和期货交易机构实施准入限制。具体言之,电力期货市场的准入监管主要涉及两方面:一是电力期货交易所的准入监管;二是专业中介机构即电力期货公司的准入监管。② 广义的准入监管还包括对期货从业人员的准入监管、期货品种上市的

---

① See Eva Tanlapco, et al. , *Hedging with Futures Contracts in a Deregulated Electricity Industry*, IEEE Transactions on Power Systems 17,577 – 582 (2002).

② See Howard B. Garber, *System and Method for Trading Having a Principal Market Maker*, U. S. Patent 5,963,923. 1999 – 10.

监管等,本文着重考察前两方面的监管。

1. 电力期货交易所的准入监管

对于电力期货交易所的准入监管,参照世界其他国家的做法,需要从设立条件、组织模式、设立审批等方面进行。以美国为例,美国《商品期货交易法》(Commodity Futures Exchange Act,CFEA)第5条规定,设立期货交易所,需要具备的基本条件是:第一,交易的场所所在的位置需要是一个商品交易集中的市场,这个市场的交易量需要足够大。第二,能够依据监管机构的要求,具有及时报告商品交易信息和会员交易记录的条件和能力。第三,具备识别和防范虚假交易信息以及防范价格垄断和操纵行为的技术手段和能力。第四,明确表示服从监管机构的监管并保证监管机构的决定能够得到实施。中国的《期货管理条例》和《期货交易所管理办法》未对设立期货交易所的具体条件做出规定,只是规定了期货交易所如果要成立,需要提交的具体审批资料和文件,这些文件包括申请书、期货交易所的经营计划、拟聘请的高管名单、股东或会员的名单等。

对于期货交易所的组织模式,目前主要有公司制和会员制两种。自从1993年瑞典斯德哥尔摩证券交易所(Stockholm Stock Exchange,SSE)率先进行公司化改革后,时至今日,交易所公司化的浪潮丝毫没有衰退的迹象:伦敦国际金融期货期权交易所(London International Financial Futures and Options Exchange,LIFFE)、新加坡交易所(Singapore Exchange,SGX)等于1999年完成改制;纽约商业交易所、芝加哥商业交易所、国际原油交易所、悉尼期货交易所于2000年完成改制;芝加哥期货交易所于2005年完成改制。不仅如此,悉尼期货交易所、芝加哥商业交易所等已经公开挂牌上市。① 中国期货交易所的组织模式选择上，也规定了会员制期货交易所和公司制期货交易所两种可以选择的模式。

对于期货交易所设立的审批，各国大都规定了期货交易所审批程序，但审批内容有所不同，如美国商品期货交易委员会对期货交易所的审批包括：批准新期货交易所的设立；审批各期货交易所管理条例和交易规则的制定、修改和废止；审批新上市商品期货合约的种类、内容和规格等。中国的《期货管理条例》和《期货交易所管理办法》也对期货交易所的审批内容进行了规定，例如，规定期货交易所的设立，应当经国务院期货监督管理机构审批；对期货交易所的章程和交易规则、会员或者股东以及拟任用的高级管理人员进行审核等。

基于以上分析，中国未来的电力期货交易所的设立，立法需要规定以下内容：一是规定电力期货交易所设立的具体条件；二是规定电力期货交易所的组织模式；三是规定电力期货交易所的审批程序。

2. 电力期货公司的准入监管

对于电力期货公司的准入监管，世界各国大多也是从设立条件、设立审批两个环节进行。就设立条件方面，美国《商品期货交易法》第 4 条规定，参与市场交易的期货公司必须向商品期货委员会注册登记，如果没有登记，那么，期货经纪商即使依据期货合约的市场规则执行了客户的期货买卖指令，其交易行为也是非法的。一般而言，拥有成熟的期货市场采取注册登记制的国家较多，对期货公司的设立条件要求相对较为宽松。它适合法律制度健全，自

① See John Carson, *Self-Regulation in Securities Markets*, World Bank Policy Research Working Paper Series, 5542, The World Bank, 2011.

律意识和守法意识（包括监管部门和企业）比较强的阶段。①

中国的《期货管理条例》和《期货公司监督管理办法》对期货公司设立的条件进行了明确规定，主要包括：最低注册资本、符合要求的从业人员、符合要求的公司章程、合格的经营场所和业务设施，健全的风险管理和内控制度等内容。

在设立审批方面，世界上主要有两种不同的模式，即注册登记制、许可证制。实行注册登记制的国家，电力期货公司的设立条件比较宽松，一般采用的消极资格条件的规定；而实行许可制国家，设立条件比较严格，一般采用的是积极资格条件。根据中国《期货管理条例》和《期货公司监督管理办法》的规定，中国期货公司的设立采用的是许可证制，即要设立期货公司，不仅需要满足设立期货公司规定的一般条件，还要经过行政审批环节，同时，期货公司的范围也需要经过审批确定。

基于以上分析，中国未来电力期货公司的设立，立法需要进行以下规定：

一是电力期货公司的设立条件。逐步采取注册登记制度，即期货管理机构只对期货公司提交的申请文件作形式审查。

二是电力期货公司的设立审批程序。即期货交易所对电力期货公司的资本金、其公司章程、人员素质鉴定等实施审核，如果符合条件，便予以设立。

（二）事中监管

事中监管，是指监管机构对在电力期货市场运行进行监管，以防范和及时遏制电力期货市场运行中出现问题，实现对风险进行

① 参见王晓燕：《我国期货公司的市场准入制度研究》，中南大学2007年博士学位论文，第23～31页。

有效防控。电力期货监管机构需要着重在以下三方面对电力期货市场实行过程监管：

一是对期货交易所和期货公司主体法人治理方面的过程监管。主要包括：法人治理结构是否职责明晰、分工制衡是否有效、风险防控是否有力；与控股股东、实际控制人或会员之间在业务、人员、资产、财务等是否严格分开、独立核算、独立经营；董事、监事和高级管理人员任职资格是否符合要求，是否履职尽责；是否持续完善风险防范和内部控制制度。①

二是业务交易方面的过程监管。主要包括：客户与期货公司之间、期货公司与期货交易所之间业务流程是否清晰、规范，运转是否有效；是否对相关业务流程进行公示；相关风险防控制度是否有效运行；是否建立健全了相关信息系统。

三是信息披露方面的监管。主要包括：相关主体是否建立了信息披露制度、是否建立了相应信息披露机制；内幕信息防控措施是否到位、披露的信息是否真实可靠、准确完整等。

（三）事后监管

事后监管主要是指电力期货市场监管机构对电力期货市场主体发生的违法违规行为进行处理，这是监管的最后一个环节，也是最重要的一个环节。如果期货市场主体没有按照相关法律、法规要求开展相关活动，将面临监管机关的行政处罚，直至追究单位、相关职责人的刑事责任。通过事后监管，有效惩治和威慑相关市场主体。事后监管内容的分类，有多种方式：一是按照主体分，可分为监管机构对期货公司的事后监管、对期货交易所的

① See Bob Tricker, Robert Ian Tricker, *Corporate Governance: Principles, Policies, and Practices*, Oxford University Press, 2015, p. 215 – 228.

事后监管、对投资者的事后监管、对参与期货交易相关的其他主体的事后监管等；二是按监管的内容分，可以分为：法人治理违规方面的事后监管；业务交易违规中的事后监管；信息违规方面的监管。本书拟以监管内容为切入点，对中国电力期货市场的事后监管进行构建。

一是法人治理方面的事后监管。主要包括：未经批准擅自变更组织形式；公司治理不健全、内部岗位设置存在较大缺陷；相关风险防控制度和机制不完善等。

二是业务交易违规方面的事后监管。主要包括：期货交易所违规交易和期货公司违规交易，前者如在保证金不足的情形下，依然允许其会员进行期货交易；后者如期货公司使用不正当手段直接或变相欺诈客户，从事或变相从事期货自营业务。

三是信息违规方面的事后监管。主要包括：期货交易所未按规定进行信息披露；期货公司未按规定报送相关信息；或者披露、报送的信息存在虚假、误导性或重大遗漏等。

综上所述，法律制度是电力期货市场正常运行的基础和保障，本章对电力期货市场风险防范和监管法律制度两项基础和关键法律制度进行了初步构建，这两项制度从不同角度保障电力期货市场运行，从法律制度上规范期货市场主体行为，防范期货市场风险，保障期货市场有效运行。

第三节　小　结

中国电力市场化改革历时不长，电力期货市场的构建尚需时日，因此，本书所涉及的命题是为了适应中国电力市场化改革未来发展需要，具有较强的前瞻性。由于中国对该问题的理论关注度不高、又缺乏现实的经验可供参考，这由此加大了本书的研究难度。尽管如此，本书仍然竭力收集电力期货市场先行国家的经验，以资论证。尽管竭尽全力，但仍感力所不逮，围绕该主题的众多问题尚未涉猎，即便所涉猎的相关问题，也感到不深、不细、不全。本书试图在以下几方面进行创新：

一是从理论和实证两个维度论证了电力期货市场的必要性。从对中外文献梳理发现，对电力期货市场存在的必要性，理论界和实务界一直都存在争议，并无定论，本书一方面从理论上论证了电力期货市场存在的必要性；另一方面从实证角度出发，从电力期货市场建立以后的运行绩效角度论证了电力期货市场存在的客观必然性。

二是从历史维度探讨了电力期货市场形成的客观规律。本书对电力市场化改革国家和建立了电力期货市场的国家进行了系统梳理，探讨了电力期货市场形成的一般规律。经过梳理发现，电力期货市场的形成源于电力市场改革，电力市场化改革催生了电力现货市场，电力现货市场存在的问题催生电力远期合约，电力远期合约的不完备催生了电力期货市场。

三是从中国国情出发，对中国电力期货市场的必要性、可行性和具体路径进行了探讨。本书认为，建立适合中国国情的电力期货市场，不仅是其他国家的经验总结，更是中国电力市场化改革不断深化的现实需要，有利于中国电价机制的形成，控制和转移电力行业相关风险，促进电力行业发展。随着中国电力市场化改革的不断深化，多元化的电力市场主体的形成和市场化定价机制的形成，中国电力期货市场建立的前提条件逐步形成。当然，中国电力期货市场完全形成和运行尚需时日，在具体路径上，当前应着力深化电力市场化改革，稳步建立电力批发市场和电力零售市场，开展远期合约交易，在此基础上，积极稳妥构建电力期货市场。

四是对中国电力期货市场构建的具体关键问题进行了探寻。从全球电力期货市场的经验入手，对中国未来电力期货交易所模式选择、电力期货市场主体构造、电力期货合约设计和电力期货交割模式选择进行了初步构建。

五是对中国电力期货市场法律进行了初步设计。从期货市场的一般规律出发，着力构建了两类期货市场制度：电力期货市场交易风险防范制度和电力期货市场监管制度。

“十四五”开局以来，“碳达峰、碳中和”纳入国家战略。这是我国绿色低碳转型发展的重大机遇，必将在能源结构变化、生态环境改善中实现经济、生产生活方式的重构，将有力推动改革创新和高质量可持续发展。将为我国经济社会发展带来前所未有、翻天覆地的变革。碳排放权（核证减排量，Certification Emission Reduction，CER）市场机制建设条件日益成熟。2021 年 7 月 16 日，全国碳排放权交易在上海环境能源交易所正式启动，全国碳交易开盘价为 48 元/吨。9 时 30 分，首笔全国碳交易已经撮合成功，价格为 52.78 元/吨，总共成交 16 万吨，交易额为 790 万元。开市当天配额挂牌协议交易成交 410 万吨，成交额即达 2.1 亿元。

构建清洁主导、电为中心、互联互通的中国能源互联网，加快推进“两个替代”，摆脱对石化能源的依赖，是实现我国“碳达峰、碳中和”的根本途径。对全国碳排放权交易情况进行分析可知，发电行业成为首个纳入全国碳市场的行业，纳入重点排放单位超过 2000 家。申能集团、华润电力、中国华电集团、中国石油化工集团、国家能源集团、国家电力投资集团、中国华能集团、中国石油天然气集团、中国大唐集团、浙江能源集团等 10 家企业成为全国碳交易市场首批成交企业。把握“碳达峰、碳中和”目标，或许是推进中国电力期货市场建设的最佳历史机遇。

附　　录

1. 中共中央　国务院《关于进一步深化电力体制改革的若干意见》

（中发〔2015〕9 号）

为贯彻落实党的十八大和十八届三中、四中全会精神及中央财经领导小组第六次会议，国家能源委员会第一次会议精神，进一步深化电力体制改革，解决制约电力行业科学发展的突出矛盾和深层次问题，促进电力行业又好又快发展，推动结构转型和产业升级，现提出以下意见。

一、电力体制改革的重要性和紧迫性

自 2002 年电力体制改革实施以来，在党中央、国务院领导下，电力行业破除了独家办电的体制束缚，从根本上改变了指令性计划体制和政企不分、厂网不分等问题，初步形成了电力市场主体多元化竞争格局。

一是促进了电力行业快速发展。2014 年全国发电装机容量达到 13.6 亿千瓦，发电量达到 5.5 万亿千瓦时，电网 220 千伏及以上线路回路长度达到 57.2 万千米，220 千伏及以上变电容量达到 30.3 亿千伏安，电网规模和发电能力位列世界第一。二是提高了电力普遍服务水平，通过农网改造和农电管理体制改革等工作，农村电力供应能力和管理水平明显提升，农村供电可靠性显著增强，基本实现城乡用电同网同价，无电人口用电问题基本得到了解决。

三是初步形成了多元化市场体系。在发电方面,组建了多层面、多种所有制、多区域的发电企业;在电网方面,除国家电网和南方电网,组建了内蒙古电网等地方电网企业;在辅业方面,组建了中国电建、中国能建两家设计施工一体化的企业。四是电价形成机制逐步完善。在发电环节实现了发电上网标杆价,在输配环节逐步核定了大部分省的输配电价,在销售环节相继出台差别电价和惩罚性电价、居民阶梯电价等政策。五是积极探索了电力市场化交易和监管。相继开展了竞价上网、大用户与发电企业直接交易、发电权交易、跨省区电能交易等方面的试点和探索,电力市场化交易取得重要进展,电力监管积累了重要经验。同时,电力行业发展还面临一些亟须通过改革解决的问题,主要有:

一是交易机制缺失,资源利用效率不高。售电侧有效竞争机制尚未建立,发电企业和用户之间市场交易有限,市场配置资源的决定性作用难以发挥。节能高效环保机组不能充分利用,弃水、弃风、弃光现象时有发生,个别地区窝电和缺电并存。二是价格关系没有理顺,市场化定价机制尚未完全形成。现行电价管理仍以政府定价为主,电价调整往往滞后成本变化,难以及时并合理反映用电成本、市场供求状况、资源稀缺程度和环境保护支出。三是政府职能转变不到位,各类规划协调机制不完善。各类专项发展规划之间、电力规划的实际执行与规划偏差过大。四是发展机制不健全,新能源和可再生能源开发利用面临困难。光伏发电等新能源产业设备制造产能和建设、运营、消费需求不匹配,没有形成研发、生产、利用相互促进的良性循环,可再生能源和可再生能源发电无歧视、无障碍上网问题未得到有效解决。五是立法修法工作相对滞后,制约电力市场化和健康发展。现有的一些电力法律法规已经不能适应发展的现实需要,有的配套改革政策迟迟不能出台,亟待修订有关法律、法规、政策、标准，为电力行业发展提供依据。

深化电力体制改革是一项紧迫的任务，事关我国能源安全和经济社会发展全局。党的十八届三中全会提出，国有资本继续控股经营的垄断行业，实行以政企分开、政资分开、特许经营、政府监管为主要内容的改革。《中央全面深化改革领导小组2014年工作要点》《国务院转批发展改革委关于2014年深化经济体制改革重点任务意见的通知》对深化电力体制改革提出了新使命、新要求。社会各界对加快电力体制改革的呼声也越来越高，推进改革的社会诉求和共识都在增加，具备了宽松的外部环境和扎实的工作基础。

二、深化电力体制改革的总体思路和基本原则

（一）总体思路

深化电力体制改革的指导思想和总体目标是：坚持社会主义市场经济改革方向，从我国国情出发，坚持清洁、高效、安全、可持续发展，全面实施国家能源战略，加快构建有效竞争的市场结构和市场体系，形成主要由市场决定能源价格的机制，转变政府对能源的监管方式，建立健全能源法制体系，为建立现代能源体系、保障国家能源安全营造良好的制度环境，充分考虑各方面诉求和电力工业发展规律，兼顾改到位和保稳定。通过改革，建立健全电力行业"有法可依、政企分开、主体规范、交易公平、价格合理、监管有效"的市场体制，努力降低电力成本、理顺价格形成机制，逐步打破垄断、有序放开竞争性业务，实现供应多元化，调整产业结构，提升技术水平、控制能源消费总量，提高能源利用效率、提高安全可靠性，促进公平竞争、促进节能环保。

深化电力体制改革的重点和路径是：在进一步完善政企分开、厂网分开、主辅分开的基础上，按照管住中间、放开两头的体制架构，有序放开输配以外的竞争性环节电价，有序向社会资本开放配售电业务，有序放开公益性和调节性以外的发用电计划；推进交易机构相对独立，规范运行；继续深化对区域电网建设和适合我国国情的输配体制研究；进一步强化政府监管，进一步强化电力统筹规划，进一步强化电力安全高效运行和可靠供应。

（二）基本原则

坚持安全可靠。体制机制设计要遵循电力商品的实时性、无形性、供求波动性和同质化等技术经济规律，保障电能的生产、输送和使用动态平衡，保障电力系统安全稳定运行和电力可靠供应，提高电力安全可靠水平。

坚持市场化改革。区分竞争性和垄断性环节，在发电侧和售电侧开展有效竞争，培育独立的市场主体，着力构建主体多元、竞争有序的电力交易格局，形成适应市场要求的电价机制，激发企业内在活力，使市场在资源配置中起决定性作用。

坚持保障民生。结合我国国情和电力行业发展现状，充分考虑企业和社会承受能力，保障基本公共服务的供给。妥善处理交叉补贴问题，完善阶梯价格机制，确保居民、农业、重要公用事业和公益性服务等用电价格相对平稳，切实保障民生。

坚持节能减排。从实施国家安全战略全局出发，积极开展电力需求侧管理和能效管理，完善有序用电和节约用电制度，促进经济结构调整、节能减排和产业升级。强化能源领域科技创新，推动电力行业发展方式转变和能源结构优化，提高发展质量和效率，提高可再生能源发电和分布式能源系统发电在电力供应中的比例。

坚持科学监管。更好发挥政府作用，政府管理重点放在加强发展战略、规划、政策、标准等的制定实施，加强市场监管。完善电力监管机构、措施和手段，改进政府监管方法，提高对技术、安全、交易、运行等的科学监管水平。

三、近期推进电力体制改革的重点任务

（一）有序推进电价改革，理顺电价形成机制

1. 单独核定输配电价。政府定价的范围主要限定在重要公用事业、公益性服务和网络自然垄断环节。政府主要核定输配电价，并向社会公布，接受社会监督。输配电价逐步过渡到按“准许成本加合理收益”原则，分电压等级核定。用户或售电主体按照其接入的电网电压等级所对应的输配电价支付费用。

2. 分步实现公益性以外的发售电价格由市场形成。放开竞争性环节电力价格，把输配电价与发售电价在形成机制上分开。合理确定生物质发电补贴标准。参与电力市场交易的发电企业上网电价由用户或售电主体与发电企业通过协商、市场竞价等方式自主确定。参与电力市场交易的用户购电价格由市场交易价格、输配电价（含线损）、政府性基金三部分组成。其他没有参与直接交易和竞价交易的上网电量，以及居民、农业、重要公用事业和公益性服务用电，继续执行政府定价。

3. 妥善处理电价交叉补贴。结合电价改革进程，配套改革不同种类电价之间的交叉补贴。过渡期间，由电网企业申报现有各类用户电价间交叉补贴数额，通过输配电价回收。

（二）推进电力交易体制改革，完善市场化交易机制

4. 规范市场主体准入标准。按照接入电压等级，能耗水平、排放水平、产业政策以及区域差别化政策等确定并公布可参与直接交易的发电企业、售电主体和用户准入标准。按电压等级分期分批放开用户参与直接交易，参与直接交易企业的单位能耗、环保排放均应达到国家标准，不符合国家产业政策以及产品和工艺属于淘汰类的企业不得参与直接交易。进一步完善和创新制度，支持

环保高效特别是超低排放机组通过直接交易和科学调度多发电。准入标准确定后，升级政府按年公布当地符合标准的发电企业和售电主体目录，对用户目录实施动态监管，进入目录的发电企业、售电主体和用户可自愿到交易机构注册成为市场主体。

5. 引导市场主体开展多方直接交易。有序探索对符合标准的发电企业、售电主体和用户赋予自主选择权，确定交易对象、电量和价格，按照国家规定的输配电价向电网企业支付相应的过网费，直接洽谈合同，实现多方直接交易，短期和即时交易通过调度和交易机构实现，为工商业企业等各类用户提供更加经济、优质的电力保障。

6. 鼓励建立长期稳定的交易机制。构建体现市场主体意愿、长期稳定的双边市场模式，任何部门和单位不得干预市场主体的合法交易行为。直接交易双方通过自主协商决定交易事项，依法依规签订电网企业参与的三方合同。鼓励用户与发电企业之间签订长期稳定的合同，建立并完善实现合同调整及偏差电量处理的交易平衡机制。

7. 建立辅助服务分担共享新机制。适应电网调峰、调频、调压和用户可中断负荷等辅助服务新要求，完善并网发电企业辅助服务考核新机制和补偿机制。根据电网可靠性和服务质量，按照谁受益、谁承担的原则，建立用户参与的服务分担共享机制。用户可以结合自身负荷特性，自愿选择与发电企业或电网企业签订保供电协议、可中断负荷协议等合同，约定各自的服务权利与义务，承担必要的辅助服务费用，或按照贡献获得相应的经济补偿。

8. 完善跨省跨区电力交易机制。按照国家能源战略和经济、节能、环保、安全的原则，采取中长期交易为主、临时交易为补充的交易模式,推进跨省跨区电力市场化交易,促进电力资源在更大范围优化配置。鼓励具备条件的区域在政府指导下建立规范的跨省跨区电力市场交易机制,促使电力富余地区更好地向缺电地区输送电力,充分发挥市场配置资源、调剂余缺的作用。积极开展跨省跨区辅助服务交易。待时机成熟时,探索开展电力期货和电力场外衍生品交易,为发电企业、售电主体和用户提供远期价格基准和风险管理手段。

(三)建立相对独立的电力交易机构,形成公平规范的市场交易平台

9. 遵循市场经济规律和电力技术特性定位电网企业功能。改变电网企业集电力输送、电力统购统销、调度交易为一体的状况,电网企业主要从事电网投资运行、电力传输配送,负责电网系统安全,保障电网公平无歧视开放,按国家规定履行电力普遍服务义务。继续完善主辅分离。

10. 改革和规范电网企业运营模式。电网企业不再以上网电价和销售电价价差作为收入来源,按照政府核定的输配电价收取过网费。确保电网企业稳定的收入来源和收益水平。规范电网企业投资和资产管理行为。

11、组建和规范运行电力交易机构。将原来由电网企业承担的交易业务与其他业务分开,实现交易机构相对独立运行。电力交易机构按照政府批准的章程和规则为电力市场交易提供服务。相关政府部门依据职责对电力交易机构实施有效监管。

12. 完善电力交易机构的市场功能。电力交易机构主要负责市场交易平台的建设、运营和管理,负责市场交易组织,提供结算依据和服务,汇总用户与发电企业自主签订的双边合同,负责市场主体的注册和相应管理,披露和发布市场信息等。

(四)推进发用电计划改革,更多发挥市场机制的作用

13. 有序缩减发用电计划。根据市场发育程度,直接交易的电量和容量不再纳入发用电计划。鼓励新增工业用户和新核准的发电机组积极参与电力市场交易,其电量尽快实现以市场交易为主。

14. 完善政府公益性调节性服务功能。政府保留必要的公益性调节性发用电计划,以确保居民、农业、重要公用事业和公益性服务等用电,确保维护电网调峰调频和安全运行,确保可再生能源发电依照规划保障性收购。积极开展电力需求侧管理和能效管理,通过运用现代信息技术、培育电能服务、实施需求响应等,促进供需平衡和节能减排。加强老少边穷地区电力供应保障,确保无电人口用电全覆盖。

15. 进一步提升以需求侧管理为主的供需平衡保障水平。政府有关部门要按照市场化的方向,从需求侧和供应侧两方面入手,搞好电力电量整体平衡。提高电力供应的安全可靠水平。常态化、精细化开展有序用电工作,有效保障供需紧张下居民等重点用电需求不受影响。加强电力应急能力建设,提升应急响应水平,确保紧急状态下社会秩序稳定。

(五)稳步推进售电侧改革,有序向社会资本放开售电业务

16. 鼓励社会资本投资配电业务。按照有利于促进配电网建设发展和提高配电运营效率的要求,探索社会资本投资配电业务的有效途径。逐步向符合条件的市场主体放开增量配电投资业务,鼓励以混合所有制方式发展配电业务。

17. 建立市场主体准入和退出机制。根据开放售电侧市场的要求和各地实际情况,科学界定符合技术、安全、环保、节能和社会责任要求的售电主体条件。明确售电主体的市场准入、退出规则,加强监管,切实保障各相关方的合法权益。电网企业应无歧视地

向售电主体及其用户提供报装、计量、抄表、维修等各类供电服务，按约定履行保底供应商义务，确保无议价能力用户也有电可用。

18. 多途径培育市场主体。允许符合条件的高新产业园区或经济技术开发区，组建售电主体直接购电；鼓励社会资本投资成立售电主体，允许其从发电企业购买电量向用户销售；允许拥有分布式电源的用户或微网系统参与电力交易；鼓励供水、供气、供热等公共服务行业和节能服务公司从事售电业务；允许符合条件的发电企业投资和组建售电主体进入售电市场，从事售电业务。

19. 赋予市场主体相应的权责。售电主体可以采取多种方式通过电力市场购电，包括向发电企业购电、通过集中竞价购电、向其他售电商购电等。售电主体、用户、其他相关方依法签订合同，明确相应的权利义务，约定交易、服务、收费、结算等事项。鼓励售电主体创新服务，向用户提供包括合同能源管理、综合节能和用能咨询等增值服务。各种电力生产方式都要严格按照国家有关规定承担电力基金、政策交叉补贴、普遍服务、社会责任等义务。

（六）开放电网公平接入，建立分布式电源发展新机制

20. 积极发展分布式电源。分布式电源主要采用“自发自用、余量上网、电网调节”的运营模式，在确保安全的前提下，积极发展融合先进储能技术、信息技术的微电网和智能电网技术，提高系统消纳能力和能源利用效率。

21. 完善并网运行服务。加快修订和完善接入电网的技术标准、工程规范和相关管理办法，支持新能源、可再生能源、节能降耗和资源综合利用机组上网，积极推进新能源和可再生能源发电与其他电影、电网的有效衔接，依照规划认真落实可再生能源发电保障性收购制度，解决好无歧视、无障碍上网问题。加快制定完善新能源和可再生能源研发、制造、组装、并网、维护、改造等环节的国

家技术标准。

22. 加强和规范自备电厂监督管理。规范自备电厂准入标准，自备电厂的建设和运行应符合国家能源产业政策和电力规划布局要求，严格执行国家节能和环保排放标准，公平承担社会责任，履行相应的调峰义务。拥有自备电厂的企业应按规定承担与自备电厂产业政策相符合的政府性基金、政策性交叉补贴和系统备用费。完善和规范余热、余压、余气、瓦斯抽排等资源综合利用类自备电厂支持政策。规范现有自备电厂成为合格市场主体，允许在公平承担发电企业社会责任的条件下参与电力市场交易。

23. 全面放开用户侧分布式电源市场。积极开展分布式电源项目的各类试点和示范。放开用户侧分布式电源建设，支持企业、机构、社区和家庭根据各自条件，因地制宜投资建设太阳能、风能、生物质能发电以及燃气“热电冷”联产等各类分布式电源，准许接入各电压等级的配电网络和终端用电系统。鼓励专业化能源服务公司与用户合作或以“合同能源管理”模式建设分布式电源。

（七）加强电力统筹规划和科学监管，提高电力安全可靠水平

24. 切实加强电力行业特别是电网的统筹规划。政府有关部门要认真履行电力规划职责，优化电源与电网布局，加强电力规划与电源灯规划之间、全国电力规划与地方性电力规划之间的有效衔接。提升规划的覆盖面、权威性和科学性，增强规划的透明度和公众参与度，各种电源建设和电网布局要严格规划有序组织实施。电力规划应充分考虑资源环境承载力，依法开展规划的环境影响评价。规划经法定程序审核后，要向社会公开。建立规划实施检查、监督、评估、考核工作机制，保障电力规划的有效执行。

25. 切实加强电力行业及相关领域科学监督。完善电力监管组织体系，创新监管措施和手段，有效开展电力交易、调度、供电服务和安全监管，加强电网公平接入、电网投资行为、成本及投资运行效率监管，切实保障新能源并网接入，促进节能减排，保障居民供电和电网安全可靠运行。加强和完善行业协会自律、协调、监督、服务的功能，充分发挥其在政府、用户和企业之间的桥梁纽带作用。

26. 减少和规范电力行业的行政审批。进一步转变政府职能、简政放权，取消、下放电力项目审批权限，有效落实规划，明确审核条件和标准，规范简化审批程序，完善市场规划，保障电力发展战略、政策和标准有效落实。

27. 建立健全市场主体信用体系。加强市场主体诚信建设，规范市场秩序。有关部门要建立企业法人及其负责人、从业人员信用纪录，将其纳入统一的信用信息平台，使各类企业的信用状况透明、可追溯、可核查。加大监管力度，对企业和个人的违法失信行为予以公开，违法失信行为严重且影响电力安全的，要实行严格的行业禁入措施。

28. 抓紧修订电力法律法规。根据改革总体要求和进程，抓紧完成电力法的修订及相关行政法规的研究起草工作，充分发挥立法对改革的引导、推动、规范、保障作用。加强电力依法行政。加大可再生能源法的实施力度。加快能源监管法规制定工作，适应依法监管、有效监管的要求，及时制定和修订其他相关法律、法规、规章。

四、加强电力体制改革工作的组织实施

电力体制改革工作关系经济发展、群众生活和社会稳定，要加强组织领导，按照整体设计、重点突破、分步实施、有序推进、试点先行的要求,调动各方面的积极性,确保改革规范有序、稳妥推进。

(一)加强组织协调。完善电力体制改革工作小组机制,制定切实可行的专项改革工作方案及相关配套措施,进一步明确职责分工,明确中央、地方、企业的责任,确保电力体制改革工作顺利推进。

(二)积极营造氛围。加强与新闻媒体的沟通协调,加大对电力体制改革的宣传报道,在全社会形成推进电力体制改革的浓厚氛围,加强改革工作的沟通协调,充分调动各方积极性,凝聚共识、形成工作合力。

(三)稳妥有序推进。电力体制改革是一项系统性工程,要在各方共识的基础上有序、有效、稳妥推进。逐步扩大输配电价改革试点范围。对售电侧改革、组建相对独立运行的电力交易机构等重大改革事项,可以先进行试点,在总结试点经验和修改完善相关法律法规的基础上再全面推开。

2. 期货交易管理条例

(中华人民共和国国务院令第489号　2007年2月7日国务院第168次常务会议通过　自2007年4月15日起施行)

第一章　总　　则

第一条　为了规范期货交易行为,加强对期货交易的监督管理,维护期货市场秩序,防范风险,保护期货交易各方的合法权益和社会公共利益,促进期货市场积极稳妥发展,制定本条例。

第二条　任何单位和个人从事期货交易,包括商品和金融期货合约、期权合约交易及其相关活动,应当遵守本条例。

第三条 从事期货交易活动,应当遵循公开、公平、公正和诚实信用的原则。禁止欺诈、内幕交易和操纵期货交易价格等违法行为。

第四条 期货交易应当在依法设立的期货交易所或者国务院期货监督管理机构批准的其他交易场所进行。

禁止在国务院期货监督管理机构批准的期货交易场所之外进行期货交易,禁止变相期货交易。

第五条 国务院期货监督管理机构对期货市场实行集中统一的监督管理。

国务院期货监督管理机构派出机构依照本条例的有关规定和国务院期货监督管理机构的授权,履行监督管理职责。

第二章 期货交易所

第六条 设立期货交易所,由国务院期货监督管理机构审批。

未经国务院期货监督管理机构批准,任何单位或者个人不得设立期货交易所或者以任何形式组织期货交易及其相关活动。

第七条 期货交易所不以营利为目的,按照其章程的规定实行自律管理。期货交易所以其全部财产承担民事责任。期货交易所的负责人由国务院期货监督管理机构任免。

期货交易所的管理办法由国务院期货监督管理机构制定。

第八条 期货交易所会员应当是在中华人民共和国境内登记注册的企业法人或者其他经济组织。

期货交易所可以实行会员分级结算制度。实行会员分级结算制度的期货交易所会员由结算会员和非结算会员组成。

结算会员的结算业务资格由国务院期货监督管理机构批准。国务院期货监督管理机构应当在受理结算业务资格申请之日起3个月内做出批准或者不批准的决定。

第九条　有《中华人民共和国公司法》第一百四十七条规定的情形或者下列情形之一的，不得担任期货交易所的负责人、财务会计人员：

（一）因违法行为或者违纪行为被解除职务的期货交易所、证券交易所、证券登记结算机构的负责人，或者期货公司、证券公司的董事、监事、高级管理人员，以及国务院期货监督管理机构规定的其他人员，自被解除职务之日起未逾5年；

（二）因违法行为或者违纪行为被撤销资格的律师、注册会计师或者投资咨询机构、财务顾问机构、资信评级机构、资产评估机构、验证机构的专业人员，自被撤销资格之日起未逾5年。

第十条　期货交易所应当依照本条例和国务院期货监督管理机构的规定，建立、健全各项规章制度，加强对交易活动的风险控制和对会员以及交易所工作人员的监督管理。期货交易所履行下列职责：

（一）提供交易的场所、设施和服务；

（二）设计合约，安排合约上市；

（三）组织并监督交易、结算和交割；

（四）保证合约的履行；

（五）按照章程和交易规则对会员进行监督管理；

（六）国务院期货监督管理机构规定的其他职责。

期货交易所不得直接或者间接参与期货交易。未经国务院期货监督管理机构审核并报国务院批准，期货交易所不得从事信托投资、股票投资、非自用不动产投资等与其职责无关的业务。

第十一条　期货交易所应当按照国家有关规定建立、健全下列风险管理制度：

（一）保证金制度；

（二）当日无负债结算制度；

（三）涨跌停板制度；

（四）持仓限额和大户持仓报告制度；

（五）风险准备金制度；

（六）国务院期货监督管理机构规定的其他风险管理制度。

实行会员分级结算制度的期货交易所，还应当建立、健全结算担保金制度。

第十二条 当期货市场出现异常情况时，期货交易所可以按照其章程规定的权限和程序，决定采取下列紧急措施，并应当立即报告国务院期货监督管理机构：

（一）提高保证金；

（二）调整涨跌停板幅度；

（三）限制会员或者客户的最大持仓量；

（四）暂时停止交易；

（五）采取其他紧急措施。

前款所称异常情况，是指在交易中发生操纵期货交易价格的行为或者发生不可抗拒的突发事件以及国务院期货监督管理机构规定的其他情形。

异常情况消失后，期货交易所应当及时取消紧急措施。

第十三条 期货交易所办理下列事项，应当经国务院期货监督管理机构批准：

（一）制定或者修改章程、交易规则；

（二）上市、中止、取消或者恢复交易品种；

（三）上市、修改或者终止合约；

（四）变更住所或者营业场所；

（五）合并、分立或者解散；

（六）国务院期货监督管理机构规定的其他事项。

国务院期货监督管理机构批准期货交易所上市新的交易品种，应当征求国务院有关部门的意见。

第十四条　期货交易所的所得收益按照国家有关规定管理和使用，但应当首先用于保证期货交易场所、设施的运行和改善。

第三章　期货公司

第十五条　期货公司是依照《中华人民共和国公司法》和本条例规定设立的经营期货业务的金融机构。设立期货公司，应当经国务院期货监督管理机构批准，并在公司登记机关登记注册。

未经国务院期货监督管理机构批准，任何单位或者个人不得设立或者变相设立期货公司，经营期货业务。

第十六条　申请设立期货公司，应当符合《中华人民共和国公司法》的规定，并具备下列条件：

（一）注册资本最低限额为人民币 3000 万元；

（二）董事、监事、高级管理人员具备任职资格，从业人员具有期货从业资格；

（三）有符合法律、行政法规规定的公司章程；

（四）主要股东以及实际控制人具有持续盈利能力，信誉良好，最近 3 年无重大违法违规记录；

（五）有合格的经营场所和业务设施；

（六）有健全的风险管理和内部控制制度；

（七）国务院期货监督管理机构规定的其他条件。

国务院期货监督管理机构根据审慎监管原则和各项业务的风险程度，可以提高注册资本最低限额。注册资本应当是实缴资本。股东应当以货币或者期货公司经营必需的非货币财产出资，货币出资比例不得低于 85%。

国务院期货监督管理机构应当在受理期货公司设立申请之日起6个月内,根据审慎监管原则进行审查,做出批准或者不批准的决定。

未经国务院期货监督管理机构批准,任何单位和个人不得委托或者接受他人委托持有或者管理期货公司的股权。

第十七条 期货公司业务实行许可制度,由国务院期货监督管理机构按照其商品期货、金融期货业务种类颁发许可证。期货公司除申请经营境内期货经纪业务外,还可以申请经营境外期货经纪、期货投资咨询以及国务院期货监督管理机构规定的其他期货业务。

期货公司不得从事与期货业务无关的活动,法律、行政法规或者国务院期货监督管理机构另有规定的除外。

期货公司不得从事或者变相从事期货自营业务。

期货公司不得为其股东、实际控制人或者其他关联人提供融资,不得对外担保。

第十八条 期货公司从事经纪业务,接受客户委托,以自己的名义为客户进行期货交易,交易结果由客户承担。

第十九条 期货公司办理下列事项,应当经国务院期货监督管理机构批准:

(一)合并、分立、停业、解散或者破产;

(二)变更公司形式;

(三)变更业务范围;

(四)变更注册资本;

(五)变更5%以上的股权;

(六)设立、收购、参股或者终止境外期货类经营机构;

(七)国务院期货监督管理机构规定的其他事项。

前款第(四)项、第(七)项所列事项,国务院期货监督管理机构应当自受理申请之日起20日内做出批准或者不批准的决定;前款所列其他事项,国务院期货监督管理机构应当自受理申请之日起2个月内做出批准或者不批准的决定。

第二十条　期货公司办理下列事项,应当经国务院期货监督管理机构派出机构批准:

(一)变更法定代表人;

(二)变更住所或者营业场所;

(三)设立或者终止境内分支机构;

(四)变更境内分支机构的营业场所、负责人或者经营范围;

(五)国务院期货监督管理机构规定的其他事项。

前款第(一)项、第(二)项、第(四)项、第(五)项所列事项,国务院期货监督管理机构派出机构应当自受理申请之日起20日内做出批准或者不批准的决定;前款第(三)项所列事项,国务院期货监督管理机构派出机构应当自受理申请之日起2个月内做出批准或者不批准的决定。

第二十一条　期货公司或者其分支机构有《中华人民共和国行政许可法》第七十条规定的情形或者下列情形之一的,国务院期货监督管理机构应当依法办理期货业务许可证注销手续:

(一)营业执照被公司登记机关依法注销;

(二)成立后无正当理由超过3个月未开始营业,或者开业后无正当理由停业连续3个月以上;

(三)主动提出注销申请;

(四)国务院期货监督管理机构规定的其他情形。

期货公司在注销期货业务许可证前,应当结清相关期货业务,并依法返还客户的保证金和其他资产。期货公司分支机构在注销经营许可证前,应当终止经营活动,妥善处理客户资产。

第二十二条 期货公司应当建立、健全并严格执行业务管理规则、风险管理制度,遵守信息披露制度,保障客户保证金的存管安全,按照期货交易所的规定,向期货交易所报告大户名单、交易情况。

第二十三条 从事期货投资咨询以及为期货公司提供中间介绍等业务的其他期货经营机构,应当取得国务院期货监督管理机构批准的业务资格,具体管理办法由国务院期货监督管理机构制定。

第四章 期货交易基本规则

第二十四条 在期货交易所进行期货交易的,应当是期货交易所会员。

第二十五条 期货公司接受客户委托为其进行期货交易,应当事先向客户出示风险说明书,经客户签字确认后,与客户签订书面合同。期货公司不得未经客户委托或者不按照客户委托内容,擅自进行期货交易。

期货公司不得向客户做获利保证;不得在经纪业务中与客户约定分享利益或者共担风险。

第二十六条 下列单位和个人不得从事期货交易,期货公司不得接受其委托为其进行期货交易:

(一)国家机关和事业单位;

(二)国务院期货监督管理机构、期货交易所、期货保证金安全存管监控机构和期货业协会的工作人员;

(三)证券、期货市场禁止进入者;

(四)未能提供开户证明材料的单位和个人;

(五)国务院期货监督管理机构规定不得从事期货交易的其他

单位和个人。

第二十七条　客户可以通过书面、电话、互联网或者国务院期货监督管理机构规定的其他方式，向期货公司下达交易指令。客户的交易指令应当明确、全面。

期货公司不得隐瞒重要事项或者使用其他不正当手段诱骗客户发出交易指令。

第二十八条　期货交易所应当及时公布上市品种合约的成交量、成交价、持仓量、最高价与最低价、开盘价与收盘价和其他应当公布的即时行情，并保证即时行情的真实、准确。期货交易所不得发布价格预测信息。

未经期货交易所许可，任何单位和个人不得发布期货交易即时行情。

第二十九条　期货交易应当严格执行保证金制度。期货交易所向会员、期货公司向客户收取的保证金，不得低于国务院期货监督管理机构、期货交易所规定的标准，并应当与自有资金分开，专户存放。

期货交易所向会员收取的保证金，属于会员所有，除用于会员的交易结算外，严禁挪作他用。

期货公司向客户收取的保证金，属于客户所有，除下列可划转的情形外，严禁挪作他用：

（一）依据客户的要求支付可用资金；

（二）为客户交存保证金，支付手续费、税款；

（三）国务院期货监督管理机构规定的其他情形。

第三十条　期货公司应当为每一个客户单独开立专门账户、设置交易编码，不得混码交易。

第三十一条　期货公司经营期货经纪业务又同时经营其他期

货业务的，应当严格执行业务分离和资金分离制度，不得混合操作。

第三十二条 期货交易所会员、客户可以使用标准仓单、国债等价值稳定、流动性强的有价证券充抵保证金进行期货交易。有价证券的种类、价值的计算方法和充抵保证金的比例等，由国务院期货监督管理机构规定。

第三十三条 银行业金融机构从事期货保证金存管、期货结算业务的资格，经国务院银行业监督管理机构审核同意后，由国务院期货监督管理机构批准。

第三十四条 期货交易所、期货公司、非期货公司结算会员应当按照国务院期货监督管理机构、财政部门的规定提取、管理和使用风险准备金，不得挪用。

第三十五条 期货交易的收费项目、收费标准和管理办法由国务院有关主管部门统一制定并公布。

第三十六条 期货交易应当采用公开的集中交易方式或者国务院期货监督管理机构批准的其他方式。

第三十七条 期货交易的结算，由期货交易所统一组织进行。

期货交易所实行当日无负债结算制度。期货交易所应当在当日及时将结算结果通知会员。

期货公司根据期货交易所的结算结果对客户进行结算，并应当将结算结果按照与客户约定的方式及时通知客户。客户应当及时查询并妥善处理自己的交易持仓。

第三十八条 期货交易所会员的保证金不足时，应当及时追加保证金或者自行平仓。会员未在期货交易所规定的时间内追加保证金或者自行平仓的，期货交易所应当将该会员的合约强行平仓，强行平仓的有关费用和发生的损失由该会员承担。

客户保证金不足时，应当及时追加保证金或者自行平仓。客户未在期货公司规定的时间内及时追加保证金或者自行平仓的，期货公司应当将该客户的合约强行平仓，强行平仓的有关费用和发生的损失由该客户承担。

第三十九条　期货交易的交割，由期货交易所统一组织进行。

交割仓库由期货交易所指定。期货交易所不得限制实物交割总量，并应当与交割仓库签订协议，明确双方的权利和义务。交割仓库不得有下列行为：

（一）出具虚假仓单；

（二）违反期货交易所业务规则，限制交割商品的入库、出库；

（三）泄露与期货交易有关的商业秘密；

（四）违反国家有关规定参与期货交易；

（五）国务院期货监督管理机构规定的其他行为。

第四十条　会员在期货交易中违约的，期货交易所先以该会员的保证金承担违约责任；保证金不足的，期货交易所应当以风险准备金和自有资金代为承担违约责任，并由此取得对该会员的相应追偿权。

客户在期货交易中违约的，期货公司先以该客户的保证金承担违约责任；保证金不足的，期货公司应当以风险准备金和自有资金代为承担违约责任，并由此取得对该客户的相应追偿权。

第四十一条　实行会员分级结算制度的期货交易所，应当向结算会员收取结算担保金。期货交易所只对结算会员结算，收取和追收保证金，以结算担保金、风险准备金、自有资金代为承担违约责任，以及采取其他相关措施；对非结算会员的结算、收取和追收保证金、代为承担违约责任，以及采取其他相关措施，由结算会员执行。

第四十二条 期货交易所、期货公司和非期货公司结算会员应当保证期货交易、结算、交割资料的完整和安全。

第四十三条 任何单位或者个人不得编造、传播有关期货交易的虚假信息，不得恶意串通、联手买卖或者以其他方式操纵期货交易价格。

第四十四条 任何单位或者个人不得违规使用信贷资金、财政资金进行期货交易。

银行业金融机构从事期货交易融资或者担保业务的资格，由国务院银行业监督管理机构批准。

第四十五条 国有以及国有控股企业进行境内外期货交易，应当遵循套期保值的原则，严格遵守国务院国有资产监督管理机构以及其他有关部门关于企业以国有资产进入期货市场的有关规定。

第四十六条 国务院商务主管部门对境内单位或者个人从事境外商品期货交易的品种进行核准。

境外期货项下购汇、结汇以及外汇收支，应当符合国家外汇管理有关规定。

境内单位或者个人从事境外期货交易的办法，由国务院期货监督管理机构会同国务院商务主管部门、国有资产监督管理机构、银行业监督管理机构、外汇管理部门等有关部门制订，报国务院批准后施行。

第五章　期货业协会

第四十七条 期货业协会是期货业的自律性组织，是社会团体法人。

期货公司以及其他专门从事期货经营的机构应当加入期货业协会，并缴纳会员费。

第四十八条　期货业协会的权力机构为全体会员组成的会员大会。

期货业协会的章程由会员大会制定，并报国务院期货监督管理机构备案。

期货业协会设理事会。理事会成员按照章程的规定选举产生。

第四十九条　期货业协会履行下列职责：

（一）教育和组织会员遵守期货法律法规和政策；

（二）制定会员应当遵守的行业自律性规则，监督、检查会员行为，对违反协会章程和自律性规则的，按照规定给予纪律处分；

（三）负责期货从业人员资格的认定、管理以及撤销工作；

（四）受理客户与期货业务有关的投诉，对会员之间、会员与客户之间发生的纠纷进行调解；

（五）依法维护会员的合法权益，向国务院期货监督管理机构反映会员的建议和要求；

（六）组织期货从业人员的业务培训，开展会员间的业务交流；

（七）组织会员就期货业的发展、运作以及有关内容进行研究；

（八）期货业协会章程规定的其他职责。

期货业协会的业务活动应当接受国务院期货监督管理机构的指导和监督。

第六章　监督管理

第五十条　国务院期货监督管理机构对期货市场实施监督管理，依法履行下列职责：

（一）制定有关期货市场监督管理的规章、规则，并依法行使审批权；

（二）对品种的上市、交易、结算、交割等期货交易及其相关活动，进行监督管理；

（三）对期货交易所、期货公司及其他期货经营机构、非期货公司结算会员、期货保证金安全存管监控机构、期货保证金存管银行、交割仓库等市场相关参与者的期货业务活动，进行监督管理；

（四）制定期货从业人员的资格标准和管理办法，并监督实施；

（五）监督检查期货交易的信息公开情况；

（六）对期货业协会的活动进行指导和监督；

（七）对违反期货市场监督管理法律、行政法规的行为进行查处；

（八）开展与期货市场监督管理有关的国际交流、合作活动；

（九）法律、行政法规规定的其他职责。

第五十一条 国务院期货监督管理机构依法履行职责，可以采取下列措施：

（一）对期货交易所、期货公司及其他期货经营机构、非期货公司结算会员、期货保证金安全存管监控机构和交割仓库进行现场检查；

（二）进入涉嫌违法行为发生场所调查取证；

（三）询问当事人和与被调查事件有关的单位和个人，要求其对与被调查事件有关的事项做出说明；

（四）查阅、复制与被调查事件有关的财产权登记等资料；

（五）查阅、复制当事人和与被调查事件有关的单位和个人的期货交易记录、财务会计资料以及其他相关文件和资料；对可能被转移、隐匿或者毁损的文件和资料，可以予以封存；

（六）查询与被调查事件有关的单位的保证金账户和银行账户；

（七）在调查操纵期货交易价格、内幕交易等重大期货违法行为时，经国务院期货监督管理机构主要负责人批准，可以限制被调查事件当事人的期货交易，但限制的时间不得超过15个交易日；案情复杂的，可以延长至30个交易日；

（八）法律、行政法规规定的其他措施。

第五十二条　期货交易所、期货公司及其他期货经营机构、期货保证金安全存管监控机构，应当向国务院期货监督管理机构报送财务会计报告、业务资料和其他有关资料。

对期货公司及其他期货经营机构报送的年度报告，国务院期货监督管理机构应当指定专人进行审核，并制作审核报告。审核人员应当在审核报告上签字。审核中发现问题的，国务院期货监督管理机构应当及时采取相应措施。

必要时，国务院期货监督管理机构可以要求非期货公司结算会员、交割仓库，以及期货公司股东、实际控制人或者其他关联人报送相关资料。

第五十三条　国务院期货监督管理机构依法履行职责，进行监督检查或者调查时，被检查、调查的单位和个人应当配合，如实提供有关文件和资料，不得拒绝、阻碍和隐瞒；其他有关部门和单位应当给予支持和配合。

第五十四条　国家根据期货市场发展的需要，设立期货投资者保障基金。

期货投资者保障基金的筹集、管理和使用的具体办法，由国务院期货监督管理机构会同国务院财政部门制定。

第五十五条　国务院期货监督管理机构应当建立、健全保证金安全存管监控制度，设立期货保证金安全存管监控机构。

客户和期货交易所、期货公司及其他期货经营机构、非期货公司结算会员以及期货保证金存管银行，应当遵守国务院期货监督管理机构有关保证金安全存管监控的规定。

第五十六条 期货保证金安全存管监控机构依照有关规定对保证金安全实施监控，进行每日稽核，发现问题应当立即报告国务院期货监督管理机构。国务院期货监督管理机构应当根据不同情况，依照本条例有关规定及时处理。

第五十七条 国务院期货监督管理机构对期货交易所、期货公司及其他期货经营机构和期货保证金安全存管监控机构的董事、监事、高级管理人员以及其他期货从业人员，实行资格管理制度。

第五十八条 国务院期货监督管理机构应当制定期货公司持续性经营规则，对期货公司的净资本与净资产的比例，净资本与境内期货经纪、境外期货经纪等业务规模的比例，流动资产与流动负债的比例等风险监管指标做出规定；对期货公司及其分支机构的经营条件、风险管理、内部控制、保证金存管、关联交易等方面提出要求。

第五十九条 期货公司及其分支机构不符合持续性经营规则或者出现经营风险的，国务院期货监督管理机构可以对期货公司及其董事、监事和高级管理人员采取谈话、提示、记入信用记录等监管措施或者责令期货公司限期整改，并对其整改情况进行检查验收。

期货公司逾期未改正，其行为严重危及期货公司的稳健运行、损害客户合法权益，或者涉嫌严重违法违规正在被国务院期货监督管理机构调查的，国务院期货监督管理机构可以区别情形，对其采取下列措施：

（一）限制或者暂停部分期货业务；

（二）停止批准新增业务或者分支机构；

（三）限制分配红利，限制向董事、监事、高级管理人员支付报酬、提供福利；

（四）限制转让财产或者在财产上设定其他权利；

（五）责令更换董事、监事、高级管理人员或者有关业务部门、分支机构的负责人员，或者限制其权利；

（六）限制期货公司自有资金或者风险准备金的调拨和使用；

（七）责令控股股东转让股权或者限制有关股东行使股东权利。

对经过整改符合有关法律、行政法规规定以及持续性经营规则要求的期货公司，国务院期货监督管理机构应当自验收完毕之日起 3 日内解除对其采取的有关措施。

对经过整改仍未达到持续性经营规则要求，严重影响正常经营的期货公司，国务院期货监督管理机构有权撤销其部分或者全部期货业务许可、关闭其分支机构。

第六十条　期货公司违法经营或者出现重大风险，严重危害期货市场秩序、损害客户利益的，国务院期货监督管理机构可以对该期货公司采取责令停业整顿、指定其他机构托管或者接管等监管措施。经国务院期货监督管理机构批准，可以对该期货公司直接负责的董事、监事、高级管理人员和其他直接责任人员采取以下措施：

（一）通知出境管理机关依法阻止其出境；

（二）申请司法机关禁止其转移、转让或者以其他方式处分财产，或者在财产上设定其他权利。

第六十一条　期货公司的股东有虚假出资或者抽逃出资行为的，国务院期货监督管理机构应当责令其限期改正，并可责令其转让所持期货公司的股权。

在股东按照前款要求改正违法行为、转让所持期货公司的股权前，国务院期货监督管理机构可以限制其股东权利。

第六十二条 当期货市场出现异常情况时，国务院期货监督管理机构可以采取必要的风险处置措施。

第六十三条 期货公司的交易软件、结算软件，应当满足期货公司审慎经营和风险管理以及国务院期货监督管理机构有关保证金安全存管监控规定的要求。期货公司的交易软件、结算软件不符合要求的，国务院期货监督管理机构有权要求期货公司予以改进或者更换。

国务院期货监督管理机构可以要求期货公司的交易软件、结算软件的供应商提供该软件的相关资料，供应商应当予以配合。国务院期货监督管理机构对供应商提供的相关资料负有保密义务。

第六十四条 期货公司涉及重大诉讼、仲裁，或者股权被冻结或者用于担保，以及发生其他重大事件时，期货公司及其相关股东、实际控制人应当自该事件发生之日起 5 日内向国务院期货监督管理机构提交书面报告。

第六十五条 会计师事务所、律师事务所、资产评估机构等中介服务机构向期货交易所和期货公司等市场相关参与者提供相关服务时，应当遵守期货法律、行政法规以及国家有关规定，并按照国务院期货监督管理机构的要求提供相关资料。

第六十六条 国务院期货监督管理机构应当与有关部门建立监督管理的信息共享和协调配合机制。

国务院期货监督管理机构可以和其他国家或者地区的期货监督管理机构建立监督管理合作机制，实施跨境监督管理。

第六十七条 国务院期货监督管理机构、期货交易所、期货保证金安全存管监控机构和期货保证金存管银行等相关单位的工作人员，应当忠于职守，依法办事，公正廉洁，保守国家秘密和有关当事人的商业秘密，不得利用职务便利牟取不正当的利益。

第七章　法律责任

第六十八条　期货交易所、非期货公司结算会员有下列行为之一的，责令改正，给予警告，没收违法所得：

（一）违反规定接纳会员的；

（二）违反规定收取手续费的；

（三）违反规定使用、分配收益的；

（四）不按照规定公布即时行情的，或者发布价格预测信息的；

（五）不按照规定向国务院期货监督管理机构履行报告义务的；

（六）不按照规定向国务院期货监督管理机构报送有关文件、资料的；

（七）不按照规定建立、健全结算担保金制度的；

（八）不按照规定提取、管理和使用风险准备金的；

（九）违反国务院期货监督管理机构有关保证金安全存管监控规定的；

（十）限制会员实物交割总量的；

（十一）任用不具备资格的期货从业人员的；

（十二）违反国务院期货监督管理机构规定的其他行为。

有前款所列行为之一的，对直接负责的主管人员和其他直接责任人员给予纪律处分，处1万元以上10万元以下的罚款。

有本条第一款第（二）项所列行为的，应当责令退还多收取的手续费。

期货保证金安全存管监控机构有本条第一款第（五）项、第（六）项、第（九）项、第（十一）项、第（十二）项所列行为的，依照本条第一款、第二款的规定处罚、处分。期货保证金存管银行有本条第一款第（九）项、第（十二）项所列行为的，依照本条第一款、第二款的规定处罚、处分。

第六十九条 期货交易所、非期货公司结算会员有下列行为之一的，责令改正，给予警告，没收违法所得，并处违法所得1倍以上5倍以下的罚款；没有违法所得或者违法所得不满10万元的，并处10万元以上50万元以下的罚款；情节严重的，责令停业整顿：

（一）未经批准，擅自办理本条例第十三条所列事项的；

（二）允许会员在保证金不足的情况下进行期货交易的；

（三）直接或者间接参与期货交易，或者违反规定从事与其职责无关的业务的；

（四）违反规定收取保证金，或者挪用保证金的；

（五）伪造、涂改或者不按照规定保存期货交易、结算、交割资料的；

（六）未建立或者未执行当日无负债结算、涨跌停板、持仓限额和大户持仓报告制度的；

（七）拒绝或者妨碍国务院期货监督管理机构监督检查的；

（八）违反国务院期货监督管理机构规定的其他行为。

有前款所列行为之一的，对直接负责的主管人员和其他直接责任人员给予纪律处分，处1万元以上10万元以下的罚款。

期货保证金安全存管监控机构有本条第一款第（三）项、第（七）项、第（八）项所列行为的，依照本条第一款、第二款的规定处罚、处分。

第七十条 期货公司有下列行为之一的，责令改正，给予警告，没收违法所得，并处违法所得1倍以上3倍以下的罚款；没有违法所得或者违法所得不满10万元的，并处10万元以上30万元以

下的罚款;情节严重的,责令停业整顿或者吊销期货业务许可证:

(一)接受不符合规定条件的单位或者个人委托的;

(二)允许客户在保证金不足的情况下进行期货交易的;

(三)未经批准,擅自办理本条例第十九条、第二十条所列事项的;

(四)违反规定从事与期货业务无关的活动的;

(五)从事或者变相从事期货自营业务的;

(六)为其股东、实际控制人或者其他关联人提供融资,或者对外担保的;

(七)违反国务院期货监督管理机构有关保证金安全存管监控规定的;

(八)不按照规定向国务院期货监督管理机构履行报告义务或者报送有关文件、资料的;

(九)交易软件、结算软件不符合期货公司审慎经营和风险管理以及国务院期货监督管理机构有关保证金安全存管监控规定的要求的;

(十)不按照规定提取、管理和使用风险准备金的;

(十一)伪造、涂改或者不按照规定保存期货交易、结算、交割资料的;

(十二)任用不具备资格的期货从业人员的;

(十三)伪造、变造、出租、出借、买卖期货业务许可证或者经营许可证的;

(十四)进行混码交易的;

(十五)拒绝或者妨碍国务院期货监督管理机构监督检查的;

(十六)违反国务院期货监督管理机构规定的其他行为。

期货公司有前款所列行为之一的,对直接负责的主管人员和其他直接责任人员给予警告，并处 1 万元以上 5 万元以下的罚款；情节严重的，暂停或者撤销任职资格、期货从业人员资格。

期货公司之外的其他期货经营机构有本条第一款第(八)项、第(十二)项、第(十三)项、第(十五)项、第(十六)项所列行为的，依照本条第一款、第二款的规定处罚。

期货公司的股东、实际控制人或者其他关联人未经批准擅自委托他人或者接受他人委托持有或者管理期货公司股权的，拒不配合国务院期货监督管理机构的检查，拒不按照规定履行报告义务、提供有关信息和资料，或者报送、提供的信息和资料有虚假记载、误导性陈述或者重大遗漏的，依照本条第一款、第二款的规定处罚。

第七十一条 期货公司有下列欺诈客户行为之一的，责令改正，给予警告，没收违法所得，并处违法所得 1 倍以上 5 倍以下的罚款；没有违法所得或者违法所得不满 10 万元的，并处 10 万元以上 50 万元以下的罚款；情节严重的，责令停业整顿或者吊销期货业务许可证：

(一)向客户做获利保证或者不按照规定向客户出示风险说明书的；

(二)在经纪业务中与客户约定分享利益、共担风险的；

(三)不按照规定接受客户委托或者不按照客户委托内容擅自进行期货交易的；

(四)隐瞒重要事项或者使用其他不正当手段，诱骗客户发出交易指令的；

(五)向客户提供虚假成交回报的；

(六)未将客户交易指令下达到期货交易所的；

(七)挪用客户保证金的；

(八)不按照规定在期货保证金存管银行开立保证金账户，或者违规划转客户保证金的；

（九）国务院期货监督管理机构规定的其他欺诈客户的行为。

期货公司有前款所列行为之一的，对直接负责的主管人员和其他直接责任人员给予警告，并处1万元以上10万元以下的罚款；情节严重的，暂停或者撤销任职资格、期货从业人员资格。

任何单位或者个人编造并且传播有关期货交易的虚假信息，扰乱期货交易市场的，依照本条第一款、第二款的规定处罚。

第七十二条　期货公司及其他期货经营机构、非期货公司结算会员、期货保证金存管银行提供虚假申请文件或者采取其他欺诈手段隐瞒重要事实骗取期货业务许可的，撤销其期货业务许可，没收违法所得。

第七十三条　期货交易内幕信息的知情人或者非法获取期货交易内幕信息的人，在对期货交易价格有重大影响的信息尚未公开前，利用内幕信息从事期货交易，或者向他人泄露内幕信息，使他人利用内幕信息进行期货交易的，没收违法所得，并处违法所得1倍以上5倍以下的罚款；没有违法所得或者违法所得不满10万元的，处10万元以上50万元以下的罚款。单位从事内幕交易的，还应当对直接负责的主管人员和其他直接责任人员给予警告，并处3万元以上30万元以下的罚款。

国务院期货监督管理机构、期货交易所和期货保证金安全存管监控机构的工作人员进行内幕交易的，从重处罚。

第七十四条　任何单位或者个人有下列行为之一，操纵期货交易价格的，责令改正，没收违法所得，并处违法所得1倍以上5倍以下的罚款；没有违法所得或者违法所得不满20万元的，处20万元以上100万元以下的罚款：

（一）单独或者合谋，集中资金优势、持仓优势或者利用信息优

势联合或者连续买卖合约,操纵期货交易价格的;

(二)蓄意串通,按事先约定的时间、价格和方式相互进行期货交易,影响期货交易价格或者期货交易量的;

(三)以自己为交易对象,自买自卖,影响期货交易价格或者期货交易量的;

(四)为影响期货市场行情囤积现货的;

(五)国务院期货监督管理机构规定的其他操纵期货交易价格的行为。

单位有前款所列行为之一的,对直接负责的主管人员和其他直接责任人员给予警告,并处1万元以上10万元以下的罚款。

第七十五条 交割仓库有本条例第三十九条第二款所列行为之一的,责令改正,给予警告,没收违法所得,并处违法所得1倍以上5倍以下的罚款;没有违法所得或者违法所得不满10万元的,并处10万元以上50万元以下的罚款;情节严重的,责令期货交易所暂停或者取消其交割仓库资格。对直接负责的主管人员和其他直接责任人员给予警告,并处1万元以上10万元以下的罚款。

第七十六条 国有以及国有控股企业违反本条例和国务院国有资产监督管理机构以及其他有关部门关于企业以国有资产进入期货市场的有关规定进行期货交易,或者单位、个人违规使用信贷资金、财政资金进行期货交易的,给予警告,没收违法所得,并处违法所得1倍以上5倍以下的罚款;没有违法所得或者违法所得不满10万元的,并处10万元以上50万元以下的罚款。对直接负责的主管人员和其他直接责任人员给予降级直至开除的纪律处分。

第七十七条 境内单位或者个人违反规定从事境外期货交易的,责令改正,给予警告,没收违法所得,并处违法所得1倍以上5倍以下的罚款;没有违法所得或者违法所得不满20万元的,并处

20 万元以上 100 万元以下的罚款；情节严重的，暂停其境外期货交易。对直接负责的主管人员和其他直接责任人员给予警告，并处 1 万元以上 10 万元以下的罚款。

第七十八条　任何单位或者个人非法设立或者变相设立期货交易所、期货公司及其他期货经营机构，或者擅自从事期货业务，或者组织变相期货交易活动的，予以取缔，没收违法所得，并处违法所得 1 倍以上 5 倍以下的罚款；没有违法所得或者违法所得不满 20 万元的，处 20 万元以上 100 万元以下的罚款。对直接负责的主管人员和其他直接责任人员给予警告，并处 1 万元以上 10 万元以下的罚款。

第七十九条　期货公司的交易软件、结算软件供应商拒不配合国务院期货监督管理机构调查，或者未按照规定向国务院期货监督管理机构提供相关软件资料，或者提供的软件资料有虚假、重大遗漏的，责令改正，处 3 万元以上 10 万元以下的罚款。对直接负责的主管人员和其他直接责任人员给予警告，并处 1 万元以上 5 万元以下的罚款。

第八十条　会计师事务所、律师事务所、资产评估机构等中介服务机构未勤勉尽责，所出具的文件有虚假记载、误导性陈述或者重大遗漏的，责令改正，没收业务收入，暂停或者撤销相关业务许可，并处业务收入 1 倍以上 5 倍以下的罚款。对直接负责的主管人员和其他直接责任人员给予警告，并处 3 万元以上 10 万元以下的罚款。

第八十一条　任何单位或者个人违反本条例规定，情节严重的，由国务院期货监督管理机构宣布该个人、该单位或者该单位的直接责任人员为期货市场禁止进入者。

第八十二条　国务院期货监督管理机构、期货交易所、期货保证金安全存管监控机构和期货保证金存管银行等相关单位的工作人员，泄露知悉的国家秘密或者会员、客户商业秘密，或者徇私舞弊、玩忽职守、滥用职权、收受贿赂的，依法给予行政处分或者纪律处分。

第八十三条 违反本条例规定，构成犯罪的，依法追究刑事责任。

第八十四条 对本条例规定的违法行为的行政处罚，由国务院期货监督管理机构决定；涉及其他有关部门法定职权的，国务院期货监督管理机构应当会同其他有关部门处理；属于其他有关部门法定职权的，国务院期货监督管理机构应当移交其他有关部门处理。

第八章 附 则

第八十五条 本条例下列用语的含义：

（一）期货合约，是指由期货交易所统一制定的、规定在将来某一特定的时间和地点交割一定数量标的物的标准化合约。根据合约标的物的不同，期货合约分为商品期货合约和金融期货合约。商品期货合约的标的物包括农产品、工业品、能源和其他商品及其相关指数产品；金融期货合约的标的物包括有价证券、利率、汇率等金融产品及其相关指数产品。

（二）期权合约，是指由期货交易所统一制定的、规定买方有权在将来某一时间以特定价格买入或者卖出约定标的物（包括期货合约）的标准化合约。

（三）保证金，是指期货交易者按照规定标准交纳的资金，用于结算和保证履约。

（四）结算，是指根据期货交易所公布的结算价格对交易双方的交易盈亏状况进行的资金清算和划转。

（五）交割，是指合约到期时，按照期货交易所的规则和程序，交易双方通过该合约所载标的物所有权的转移，或者按照规定结算价格进行现金差价结算，了结到期未平仓合约的过程。

（六）平仓，是指期货交易者买入或者卖出与其所持合约的品种、数量和交割月份相同但交易方向相反的合约，了结期货交易的行为。

（七）持仓量，是指期货交易者所持有的未平仓合约的数量。

（八）持仓限额，是指期货交易所对期货交易者的持仓量规定的最高数额。

（九）仓单，是指交割仓库开具并经期货交易所认定的标准化提货凭证。

（十）涨跌停板，是指合约在 1 个交易日中的交易价格不得高于或者低于规定的涨跌幅度，超出该涨跌幅度的报价将被视为无效，不能成交。

（十一）内幕信息，是指可能对期货交易价格产生重大影响的尚未公开的信息，包括：国务院期货监督管理机构以及其他相关部门制定的对期货交易价格可能发生重大影响的政策，期货交易所做出的可能对期货交易价格发生重大影响的决定，期货交易所会员、客户的资金和交易动向以及国务院期货监督管理机构认定的对期货交易价格有显著影响的其他重要信息。

（十二）内幕信息的知情人员，是指由于其管理地位、监督地位或者职业地位，或者作为雇员、专业顾问履行职务，能够接触或者获得内幕信息的人员，包括：期货交易所的管理人员以及其他由于任职可获取内幕信息的从业人员，国务院期货监督管理机构和其他有关部门的工作人员以及国务院期货监督管理机构规定的其他人员。

第八十六条 国务院期货监督管理机构可以批准设立期货专门结算机构，专门履行期货交易所的结算以及相关职责，并承担相应法律责任。

第八十七条 境外机构在境内设立、收购或者参股期货经营机构，以及境外期货经营机构在境内设立分支机构(含代表处)的管理办法，由国务院期货监督管理机构会同国务院商务主管部门、外汇管理部门等有关部门制订，报国务院批准后施行。

第八十八条 在期货交易所之外的国务院期货监督管理机构批准的交易场所进行的期货交易，依照本条例的有关规定执行。

第八十九条 任何机构或者市场，未经国务院期货监督管理机构批准，采用集中交易方式进行标准化合约交易，同时采用以下交易机制或者具备以下交易机制特征之一的，为变相期货交易：

(一)为参与集中交易的所有买方和卖方提供履约担保的；

(二)实行当日无负债结算制度和保证金制度，同时保证金收取比例低于合约(或者合同)标的额20%的。

本条例施行前采用前款规定的交易机制或者具备前款规定的交易机制特征之一的机构或者市场，应当在国务院商务主管部门规定的期限内进行整改。

第九十条 不属于期货交易的商品或者金融产品的其他交易活动，由国家有关部门监督管理，不适用本条例。

第九十一条 本条例自2007年4月15日起施行。1999年6月2日国务院发布的《期货交易管理暂行条例》同时废止。

3. 国务院关于进一步整顿和规范期货市场的通知

(国发〔1998〕27号)

各省、自治区、直辖市人民政府,国务院各部委、各直属机构:

按照国务院的部署,中国证券监督管理委员会(以下简称:中国证监会)加强了对期货市场的整顿和规范工作。经过几年的努力,我国期货市场盲目发展的势头得到了有效遏制,市场行为逐步规范,监管能力有所加强。但是,目前期货市场仍存在一些不容忽视的问题,最为突出的是期货交易所和期货经纪机构过多,运作不规范;少数机构和个人联手操纵市场,牟取暴利;非法从事境外期货、外汇按金交易行为依然存在;监管部门的监管力量薄弱,监管手段落后。为切实加强对期货市场的监管,防范和化解市场风险,保证期货市场试点工作的顺利进行,根据全国金融工作会议精神和党中央、国务院的统一部署,现就有关问题通知如下:

一、继续整顿、撤并期货交易所

(一)按照"继续试点,加强监管,依法规范,防范风险"的原则,对现有14家期货交易所进行整顿和撤并,只在上海、郑州和大连保留3家期货交易所。对保留的期货交易所实行集中统一管理,比照证券交易所管理体制,将期货交易所划归中国证监会直接管理。期货交易所的总经理和副总经理由中国证监会任命,理事长、副理事长由中国证监会提名,理事会选举产生。

(二)具体调整办法是:

1. 同城合并。按照"统一机构、统一财务、统一交易、统一结算、统一规则"的原则,在清产核资后,将上海金属交易所、上海商品交易所和上海粮油商品交易所等3家交易所合并为上海期货交易所。

2. 异地联网。除保留上海期货交易所、郑州商品交易所、大连商品交易所外,其他期货交易所可改组为公司制地方交易厅或地方报价厅,与上述3家期货交易所进行联网交易。地方交易厅或地方报价厅为期货交易所会员提供异地交易席位和下单服务,不得上市期货品种,不得进行交易撮合,不得办理结算业务。地方交易厅或地方报价厅具有法人地位,独立承担原期货交易所的债权债务关系。

3. 为了实现平稳过渡,对未保留的期货交易所,也可采取多种方式进行改组:第一,改组为期货经纪公司;第二,具备条件的,可改组为证券经营机构。

二、取消部分商品期货交易品种,提高部分商品品种的期货交易保证金

为了充分发挥期货市场发现价格和套期保值的功能,进一步遏制过度投机,将商品期货交易品种由35个压缩到12个,取消23个品种。保留铜、铝、大豆、小麦、豆粕、绿豆、天然橡胶、胶合板、籼米、啤酒大麦、红小豆、花生仁等12个商品品种。

提高部分商品品种的交易保证金。对发挥套期保值功能较好、不易炒作的铜、铝、大豆等3个商品品种的最低交易保证金比例仍维持现行的5%不变,其余9个商品品种的最低交易保证金比例提高到10%。上海期货交易所、郑州商品交易所、大连商品交易所要重新设计期货合约,经中国证监会审核批准后上市交易。今后,中国证监会可根据市场需要调整上市品种和规定其最低交易保证金比例。

三、取缔非法期货经纪活动,清理整顿期货经纪机构

(一)取消所有非期货经纪公司会员的期货经纪资格,未经中国证监会审核批准,任何机构和个人一律不得从事期货经纪业务。对以各种名义从事非法期货经纪业务的机构和个人,工商行政管理部门要会同中国证监会严肃查处,坚决取缔。

(二)提高期货经纪公司最低注册资本金标准,促进期货经纪公司合并重组,实现规模经营。期货经纪公司最低注册资本金标准由中国证监会另行制定。

(三)期货经纪公司一律不得从事期货自营业务,代理业务要进一步清理整顿,规范各个交易环节,严格控制风险。

(四)完善年检制度,注销不符合规定的期货经纪公司,适当扶持运作规范、资信良好的大型经纪公司。

四、严格控制境外期货交易

国务院再次重申,未经批准,任何机构和个人均不得擅自进行境外期货交易,各期货经纪公司均不得从事境外期货业务。对确需利用境外期货市场进行套期保值的少数进出口企业,由中国证监会会同国家经贸委、外经贸部等部门进行严格审核,报国务院批准后,颁发境外期货业务许可证。未取得境外期货业务许可证的企业一律不得以任何借口、任何方式从事境外期货交易。取得境外期货业务许可证的企业,在境外期货市场只允许进行套期保值,不得进行投机交易。国家经贸委、外经贸部等部门会同中国证监会根据这些企业的进出口商品种类和实际贸易量,确定其交易品种和最大期货交易量,由中国证监会指定其境外期货经纪机构和境外期货交易所。

未经批准,禁止境外中资机构在境外擅自从事期货交易,违者要追究有关人员的责任。国家经贸委、外经贸部等部门要对工业、外贸企业已从事境外期货交易的情况进行清理整顿，并将整顿结果报告国务院，同时抄送中国证监会。

中国证监会要会同有关部门加强对非法境外期货交易的监管。凡涉及证券经营机构、期货经纪机构违法经营境外期货的，由中国证监会会同有关部门查处；其他机构非法从事境外期货的，由国家工商行政管理局会同有关部门查处。对违反上述规定擅自进行境外期货交易的企业及境外中资机构要严加惩处，对企业负责人和直接责任人员由其上级主管部门给予撤职直至开除的处分，同时追究主管部门领导的责任；构成犯罪的，移交司法机关依法追究刑事责任。

五、加快法规建设，进一步加强对期货市场的监管

期货市场风险性和投机性很强，要加快期货市场法制建设，做到依法监管。国务院法制办公室和中国证监会要抓紧起草期货交易管理条例，提交国务院审议。中国证监会要进一步加强对期货市场的监管，规范和统一期货市场的交易、结算、交割制度。严禁金融机构、事业单位和党政机关参与期货交易，严禁国有企业违规从事期货交易，严禁信贷资金、财政资金以任何形式流入期货市场，金融机构不得为期货交易提供融资或担保。未经批准任何机构不得从事金融期货交易。要依法查处境内金融机构的违规外汇交易，加强对从事外汇远期以及期权、汇率掉期等业务的金融机构的内部管理和外部监管。

自本通知下发之日起，各期货交易所要立即停止推出新合约，已上市合约可以交易到最后交易日。从 1999 年 1 月 1 日起正式按新的期货商品品种和交易保证金比例开始运作。中国证监会要进一步加强监督与管理，加大执法力度。各地区、各部门要认真贯彻本通知的精神，通力协作，积极配合中国证监会做好期货市场规范整顿工作，保持市场和社会稳定。

4. 国务院印发《电力体制改革方案》

（国发〔2002〕5号）

一、加快电力体制改革的必要性

（一）改革开放以来，我国电力工业发展迅速，电力建设取得了巨大成就。发电装机容量和年发电量均已跃居世界第二位，大部分地区形成了跨省的区域性高电压等级的主网架，缺电状况得到明显改善，电力工业有力地支持了国民经济的快速发展。

（二）在电力市场供求状况发生明显变化之后，现行的电力体制暴露出一些不适应社会主义市场经济体制要求的弊端。垄断经营的体制性缺陷日益明显，省际之间市场壁垒阻碍了跨省电力市场的形成和电力资源的优化配置，现行管理方式不适应发展要求。为了促进电力工业发展，提高国民经济整体竞争能力，必须加快深化电力体制改革的进程。

（三）经过几十年发展，我国电力工业形成了强大的生产能力，许多国家进行电力体制改革的经验和教训为我们提供借鉴，国内先期实行的多家办电以及改革试点工作为进一步深化改革积累了经验。党中央、国务院十分重视电力体制改革，社会各界要求加快改革。这些都为电力体制改革创造了良好的条件。

二、电力体制改革的指导思想和目标

（四）电力体制改革的指导思想是：按照党的十五大和十五届五中全会精神，总结和借鉴国内外电力体制改革的经验和教训，从国情出发，遵循电力工业发展规律，充分发挥市场配置资源的基础性作用，加快完善现代企业制度，促进电力企业转变内部经营机制,建立与社会主义市场经济体制相适应的电力体制。改革要有利于促进电力工业的发展,有利于提高供电的安全可靠性,有利于改善对环境的影响,满足全社会不断增长的电力需求。要按照总体设计、分步实施、积极稳妥、配套推进的原则,加强领导,精心组织,有步骤、分阶段完成改革任务。

(五)改革的总体目标是:打破垄断,引入竞争,提高效率,降低成本,健全电价机制,优化资源配置,促进电力发展,推进全国联网,构建政府监管下的政企分开、公平竞争、开放有序、健康发展的电力市场体系。

(六)“十五”期间电力体制改革的主要任务是:实施厂网分开,重组发电和电网企业;实行竞价上网,建立电力市场运行规则和政府监管体系,初步建立竞争、开放的区域电力市场,实行新的电价机制;制定发电排放的环保折价标准,形成激励清洁电源发展的新机制;开展发电企业向大用户直接供电的试点工作,改变电网企业独家购买电力的格局;继续推进农村电力管理体制的改革。

三、厂网分开重组国有电力资产

(七)实行厂网分开。将国家电力公司管理的资产按照发电和电网两类业务划分,并分别进行资产、财务和人员的重组。

属地方政府和其他部门管理的电力企业,也要实行厂网分开。以小水电自发自供为主的供电区,要加强电网建设,适时实行厂网分开。

(八)重组国家电力公司管理的发电资产,按照建立现代企业制度要求组建若干个独立的发电企业。华能公司可直接改组为独立发电企业,其余发电资产(含股份公司或有限责任公司中相应的股份资产)通过重组形成三至四个各拥有4000万千瓦左右装机容量的全国性发电企业,由国务院授权经营,分别在国家计划中实行单列。发电资产重组要综合考虑电厂的资产质量和所在地域条件等,进行合理组合。每个发电企业在各电力市场中的份额原则上不超过20%。

(九)重组电网资产,设立国家电网公司。由国务院授权国家电网公司,作为原国家电力公司管理的电网资产出资人代表。国家电网公司按国有独资形式设置,在国家计划中实行单列。

设立华北(含山东)、东北(含内蒙古东部)、西北、华东(含福建)、华中(含重庆、四川)电网公司。这些区域电网公司的经营范围内,原国家电力公司资产比重较大,其组建工作由国家电网公司负责,各地方以所拥有的电网净资产比例为基础参股,组建区域电网有限责任公司或股份有限公司。西藏电力企业由国家电网公司代管。

设立南方电网公司。其经营范围为云南、贵州、广西、广东和海南。在南方电网公司经营范围内,原地方电网资产比重较大,其组建工作由控股方负责,按各方现有电网净资产比例成立董事会,组建有限责任公司或股份有限公司并负责经营管理,在国家计划中实行单列。

区域电网公司按现代企业制度设置,做到产权明晰、权责明确、政企分开、管理科学,享有法人财产权,承担资产保值增值责任。区域电网公司根据电力市场发展的具体情况以及合理的企业法人治理结构,将区域内的现省级电力公司改组为分公司或子公司,负责经营当地相应的输配电业务。区域电网公司可以拥有抽水蓄能电厂或少数应急、调峰电厂。个别暂未纳入重组后发电企业的电厂,可由区域电网公司代管。

(十)国家电网公司的主要职责是:负责各区域电网之间的电力交易和调度,处理区域电网公司日常生产中需网间协调的问题;

参与投资、建设和经营相关的跨区域输变电和联网工程，近期负责三峡输变电网络工程的建设管理；受国家有关部门委托，协助制定全国电网发展规划。

（十一）区域电网公司的主要职责是：经营管理电网，保证供电安全，规划区域电网发展，培育区域电力市场，管理电力调度交易中心，按市场规则进行电力调度。

（十二）“十五”期间，电网企业可暂不进行输配分开的重组，但要逐步对配电业务实行内部财务独立核算。目前在一县范围内营业区交叉的多家供电企业，应以各方现有配电网资产的比例为基础。组建县供电有限责任公司或股份有限公司。国家电力公司以外供电企业的资产关系可维持现状。

（十三）对现国家电力公司系统所拥有的辅助性业务单位和“三产”、多种经营企业进行调整重组。电网企业可以拥有必要的电力科研机构。经营主业以外的业务要按照规定程序报经国家有关部门批准，并与电网业务分开核算。有关电力设计、修造、施工等辅助性业务单位，要与电网企业脱钩，进行公司化改造，进入市场。医疗和教育单位按国家规定实行属地化管理。“三产”和多种经营企业参加发电企业的重组，也可以交由地方政府管理。

（十四）重组后各类电力企业要注重转变经营机制，优化组织结构，精简管理层次，深化企业内部劳动、人事和分配三项制度改革，建立健全企业内部的激励和约束机制。

（十五）在厂网分开的重组完成以后，允许发电和电网企业通过资本市场上市融资，进一步实施股份制改造。电力企业出售国有资产的变现收入，按中央与地方在企业中的资产比例和收支两条线的原则，分别列入中央和地方财政专户管理，原则上优先用于电力建设、完善电力环保及监控设施和处理电力体制改革中的“搁浅成本”等方面。

（十六）电力体制改革涉及到中央政府与地方政府在电力企业财政利益格局方面的变化与调整问题，由财政部研究制定解决办法。

四、竞价上网实行电价新机制

（十七）建立电力调度交易中心，实行发电竞价上网。在区域电网公司经营范围内，根据各地电网结构、负荷分布特点及地区电价水平的具体情况，设置一个或数个电力调度交易中心，由区域电网公司负责管理。电力调度交易中心之间实行市场开放。

（十八）逐步终止过去各级电网企业与发电厂签订的购电合同。对于外商直接投资电厂，其项目符合国家审批程序的，可采用重新协商等办法处理已签订的购电合同，也可继续执行原有购电合同。

（十九）各发电企业要尽量在内部消化新、老电厂因历史原因形成的电价水平差别或通过资本市场的兼并收购，形成各类电厂新的市场价值，实现上网电价的平等竞争。也可采用在规定期限内过渡性的竞价方式。具体竞价办法可根据各电力调度交易中心的不同情况制定。

（二十）各地区实施竞价上网的进度要因地制宜，根据电网结构、管理水平和技术支持系统完善的条件决定。具备条件的地区应尽早建立电力调度交易中心，实行竞价上网。

（二十一）建立合理的电价形成机制。将电价划分为上网电价、输电电价、配电电价和终端销售电价。上网电价由国家制定的容量电价和市场竞价产生的电量电价组成；输、配电价由政府确定定价原则；销售电价以上述电价为基础形成，建立与上网电价联动的机制。政府按效率原则、激励机制和吸引投资的要求，并考虑社会承受能力,对各个环节的价格进行调控和监管。

(二十二)在具备条件的地区,开展发电企业向较高电压等级或较大用电量的用户和配电网直接供电的试点工作。直供电量的价格由发电企业与用户协商确定,并执行国家规定的输配电价。

五、设立国家电力监管委员会

(二十三)国务院下设国家电力监管委员会(正部级)。该机构为国务院直属事业单位,按国家授权履行电力监管职责。电力监管委员会按垂直管理体系设置,向区域电网公司电力调度交易中心派驻代表机构。

(二十四)国家电力监管委员会的主要职责是:制定电力市场运行规则,监管市场运行,维护公平竞争;根据市场情况,向政府价格主管部门提出调整电价建议;监督检查电力企业生产质量标准,颁发和管理电力业务许可证;处理电力市场纠纷;负责监督社会普遍服务政策的实施。

六、分步推进电力体制改革

(二十五)尽快成立国家电力监管委员会。用一年时间组建国家电网公司、区域电网公司及各发电企业。各区域电网公司要抓紧完善竞价上网技术支持系统和环保实时监控设施,到"十五"末,各地区主要的发电企业均应参加统一竞价,在全国大部分地区实行新的电价机制。

(二十六)完成上述改革以后,在做好试点工作的基础上,逐步实行输配分开,在售电环节引入竞争机制。

(二十七)随着"西电东送"和全国联网的推进,及时总结电力体制改革经验,进一步深化区域电网企业的体制改革。

七、完善电力体制改革的配套措施

(二十八)适时制定和修改有关电力和电价方面的法律、法规和其他相关的行政法规。尽快制定电力市场运营规则、电力市场监管办法以及发电排放环保折价标准，与竞价上网同时实施。

(二十九)转变政府职能。充分发挥市场配置资源的基础性作用，改善政府宏观调控，改革电力项目审批办法，加强电力市场监管，在国家中长期规划指导下，做好电力建设项目的前期储备工作。

(三十)进一步充实和完善中国电力企业联合会的自律、协调、监督、服务功能，充分发挥其在政府、社会、电力企业之间的桥梁、纽带作用。经政府授权，履行电力行业信息、资料的统计和分析等职责。

八、加强电力体制改革的组织领导

(三十一)在国务院领导下，成立由国家计委牵头，国家经贸委、国家电力公司、中组部、中央企业工委、中编办、财政部、法制办、体改办，以及广东省和拟成立的国家电力监管委员会等相关部门和单位组成的电力体制改革工作小组，具体负责电力体制改革实施工作。按照积极稳妥的原则精心组织，区别各地区和各电力企业的不同情况，重点安排好过渡期的实施步骤和具体措施，在总体设计下分步推进改革。有关政府部门要加强对改革的指导，各级地方政府要积极配合。

(三十二)电力企业在改革过程中要进一步加强领导，做好政治思想和宣传工作，加强组织纪律性，保持干部、职工队伍思想稳定。对于国有资产的处理，必须严格执行国家规定，防止流失。各电力企业要明确责任，坚守岗位，服从调度，保证电网安全运行。

5. 国家发展改革委关于印发电价改革实施办法的通知

（发改价格〔2005〕514 号）

各省、自治区、直辖市发展改革委、物价局，国家电网公司，南方电网公司，华能、大唐、华电、国电、中电投集团公司，各有关电力企业：

根据《国务院办公厅关于印发电价改革方案的通知》（国办发〔2003〕62 号）要求，为了推进电价改革的实施工作，促进电价机制的根本性转变，我委会同有关部门制定了《上网电价管理暂行办法》《输配电价管理暂行办法》和《销售电价管理暂行办法》，现印发给你们，请按照执行。

请各地和有关部门根据国家关于电价改革的统一部署，结合本地实际和电力市场的建设情况，按照上述三个管理办法的规定和要求，加快电价改革步伐，积极稳妥做好电价改革的各项工作，促进电力工业与国民经济的协调、健康发展。

中华人民共和国国家发展和改革委员会

二〇〇五年三月二十八日

附件一：上网电价管理暂行办法

第一章　总　　则

第一条　为完善上网电价形成机制，推进电力体制改革，依据国家有关法律、行政法规和《国务院关于印发电力体制改革方案的通知》（国发〔2002〕5 号）、《国务院办公厅关于印发电价改革方案的通知》(国办发〔2003〕62号),制定本办法。

第二条　上网电价是指发电企业与购电方进行上网电能结算的价格。

第三条　上网电价管理应有利于电力系统安全、稳定运行,有利于促进电力企业提高效率和优化电源结构,有利于向供需各方竞争形成电价的改革方向平稳过渡。

第四条　本办法适用于中华人民共和国境内符合国家建设管理有关规定建设的发电项目并依法注册的发电企业上网电价管理。

第二章　竞价上网前的上网电价

第五条　原国家电力公司系统直属并已从电网分离的发电企业,暂执行政府价格主管部门按补偿成本原则核定的上网电价,并逐步按本办法第七条规定执行。

第六条　电网公司保留的电厂中,已核定上网电价的,继续执行政府价格主管部门制定的上网电价。未核定上网电价的电厂,电网企业全资拥有的,按补偿成本原则核定上网电价,并逐步按本办法第七条规定执行;非电网企业独资建设的,执行本办法第七条规定。

第七条　独立发电企业的上网电价,由政府价格主管部门根据发电项目经济寿命周期,按照合理补偿成本、合理确定收益和依法计入税金的原则核定。其中,发电成本为社会平均成本;合理收益以资本金内部收益率为指标,按长期国债利率加一定百分点核定。通过政府招标确定上网电价的,按招标确定的电价执行。

第八条　除政府招标确定上网电价和新能源的发电企业外,同一地区新建设的发电机组上网电价实行同一价格,并事先向社会公布;原来已经定价的发电企业上网电价逐步统一。

第九条 在保持电价总水平基本稳定的前提下，上网电价逐步实行峰谷分时、丰枯季节电价等制度。

第十条 燃料价格涨落幅度较大时，上网电价在及时反映电力供求关系的前提下，与燃料价格联动。

第十一条 跨省、跨区电力交易的上网电价按国家发展改革委印发的《关于促进跨地区电能交易的指导意见》有关规定执行。

第三章 竞价上网后的上网电价

第十二条 建立区域竞争性电力市场并实行竞价上网后，参与竞争的发电机组主要实行两部制上网电价。其中，容量电价由政府价格主管部门制定，电量电价由市场竞争形成。容量电价逐步过渡到由市场竞争确定。

各地也可根据本地实际采取其他过渡方式。

不参与竞价上网的发电机组，上网电价按本办法第七条执行。

第十三条 政府制定的容量电价水平，应反映电力成本和市场供需状况，有利于引导电源投资。

第十四条 在同一电力市场范围内，容量电价实行同一标准。

第十五条 容量电价以区域电力市场或电力调度交易中心范围内参与竞争的各类发电机组平均投资成本为基础制定。计算公式：

容量电价＝容量电费/机组的实际可用容量

其中：容量电费＝K×(折旧＋财务费用)

K为根据各市场供求关系确定的比例系数。

折旧按政府价格主管部门确定的计价折旧率核定。

财务费用按平均投资成本80%的贷款比例计算确定。

第十六条 容量电价保持相对稳定。

第十七条 容量电费由购电方根据发电机组的实际可用容量

按月向发电企业支付。

第十八条　电量电价通过市场竞争形成。各区域电力市场选择符合本区域实际的市场交易模式,同一区域电力市场内各电力调度交易中心的竞价规则应保持一致。

第十九条　在电网企业作为单一购买方的电力市场中,可以实行发电企业部分电量在现货市场上竞价上网,也可以实行发电企业全部电量在现货市场上竞价上网。在公开招标或充分竞争的前提下,电网企业也可以与发电企业开展长期电能交易。

第二十条　有条件的地区可建立发电与用户买卖双方共同参与的电力市场,实行双边交易与现货交易相结合的市场模式;鼓励特定电压等级或特定用电容量的用户、独立核算的配电公司与发电企业经批准直接进行合同交易和参与现货市场竞争。

第二十一条　在发电和用户买卖双方共同参与的电力市场中,双边交易的电量和电价由买、卖双方协商确定;现货市场的电量电价,按卖方申报的供给曲线和买方申报的需求曲线相交点对应的价格水平确定;竞价初期,为保证市场交易的顺利实现,可制定相应的规则,对成交价格进行适当调控。

第二十二条　竞价上网后,实行销售电价与上网电价联动机制。

为避免现货市场价格出现非正常涨落,政府价格主管部门可会同有关部门根据区域电力市场情况对发电报价进行限价。

竞价初期,建立电价平衡机制,保持销售电价的相对稳定。

第二十三条　常规水力发电企业及燃煤、燃油、燃气发电企业(包括热电联产电厂)、新建和现已具备条件的核电企业参与市场竞争;风电、地热等新能源和可再生能源企业暂不参与市场竞争,电量由电网企业按政府定价或招标价格优先购买,适时由政府规定供电企业售电量中新能源和可再生能源电量的比例,建立专门的竞争性新能源和可再生能源市场。

第二十四条 符合国家审批程序的外商直接投资发电企业,1994年以前建设并已签订购电合同的、1994年及以后经国务院批准承诺过电价或投资回报率的,在保障投资者合理收益的基础上,可重新协商,尽可能促使其按新体制运行。

第二十五条 为维护电力系统的安全稳定运行,发电企业要向电力市场提供辅助服务。有偿辅助服务价格管理办法另行制定。

第四章 上网电价管理

第二十六条 竞价上网前,区域电网或区域电网所属地区电网统一调度机组的上网电价由国务院价格主管部门制定并公布,其他发电企业上网电价由省级政府价格主管部门制定并公布。

第二十七条 竞价实施后,区域电力市场及所设电力调度交易中心的容量电价由国务院价格主管部门制定。不参与电力市场竞争的发电企业上网电价,按第二十六条规定进行管理。

第二十八条 政府价格主管部门和电力监管部门按照各自职责对电力市场价格执行情况进行监督和管理。电力监管部门按照法律、行政法规和国务院有关规定向政府价格主管部门提出调整电价的建议。有关电价信息向社会公开,接受社会监督。

第二十九条 对市场交易主体的价格违法行为,电力监管部门有权予以制止;政府价格主管部门按国家有关规定进行行政处罚。当事人不服的,可依法向有关部门提请行政复议或向人民法院提起诉讼。

第五章 附　　则

第三十条 本办法由国家发展和改革委员会负责解释。

第三十一条　本办法自2005年5月1日起执行。

附件二:输配电价管理暂行办法

第一章　总　则

第一条　为建立健全合理的输配电价机制,促进电网发展,提高电网经营企业效率,维护电网安全、稳定运行,根据国家有关法律、行政法规和《国务院关于印发电力体制改革方案的通知》(国发〔2002〕5号)、《国务院办公厅关于印发电价改革方案的通知》(国办发〔2003〕62号),制定本办法。

第二条　本办法所称输配电价是指电网经营企业提供接入系统、联网、电能输送和销售服务的价格总称。

第三条　输配电价由政府制定,实行统一政策,分级管理。

第四条　电网输电业务、配电业务应逐步在财务上实行独立核算。

第五条　输配电价按"合理成本、合理盈利、依法计税、公平负担"的原则制定,以有利于引导电网投资、完善电网结构,促进区域电力市场的建立和发展,满足国民经济和社会发展的需要。

第六条　本办法适用于中华人民共和国境内依法批准注册的电网经营企业。

第二章　输配电价体系

第七条　输配电价分为共用网络输配电服务价格、专项服务价格和辅助服务价格。

第八条　共用网络输配电服务价格指电网经营企业为接入共用网络的电力用户提供输配电和销售服务的价格,简称共用网络输配电价。输配分开后，应单独制定输电价格和配电价格。

第九条 专项服务价格是指电网经营企业利用专用设施为特定用户提供服务的价格，分为接入价、专用工程输电价和联网价三类。接入价指电网经营企业为发电厂提供接入系统服务的价格。

专用工程输电价指电网经营企业利用专用工程提供电能输送服务的价格。

联网价指电网经营企业利用专用联网工程为电网之间提供联网服务的价格。

第十条 辅助服务价格是指电力企业提供有偿辅助服务的价格，办法另行制定。

第三章 输配电价确定

第十一条 电价改革初期，共用网络输配电价由电网平均销售电价（不含代收的政府性基金）扣除平均购电价和输配电损耗后确定，逐步向成本加收益管理方式过渡。

第十二条 输、配电价向成本加收益管理方式过渡过程中，现行输、配电成本与输、配电价格差距较大的电网，逐步调整输、配电价。

第十三条 在成本加收益管理方式下，政府价格主管部门对电网经营企业输、配电业务总体收入进行监管，并以核定的准许收入为基础制定各类输、配电价。

第十四条 共用网络服务和专项服务的准许收入应分别核定，准许收入由准许成本、准许收益和税金构成。

第十五条 准许成本由折旧费和运行维护费用构成。其中，折旧费以政府价格主管部门核准的有效资产中可计提折旧的固定资产原值和国务院价格主管部门制定的定价折旧率为基础核定，运行维护费用原则上以电网经营企业的社会平均成本为基础核定。

第十六条　准许收益等于有效资产乘以加权平均资金成本。

有效资产由政府价格主管部门核定，包括固定资产净值、流动资产和无形资产（包括土地使用权价值、专利和非专利技术价值）三部分，不含应当从电网经营企业分离出去的辅业、多经及三产资产。在建工程投资应按上年实际有效投资计入有效资产。

有效投资是指经政府主管部门核定，符合项目核准、招投标法等规定的投资。

加权平均资金成本（%）=权益资本成本×（1－资产负债率）+债务资本成本×资产负债率

权益资本成本按无风险报酬率加上风险报酬率核定，初期，按同期长期国债利率加一定百分点核定；债务资本成本按国家规定的长期贷款利率确定。条件成熟时，电网经营企业加权平均资金成本按资本市场正常筹资成本核定。

第十七条　税金根据国家有关规定执行。

第四章　共用网络输配电价

第十八条　共用网络输、配电价以承担输、配电功能相对应的电网资产为基础定期核定。

区域电网内共用网络按邮票法统一制定输电价，省级配电价以省为价区分电压等级制定。输、配电损耗按电压等级核定，列入销售电价。

第十九条　共用网络输、配电价，按电压等级统一制定，下一电压等级应合理分摊上一电压等级的成本费用。同一区域相同电压等级实行同价。

第五章　专项服务价格

第二十条　竞价上网后，为有利于发电企业公平竞争，接入系统工程由电网经营企业投资建设的，实行接入价；由发电企业投资建设的，不实行接入价。

第二十一条 接入价以政府价格主管部门核定的接入系统工程准许收入为基础制定，实行单一制容量电价，由接入系统的电厂支付。

第二十二条 专用工程输电价以政府价格主管部门核定的准许收入为基础制定，实行两部制输电价，由该工程的使用方支付。

当两个及以上用户共用专用工程输电的，按各方使用输电容量的比例分摊准许收入。

第二十三条 联网价以核定的准许收入为基础，分两种情况制定。

（一）没有长期电量交易的联网工程，联网价实行单一制容量电价，由联网双方支付。

（二）具有长期电量交易的联网工程，联网价实行两部制电价。联网容量电价是为联网备用服务制定的价格，由联网双方支付；联网电量电价是为长期电量输送服务制定的价格，由受电电网支付。

第二十四条 联网双方支付的联网费用通过共用网络输配电价回收。

第六章 输配电价管理

第二十五条 共用网络输配电价、联网价和专项输电工程输电价由国务院价格主管部门负责制定；接入跨省电网的接入价由国务院价格主管部门负责制定，接入省内电网的接入价由省级价格主管部门提出方案，报国务院价格主管部门审批。独立配电企业的配电价格由省级价格主管部门制定。

第二十六条 对输配电价的重大决策，国务院价格主管部门应充分听取电力监管部门、电力行业协会及有关市场主体的意见；电力监管部门按照法律、行政法规和国务院有关规定向政府价格主管部门提出调整电价的建议。

第二十七条　各级政府价格主管部门和电力监管部门按各自职责对输配电价进行监督和检查。

第七章　附　　则

第二十八条　本办法由国家发展和改革委员会负责解释。

第二十九条　各地可依据本办法结合实际情况相应制定实施细则,报国家发展和改革委员会同意后执行。

第三十条　本办法自2005年5月1日起执行。

附件三:销售电价管理暂行办法

第一章　总　　则

第一条　为建立健全合理的销售电价机制,充分利用价格杠杆,合理配置电力资源,保护电力企业和用户的合法权益,根据国家有关法律、行政法规和《国务院关于印发电力体制改革方案的通知》(国发〔2002〕5号)、《国务院办公厅关于印发电价改革方案的通知》(国办发〔2003〕62号),制定本办法。

第二条　本办法所称销售电价是指电网经营企业对终端用户销售电能的价格。

第三条　销售电价实行政府定价,统一政策,分级管理。

第四条　制定销售电价的原则是坚持公平负担,有效调节电力需求,兼顾公共政策目标,并建立与上网电价联动的机制。

第五条　本办法适用于中华人民共和国境内依法批准注册的电网经营企业。

第二章　销售电价的构成及分类

第六条　销售电价由购电成本、输配电损耗、输配电价及政府性基金四部分构成。

购电成本指电网企业从发电企业(含电网企业所属电厂)或其他电网购入电能所支付的费用及依法缴纳的税金,包括所支付的容量电费、电度电费。

输配电损耗指电网企业从发电企业(含电网企业所属电厂)或其他电网购入电能后,在输配电过程中发生的正常损耗。

输配电价指按照《输配电价管理暂行办法》制定的输配电价。

政府性基金指按照国家有关法律、行政法规规定或经国务院以及国务院授权部门批准,随售电量征收的基金及附加。

第七条 销售电价分类改革的目标是分为居民生活用电、农业生产用电、工商业及其他用电价格三类。

第八条 销售电价分类根据用户承受能力逐步调整。先将非居民照明、非工业及普通工业、商业用电三大类合并为一类;合并后销售电价分为居民生活用电、大工业用电、农业生产用电、贫困县农业排灌用电、一般工商业及其他用电五大类,大工业用电分类中只保留中小化肥一个子类。

第九条 每类用户按电压等级定价。在同一电压等级中,条件具备的地区按用电负荷特性制定不同负荷率档次的价格,用户可根据其用电特性自行选择。

第三章 销售电价的计价方式

第十条 居民生活、农业生产用电,实行单一制电度电价。工商业及其他用户中受电变压器容量在100千伏安或用电设备装接容量100千瓦及以上的用户,实行两部制电价。受电变压器容量或用电设备装接容量小于100千伏安的实行单一电度电价,条件具备的也可实行两部制电价。

第十一条 两部制电价由电度电价和基本电价两部分构成。

电度电价是指按用户用电度数计算的电价。

基本电价是指按用户用电容量计算的电价。

第十二条　基本电价按变压器容量或按最大需量计费，由用户选择，但在一年之内保持不变。

第十三条　基本电价按最大需量计费的用户应和电网企业签订合同，按合同确定值计收基本电费，如果用户实际最大需量超过核定值5%，超过5%部分的基本电费加一倍收取。用户可根据用电需求情况，提前半个月申请变更下一个月的合同最大需量，电网企业不得拒绝变更，但用户申请变更合同最大需量的时间间隔不得少于六个月。

第十四条　实行两部制电价的用户，按国家有关规定同时实行功率因数调整电费办法。

第十五条　销售电价实行峰谷、丰枯和季节电价，具体时段划分及差价依照所在电网的市场供需情况和负荷特性确定。

第十六条　具备条件的地区，销售电价可实行高可靠性电价、可中断负荷电价、节假日电价、分档递增或递减电价等电价形式。

第四章　销售电价的制定和调整

第十七条　按电价构成的因素确定平均销售电价。以平均销售电价为基础，合理核定各类用户的销售电价。

第十八条　平均销售电价按计算期的单位平均购电成本加单位平均输配电损耗、单位平均输配电价和政府性基金确定。

第十九条　各电压等级平均销售电价，按计算期的单位平均购电成本加该电压等级输配电损耗、该电压等级输配电价和政府性基金确定。

第二十条　居民生活和农业生产电价，以各电压等级平均电价为基础，考虑用户承受能力确定，并保持相对稳定。如居民生活和农业生产电价低于平均电价，其价差由工商业及其他用户分摊。

第二十一条 各电压等级工商业及其他类的平均电价，按各电压等级平均电价加上应分摊的价差确定，并与上网电价建立联动机制。

第二十二条 各电压等级工商业及其他用户的单一制电度电价分摊容量成本的比例，依据实行单一制电度电价用户与实行两部制电价用户负荷比例确定。

第二十三条 各电压等级工商业及其他用户的两部制电价中的基本电价和电度电价，按容量成本占总成本的比例分摊确定。

第二十四条 条件具备的地区，在 10 千伏及以上电压等级接入且装接容量在一定规模以上的工商业及其他用户，按用电负荷特性制定不同用电小时或负荷率档次的价格。

第二十五条 各电压等级工商业及其他用户两部制电价中，各用电特性用户应承担的容量成本比例按峰荷责任确定。

第二十六条 不同用电特性的用户基本电价和电度电价的比例，考虑用户的负荷率、用户最高负荷与电网最高负荷的同时率等因素确定。

第二十七条 销售电价的调整，采取定期调价和联动调价两种形式。

定期调价是指政府价格主管部门每年对销售电价进行校核，如果年度间成本水平变化不大，销售电价应尽量保持稳定。

联动调价是指与上网电价实行联动，适用范围仅限于工商业及其他用户。政府价格主管部门核定销售电价后，实际购电价比计入销售电价中的购电价升高或下降的价差，通过购电价格平衡帐户进行处理。当购电价格升高或下降达到一定的幅度时，销售电价相应提高或下降，但调整的时间间隔最少为一个月。

第二十八条　输配电价及政府性基金的标准调整后，销售电价相应调整。

第五章　销售电价管理

第二十九条　各级政府价格主管部门负责对销售电价的管理、监督。在输、配分开前，销售电价由国务院价格主管部门负责制定；在输、配分开后，销售电价由省级人民政府价格主管部门负责制定，跨省的报国务院价格主管部门审批。

第三十条　政府价格主管部门在制定和调整销售电价时，应充分听取电力监管部门、电力行业协会及有关市场主体的意见。

第三十一条　居民生活用电销售电价的制定和调整，政府价格主管部门应进行听证。

第三十二条　各级政府价格主管部门和电力监管部门按各自职责对销售电价进行监督和检查，价格主管部门对违反法律、法规和政策规定的行为依法进行处罚。

第六章　附　　则

第三十三条　上级电网经营企业对下级独立核算电网经营企业的趸售电价，以终端销售电价为基础，给予合理的折扣制定。折扣的价差由电网直供用户分摊。

第三十四条　对农村用户的销售电价，已实行城乡用电同网同价的，按电网的终端销售电价执行；尚未实行城乡用电同网同价的，以电网的终端销售电价为基础，加上农村低压电网维护费制定。

第三十五条　发电企业向特定电压等级或特定用电容量用户直接供电，销售电价由发电企业与用户协商确定，并执行规定的输配电价和基金标准，具体办法另行制定。

第三十六条　各省、自治区、直辖市人民政府价格主管部门根据本办法的要求制定实施细则，报国家发展和改革委员会同意后执行。

第三十七条 本办法由国家发展和改革委员会负责解释。

第三十八条 本办法自2005年5月1日起执行。

6. 国家发展改革委、国家能源局关于印发电力体制改革配套文件的通知

（发改经体〔2015〕2752号）

各省、自治区、直辖市人民政府，新疆生产建设兵团：

为贯彻落实《中共中央　国务院关于进一步深化电力体制改革的若干意见》（中发〔2015〕9号），推进电力体制改革实施工作，经报请国务院同意，现将国家发展改革委、国家能源局和中央编办、工业和信息化部、财政部、环境保护部、水利部、国资委、法制办等部门制定，并经经济体制改革工作部际联席会议（电力专题）审议通过的6个电力体制改革配套文件，印发给你们，请按照执行。

附件：

1.《关于推进输配电价改革的实施意见》

2.《关于推进电力市场建设的实施意见》

3.《关于电力交易机构组建和规范运行的实施意见》

4.《关于有序放开发用电计划的实施意见》

5.《关于推进售电侧改革的实施意见》

6.《关于加强和规范燃煤自备电厂监督管理的指导意见》

国家发展改革委

国家能源局

2015年11月26日

附件1　关于推进输配电价改革的实施意见

为贯彻落实《中共中央　国务院关于进一步深化电力体制改革的若干意见》(中发〔2015〕9号)有关要求,理顺电价形成机制,现就推进输配电价改革提出以下意见。

一、总体目标

建立规则明晰、水平合理、监管有力、科学透明的独立输配电价体系,形成保障电网安全运行、满足电力市场需要的输配电价形成机制。还原电力商品属性,按照"准许成本加合理收益"原则,核定电网企业准许总收入和分电压等级输配电价,明确政府性基金和交叉补贴,并向社会公布,接受社会监督。健全对电网企业的约束和激励机制,促进电网企业改进管理,降低成本,提高效率。

二、基本原则

试点先行,积极稳妥。输配电资产庞大,关系复杂,历史遗留的问题很多,各地情况千差万别,要坚持试点先行、积极稳妥的原则,在条件相对较好、矛盾相对较小、地方政府支持的地区先行开展试点,认真总结试点经验,逐步扩大试点范围,确保改革平稳推进。统一原则,因地制宜。输配电价改革要遵循中发〔2015〕9号文件要求,在国家统一指导下进行,按照"准许成本加合理收益"原则,核定电网企业准许总收入和各电压等级输配电价,改变对电网企业的监管方式。同时,考虑到各地区实际情况,允许在输配电价核定的相关参数、总收入监管方式等方面适当体现地区特点。

完善制度,健全机制。电价改革,要制度先行。需要制订和完善输配电成本监审、价格管理办法,建立健全对电网企业的激励和约束机制,制度和办法要明确、具体、可操作。

突出重点,着眼长远。输配电价改革的重点是改革和规范电网企业运营模式。电网企业按照政府核定的输配电价收取过网费,不再以上网电价和销售电价价差作为主要收入来源。在输配电价核定过程中,既要满足电网正常合理的投资需要,保证电网企业稳定的收入来源和收益水平,又要加强成本约束,对输配电成本进行严格监审,促进企业加强管理,降低成本,提高效率。在研究制定具体试点方案时,要着眼长远,为未来解决问题适当留有余地。

三、主要措施

(一)逐步扩大输配电价改革试点范围。在深圳市、内蒙古西部率先开展输配电价改革试点的基础上,将安徽、湖北、宁夏、云南、贵州省(区)列入先期输配电价改革试点范围,按“准许成本加合理收益”原则核定电网企业准许总收入和输配电价。凡开展电力体制改革综合试点的地区,直接列入输配电价改革试点范围。鼓励具备条件的其他地区开展试点,尽快覆盖到全国。输配电价改革试点工作主要可分为调研摸底、制定试点方案、开展成本监审、核定电网准许收入和输配电价四个阶段。鼓励试点地区在遵循中发〔2015〕9 号文件明确的基本原则基础上,根据本地实际情况和市场需求,积极探索,勇于创新,提出针对性强、可操作性强的试点方案。试点方案不搞一刀切,允许在输配电价核定的相关参数、价格调整周期、总收入监管方式等方面适当体现地区特点。

(二)认真开展输配电价测算工作。各地要按照国家发展改革委和国家能源局联合下发的《输配电定价成本监审办法》(发改价格〔2015〕1347 号),扎实做好成本监审和成本调查工作。其中,国家发展改革委统一组织对各试点地区开展输配电定价成本监审。各试点地区要配合做好成本监审具体工作,严格核减不相关、不合理的投资和成本费用。非试点地区同步开展成本调查,全面调查摸清电网输配电资产、成本和企业效益情况。在此基础上,以有效资产为基础测算电网准许总收入和分电压等级输配电价。试点地区建立平衡账户,实施总收入监管与价格水平监管。非试点地区研究测算电网各电压等级输配电价,为全面推进电价改革做好前期准备工作。

(三)分类推进交叉补贴改革。结合电价改革进程,配套改革不同种类电价之间的交叉补贴,逐步减少工商业内部交叉补贴,妥善处理居民、农业用户交叉补贴。过渡期间,由电网企业申报现有各类用户电价间交叉补贴数额,经政府价格主管部门审核后通过输配电价回收;输配电价改革后,根据电网各电压等级的资产、费用、电量、线损率等情况核定分电压等级输配电价,测算并单列居民、农业等享受的交叉补贴以及工商业用户承担的交叉补贴。鼓励试点地区积极探索,采取多种措施保障交叉补贴资金来源。各地全部完成交叉补贴测算和核定工作后,统一研究提出妥善处理交叉补贴的政策措施。

(四)明确过渡时期电力直接交易的输配电价政策。已制定输配电价的地区,电力直接交易按照核定的输配电价执行;暂未单独核定输配电价的地区,可采取保持电网购销差价不变的方式,即发电企业上网电价调整多少,销售电价调整多少,差价不变。

四、组织实施

(一)建立输配电价改革协调工作机制。国家发展改革委会同财政部、国资委、能源局等有关部门和单位成立输配电价改革专项工作组。专项工作组要定期沟通情况,对改革涉及的重点难点问题充分讨论,提出措施建议。

(二)加强培训指导。国家发展改革委加强对各地输配电价改革的指导,统一组织成本监审,审核试点方案和输配电准许收入、水平，对试点效果及时总结，完善政策。同时，组织集中培训、调研交流，提高各地价格主管部门业务能力，为顺利推进改革奠定基础。

（三）正确引导舆论。根据党中央、国务院确定的改革方向，在中发〔2015〕9号文件框架内加强输配电价改革宣传和政策解释工作，灵活采取多种方式进行宣传，正确引导社会舆论，凝聚共识，稳定预期，在全社会形成推进改革的浓厚氛围。

（四）夯实工作基础。各地价格主管部门要加强与电力投资、运行及国家能源局派出机构等部门的合作，充分听取各方意见，集中力量做好改革试点工作。加强上下沟通，健全信息沟通机制，对在方案研究、成本监审、电价测算等过程中遇到的重要情况和问题，及时向国家发展改革委反映。电网企业要积极配合输配电价改革工作，客观真实提供输配电成本监审和价格核定所需的各种财务报表、资产清单等，主动适应输配电价改革要求，改进核算方式，接受政府有关部门监督。

附件2　关于推进电力市场建设的实施意见

为贯彻落实《中共中央　国务院关于进一步深化电力体制改革的若干意见》（中发〔2015〕9号）有关要求，推动电力供应使用从传统方式向现代交易模式转变，现就推进电力市场建设提出以下意见。

一、总体要求和实施路径

（一）总体要求。

遵循市场经济基本规律和电力工业运行客观规律，积极培育市场主体，坚持节能减排，建立公平、规范、高效的电力交易平台，引入市场竞争，打破市场壁垒，无歧视开放电网。具备条件的地区逐步建立以中长期交易为主、现货交易为补充的市场化电力电量平衡机制；逐步建立以中长期交易规避风险，以现货市场发现价格，交易品种齐全、功能完善的电力市场。在全国范围内逐步形成竞争充分、开放有序、健康发展的市场体系。

（二）实施路径。

有序放开发用电计划、竞争性环节电价，不断扩大参与直接交易的市场主体范围和电量规模，逐步建立市场化的跨省跨区电力交易机制。选择具备条件地区开展试点，建成包括中长期和现货市场等较为完整的电力市场；总结经验、完善机制、丰富品种，视情况扩大试点范围；逐步建立符合国情的电力市场体系。

非试点地区按照《关于有序放开发用电计划的实施意见》开展市场化交易。试点地区可根据本地实际情况，另行制定有序放开发用电计划的路径。零售市场按照《关于推进售电侧改革的实施意见》开展市场化交易。

二、建设目标

（一）电力市场构成。

主要由中长期市场和现货市场构成。中长期市场主要开展多年年、季、月、周等日以上电能量交易和可中断负荷、调压等辅助服务交易。现货市场主要开展日前、日内、实时电能量交易和备用、调频等辅助服务交易。条件成熟时，探索开展容量市场、电力期货和衍生品等交易。

（二）市场模式分类。

主要分为分散式和集中式两种模式。其中，分散式是主要以中长期实物合同为基础，发用双方在日前阶段自行确定日发用电曲线，偏差电量通过日前、实时平衡交易进行调节的电力市场模式；集中式是主要以中长期差价合同管理市场风险，配合现货交易采用全电量集中竞价的电力市场模式。各地应根据地区电力资源、负荷特性、电网结构等因素，结合经济社会发展实际选择电力市场建设模式。为保障市场健康发展和有效融合，电力市场建设应在市场总体框架、交易基本规则等方面保持基本一致。

（三）电力市场体系。

分为区域和省（区、市）电力市场，市场之间不分级别。区域电力市场包括在全国较大范围内和一定范围内资源优化配置的电力市场两类。其中，在全国较大范围内资源优化配置的功能主要通过北京电力交易中心（依托国家电网公司组建）、广州电力交易中心（依托南方电网公司组建）实现，负责落实国家计划、地方政府协议，促进市场化跨省跨区交易；一定范围内资源优化配置的功能主要通过中长期交易、现货交易，在相应区域电力市场实现。省（区、市）电力市场主要开展省（区、市）内中长期交易、现货交易。同一地域内不重复设置开展现货交易的电力市场。

三、主要任务

（一）组建相对独立的电力交易机构。按照政府批准的章程和规则，组建电力交易机构，为电力交易提供服务。

（二）搭建电力市场交易技术支持系统。满足中长期、现货市场运行和市场监管要求，遵循国家明确的基本交易规则和主要技术标准，实行统一标准、统一接口。

（三）建立优先购电、优先发电制度。保障公益性、调节性发用电优先购电、优先发电，坚持清洁能源优先上网，加大节能减排力度，并在保障供需平衡的前提下，逐步形成以市场为主的电力电量平衡机制。

（四）建立相对稳定的中长期交易机制。鼓励市场主体间开展直接交易，自行协商签订合同，或通过交易机构组织的集中竞价交易平台签订合同。优先购电和优先发电视为年度电能量交易签订合同。可中断负荷、调压等辅助服务可签订中长期交易合同。允许按照市场规则转让或者调整交易合同。

（五）完善跨省跨区电力交易机制。以中长期交易为主、临时交易为补充，鼓励发电企业、电力用户、售电主体等通过竞争方式进行跨省跨区买卖电。跨省跨区送受电中的国家计划、地方政府协议送电量优先发电，承担相应辅助服务义务，其他跨省跨区送受电参与电力市场。

（六）建立有效竞争的现货交易机制。不同电力市场模式下，均应在保证安全、高效、环保的基础上，按成本最小原则建立现货交易机制，发现价格，引导用户合理用电，促进发电机组最大限度提供调节能力。

（七）建立辅助服务交易机制。按照“谁受益、谁承担”的原则，建立电力用户参与的辅助服务分担共享机制，积极开展跨省跨区辅助服务交易。在现货市场开展备用、调频等辅助服务交易，中长期市场开展可中断负荷、调压等辅助服务交易。用户可以结合自身负荷特性，自愿选择与发电企业或电网企业签订保供电协议、可中断负荷协议等合同，约定各自的辅助服务权利与义务。

（八）形成促进可再生能源利用的市场机制。规划内的可再生能源优先发电，优先发电合同可转让，鼓励可再生能源参与电力市场，鼓励跨省跨区消纳可再生能源。

（九）建立市场风险防范机制。不断完善市场操纵力评价标准，加强对市场操纵力的预防与监管。加强调度管理，提高电力设备管理水平，确保市场在电力电量平衡基础上正常运行。

四、市场主体

（一）市场主体的范围。

市场主体包括各类发电企业、供电企业（含地方电网、趸售县、高新产业园区和经济技术开发区等，下同）、售电企业和电力用户等。各类市场主体均应满足国家节能减排和环保要求，符合产业政策要求，并在交易机构注册。参与跨省跨区交易时，可在任何一方所在地交易平台参与交易，也可委托第三方代理。现货市场启动前，电网企业可参加跨省跨区交易。

（二）发电企业和用户的基本条件。

1. 参与市场交易的发电企业，其项目应符合国家规定，单位能耗、环保排放、并网安全应达到国家和行业标准。新核准的发电机组原则上参与电力市场交易。

2. 参与市场交易的用户应为接入电压在一定电压等级以上，容量和用电量较大的电力用户。新增工业用户原则上应进入市场交易。符合准入条件的用户，选择进入市场后，应全部电量参与市场交易，不再按政府定价购电。对于符合准入条件但未选择参与直接交易或向售电企业购电的用户，由所在地供电企业提供保底服务并按政府定价购电。用户选择进入市场后，在一定周期内不可退出。适时取消目录电价中相应用户类别的政府定价。

五、市场运行

（一）交易组织实施。电力交易、调度机构负责市场运行组织工作，及时发布市场信息，组织市场交易，根据交易结果制定交易计划。

（二）中长期交易电能量合同的形成。交易各方根据优先购电发电、直接交易（双边或集中撮合）等交易结果，签订中长期交易合同。其中，分散式市场以签订实物合同为主，集中式市场以签订差价合同为主。

（三）日前发电计划。分散式市场，次日发电计划由交易双方约定的次日发用电曲线、优先购电发电合同分解发用电曲线和现货市场形成的偏差调整曲线叠加形成。集中式市场，次日发电计划由发电企业、用户和售电主体通过现货市场竞价确定次日全部发用电量和发用电曲线形成。日前发电计划编制过程中，应考虑辅助服务与电能量统一出清、统一安排。

（四）日内发电计划。分散式市场以5—15分钟为周期开展偏差调整竞价，竞价模式为部分电量竞价，优化结果为竞价周期内的发电偏差调整曲线、电量调整结算价格、辅助服务容量、辅助服务价格等。集中式市场以5—15分钟为周期开展竞价，竞价模式为全电量竞价，优化结果为竞价周期内的发电曲线、结算价格、辅助服务容量、辅助服务价格等。

（五）竞争性环节电价形成。初期主要实行单一电量电价。现货市场电价由市场主体竞价形成分时电价，根据地区实际可采用区域电价或节点边际电价。为有效规避市场风险，对现货市场以及集中撮合的中长期交易实施最高限价和最低限价。

（六）市场结算。交易机构根据市场主体签订的交易合同及现货平台集中交易结果和执行结果，出具电量电费、辅助服务费及输电服务费等结算依据。建立保障电费结算的风险防范机制。

（七）安全校核。市场出清应考虑全网安全约束。电力调度机构负责安全校核，并按时向规定机构提供市场所需的安全校核数据。

（八）阻塞管理。电力调度机构应按规定公布电网输送能力及相关信息，负责预测和检测可能出现的阻塞问题，并通过市场机制进行必要的阻塞管理。因阻塞管理产生的盈利或费用按责任分担。

(九)应急处置。当系统发生紧急事故时,电力调度机构应按安全第一的原则处理事故,无需考虑经济性。由此带来的成本由相关责任主体承担,责任主体不明的由市场主体共同分担。当面临严重供不应求情况时,政府有关部门可依照相关规定和程序暂停市场交易,组织实施有序用电方案。当出现重大自然灾害、突发事件时,政府有关部门、国家能源局及其派出机构可依照相关规定和程序暂停市场交易,临时实施发用电计划管理。当市场运营规则不适应电力市场交易需要,电力市场运营所必须的软硬件条件发生重大故障导致交易长时间无法进行,以及电力市场交易发生恶意串通操纵行为并严重影响交易结果等情况时,国家能源局及其派出机构可依照相关规定和程序暂停市场交易。

(十)市场监管。切实加强电力行业及相关领域科学监管,完善电力监管组织体系,创新监管措施和手段。充分发挥和加强国家能源局及其派出机构在电力市场监管方面的作用。国家能源局依法组织制定电力市场规划、市场规则、市场监管办法,会同地方政府对区域电力市场及区域电力交易机构实施监管;国家能源局派出机构和地方政府电力管理部门根据职能依法履行省(区、市)电力监管职责,对市场主体有关市场操纵力、公平竞争、电网公平开放、交易行为等情况实施监管,对电力交易机构和电力调度机构执行市场规则的情况实施监管。

六、信用体系建设

(一)建立完善市场主体信用评价制度。开展电力市场交易信用信息系统和信用评价体系建设。针对发电企业、供电企业、售电企业和电力用户等不同市场主体建立信用评价指标体系。建立企业法人及其负责人、从业人员信用记录,将其纳入统一的信息平台,使各类企业的信用状况透明,可追溯、可核查。

（二）建立完善市场主体年度信息公示制度。推动市场主体信息披露规范化、制度化、程序化，在指定网站按照指定格式定期发布信息，接受市场主体的监督和政府部门的监管。

（三）建立健全守信激励和失信惩戒机制。加大监管力度，对于不履约、欠费、滥用市场操纵力、不良交易行为、电网歧视、未按规定披露信息等失信行为，要进行市场内部曝光，对有不守信行为的市场主体，要予以警告。建立并完善黑名单制度，严重失信行为直接纳入不良信用记录，并向社会公示；严重失信且拒不整改、影响电力安全的，必要时可实施限制交易行为或强制性退出，并纳入国家联合惩戒体系。

七、组织实施

在电力体制改革工作小组的领导下，国家发展改革委、工业和信息化部、财政部、国务院国资委、国家能源局等有关部门，充分发挥部门联合工作机制作用，组织协调发电企业、电网企业和电力用户，通过联合工作组等方式，切实做好电力市场建设试点工作。

（一）市场筹建。由电力体制改革工作小组根据电力体制改革的精神，制定区域交易机构设置的有关原则，由国家发展改革委、国家能源局会同有关省（区、市），拟定区域市场试点方案；省级人民政府确定牵头部门并提出省（区、市）市场试点方案。试点方案经国家发展改革委、国家能源局组织专家论证后，修改完善并组织实施。

试点地区应建立领导小组和专项工作组，做好试点准备工作。根据实际情况选择市场模式，选取组建区域交易机构或省（区、市）交易机构，完成电力市场（含中长期市场和现货市场，下同）框架方案设计、交易规则和技术支持系统基本规范制定，电力市场技术支持系统建设，并探索通过电力市场落实优先购电、优先发电的途径。适时启动电力市场试点模拟运行和试运行，开展输电阻塞管理。加强对市场运行情况的跟踪了解和分析，及时修订完善有关规则、技术规范。

（二）规范完善。一是对比分析不同试点面临的问题和取得的经验，对不同市场模式进行评估，分析适用性及资源配置效率，完善电力市场。二是继续放开发用电计划，进一步放开跨省跨区送受电，发挥市场机制自我调节资源配置的作用。三是视情况扩大试点范围，逐步开放融合。满足条件的地区，可试点输电权交易。长期发电容量存在短缺风险的地区，可探索建设容量市场。

（三）推广融合。一是在试点地区建立规范、健全的电力市场体系，在其他具备条件的地区，完善推广电力市场体系。进一步放开竞争性环节电价，在具备条件的地区取消销售电价和上网电价的政府定价；进一步放开发用电计划，并完善应急保障机制。二是研究提出促进全国范围内市场融合实施方案并推动实施，实现不同市场互联互通，在全国范围内形成竞争充分、开放有序、健康发展的市场体系。三是探索在全国建立统一的电力期货、衍生品市场。

附件3　关于电力交易机构组建和规范运行的实施意见

为贯彻落实《中共中央　国务院关于进一步深化电力体制改革的若干意见》（中发〔2015〕9号）有关要求，推进构建有效竞争的市场结构和市场体系，建立相对独立、规范运行的电力交易机构（以下简称交易机构），现就电力交易机构组建和规范运行提出以下意见。

一、总体要求

（一）指导思想。

坚持市场化改革方向，适应电力工业发展客观要求，以构建统一开放、竞争有序的电力市场体系为目标，组建相对独立的电力交易机构，搭建公开透明、功能完善的电力交易平台，依法依规提供规范、可靠、高效、优质的电力交易服务，形成公平公正、有效竞争的市场格局，促进市场在能源资源优化配置中发挥决定性作用和更好发挥政府作用。

（二）基本原则。

平稳起步，有序推进。根据目前及今后一段时期我国电力市场建设目标、进程及重点任务，立足于我国现有网架结构、电源和负荷分布及其未来发展，着眼于更大范围内资源优化配置，统筹规划、有序推进交易机构组建工作，建立规范运行的全国电力交易机构体系。

相对独立，依规运行。将原来由电网企业承担的交易业务与其他业务分开，实现交易机构管理运营与各类市场主体相对独立。依托电网企业现有基础条件，发挥各类市场主体积极性，鼓励具有相应技术与业务专长的第三方参与，建立健全科学的治理结构。各交易机构依规自主运行。

依法监管，保障公平。交易机构按照政府批准的章程和规则，构建保障交易公平的机制，为各类市场主体提供公平优质的交易服务，确保信息公开透明，促进交易规则完善和市场公平。政府有关部门依法对交易机构实施监管。

二、组建相对独立的交易机构

（一）职能定位。

交易机构不以营利为目的，在政府监管下为市场主体提供规范公开透明的电力交易服务。交易机构主要负责市场交易平台的建设、运营和管理；负责市场交易组织，提供结算依据和相关服务，汇总电力用户与发电企业自主签订的双边合同；负责市场主体注册和相应管理,披露和发布市场信息等。

(二)组织形式。

将原来由电网企业承担的交易业务与其他业务分开,按照政府批准的章程和规则组建交易机构。交易机构可以采取电网企业相对控股的公司制、电网企业子公司制、会员制等组织形式。其中,电网企业相对控股的公司制交易机构,由电网企业相对控股,第三方机构及发电企业、售电企业、电力用户等市场主体参股。会员制交易机构由市场主体按照相关规则组建。

(三)市场管理委员会。

为维护市场的公平、公正、公开,保障市场主体的合法权益,充分体现各方意愿,可建立由电网企业、发电企业、售电企业、电力用户等组成的市场管理委员会。按类别选派代表组成,负责研究讨论交易机构章程、交易和运营规则,协调电力市场相关事项等。市场管理委员会实行按市场主体类别投票表决等合理议事机制,国家能源局及其派出机构和政府有关部门可以派员参加市场管理委员会有关会议。市场管理委员会审议结果经审定后执行,国家能源局及其派出机构和政府有关部门可以行使否决权。

(四)体系框架。

有序组建相对独立的区域和省(区、市)交易机构。区域交易机构包括北京电力交易中心(依托国家电网公司组建)、广州电力交易中心(依托南方电网公司组建)和其他服务于有关区域电力市场的交易机构。鼓励交易机构不断扩大交易服务范围,推动市场间相互融合。

(五)人员和收入来源。

交易机构应具有与履行交易职责相适应的人、财、物,日常管理运营不受市场主体干预,接受政府监管。交易机构人员可以电网企业现有人员为基础，根据业务发展需要，公开选聘，择优选取，不断充实；高级管理人员由市场管理委员会推荐，依法按组织程序聘任。交易机构可向市场主体合理收费，主要包括注册费、年费、交易手续费。

（六）与调度机构的关系。

交易机构主要负责市场交易组织，调度机构主要负责实时平衡和系统安全。日以内即时交易和实时平衡由调度机构负责。日前交易要区别不同情形，根据实践运行的情况和经验，逐步明确、规范交易机构和调度机构的职能边界。

交易机构按照市场规则，基于安全约束，编制交易计划，用于结算并提供调度机构。调度机构向交易机构提供安全约束条件和基础数据，进行安全校核，形成调度计划并执行，公布实际执行结果，并向市场主体说明实际执行与交易计划产生偏差的原因。交易机构根据市场规则确定的激励约束机制要求，通过事后结算实现经济责任分担。

三、形成规范运行的交易平台

（一）拟定交易规则。

根据市场建设目标和市场发展情况，设计市场交易品种。编制市场准入、市场注册、市场交易、交易合同、交易结算、信息披露等规则。

（二）交易平台建设与运维。

逐步提高交易平台自动化、信息化水平，根据市场交易实际需要，规划、建设功能健全、运行可靠的电力交易技术支持系统。加强技术支持系统的运维，支撑市场主体接入和各类交易开展。

（三）市场成员注册管理。

省级政府或由省级政府授权的部门，按年度公布当地符合标准的发电企业和售电主体，对用户目录实施动态监管。进入目录的发电企业、售电主体和用户可自愿到交易机构注册成为市场交易主体。交易机构按照电力市场准入规定，受理市场成员递交的入市申请，与市场成员签订入市协议和交易平台使用协议，办理交易平台使用账号和数字证书，管理市场成员注册信息和档案资料。注册的市场成员可通过交易平台在线参与各类电力交易，签订电子合同，查阅交易信息等。

（四）交易组织。

发布交易信息，提供平台供市场成员开展双边、集中等交易。按照交易规则，完成交易组织准备，发布电力交易公告，通过交易平台组织市场交易，发布交易结果。

（五）交易计划编制与跟踪。

根据各类交易合同编制日交易等交易计划，告知市场成员，并提交调度机构执行，跟踪交易计划执行情况，确保交易合同和优先发用电合同得到有效执行。

（六）交易结算。

根据市场交易发展情况及市场主体意愿，逐步细化完善交易结算相关办法，规范交易结算职能。交易机构根据交易结果和执行结果，出具电量电费、辅助服务费及输电服务费等结算凭证。交易机构组建初期，可在交易机构出具结算凭证的基础上，保持电网企业提供电费结算服务的方式不变。

（七）信息发布。

按照信息披露规则，及时汇总、整理、分析和发布电力交易相关数据及信息。

（八）风险防控。

采取有效风险防控措施，加强对市场运营情况的监控分析，当市场出现重大异常时，按规则采取相应的市场干预措施，并及时报告。

四、加强对交易机构的监管

（一）市场监管。

切实加强电力行业及相关领域科学监管，完善电力监管组织体系，创新监管措施和手段。充分发挥和加强国家能源局及其派出机构在电力市场监管方面的作用。国家能源局依法组织制定电力市场规划、市场规则、市场监管办法，会同地方政府对区域电力市场及区域电力交易机构实施监管；国家能源局派出机构和地方政府电力管理部门根据职能依法履行省（区、市）电力监管职责，对市场主体有关市场操纵力、公平竞争、电网公平开放、交易行为等情况实施监管，对电力交易机构和电力调度机构执行市场规则的情况实施监管。

（二）外部审计。

试点交易机构应依法依规建立完善的财务管理制度，按年度经具有证券、期货相关业务资格的会计师事务所进行外部财务审计，财务审计报告应向社会发布。

（三）业务稽核。

可根据实际需要，聘请第三方机构对交易开展情况进行业务稽核，并提出完善规则等相关建议。

五、组织实施

（一）加强领导。

为促进不同电力市场的有机融合，逐步形成全国电力市场体系，在电力体制改革工作小组的领导下，国家发展改革委、工业和信息化部、财政部、国务院国资委、国家能源局等有关部门和企业，发挥好部门联合工作机制作用，切实做好交易机构组建试点工作。

（二）试点先行。

在试点地区，结合试点工作，组建相对独立的交易机构，明确试点交易机构发起人及筹备组班子人选。筹备组参与拟定交易机构组建方案，试点方案经国家发展改革委、国家能源局组织论证后组织实施。

（三）组织推广。

总结交易机构组建试点经验，根据各地市场建设实际进展，有序推动其他交易机构相对独立、规范运行相关工作。

附件 4　关于有序放开发用电计划的实施意见

为贯彻落实《中共中央　国务院关于进一步深化电力体制改革的若干意见》（中发〔2015〕9 号）有关要求，推进发用电计划改革，更多发挥市场机制的作用，逐步建立竞争有序、保障有力的电力运行机制，现就有序放开发用电计划提出以下意见。

一、总体思路和主要原则

（一）总体思路。

通过建立优先购电制度保障无议价能力的用户用电，通过建立优先发电制度保障清洁能源发电、调节性电源发电优先上网，通过直接交易、电力市场等市场化交易方式，逐步放开其他的发用电计划。在保证电力供需平衡、保障社会秩序的前提下，实现电力电量平衡从以计划手段为主平稳过渡到以市场手段为主，并促进节能减排。

（二）主要原则。

坚持市场化。在保证电力安全可靠供应的前提下，通过有序缩减发用电计划、开展发电企业与用户直接交易，逐步扩大市场化电量的比例，加快电力电量平衡从以计划手段为主向以市场手段为主转变，为建设电力市场提供空间。

坚持保障民生。政府保留必要的公益性、调节性发用电计划，以确保居民、农业、重要公用事业和公益性服务等用电。在有序放开发用电计划的过程中，充分考虑企业和社会的承受能力，保障基本公共服务的供给。常态化、精细化开展有序用电工作，有效保障供需紧张情况下居民等重点用电需求不受影响。

坚持节能减排和清洁能源优先上网。在确保供电安全的前提下，优先保障水电和规划内的风能、太阳能、生物质能等清洁能源发电上网，促进清洁能源多发满发。

坚持电力系统安全和供需平衡。按照市场化方向，改善电力运行调节，统筹市场与计划两种手段，引导供应侧、需求侧资源积极参与调峰调频，保障电力电量平衡，提高电力供应的安全可靠水平，确保社会生产生活秩序。

坚持有序推进。各地要综合考虑经济结构、电源结构、电价水平、送受电规模、市场基础等因素，结合本地实际情况，制定发用电计划改革实施方案，分步实施、有序推进。

二、建立优先购电制度

（一）优先购电基本内容。优先购电是指按照政府定价优先购买电力电量，并获得优先用电保障。优先购电用户在编制有序用电方案时列入优先保障序列，原则上不参与限电，初期不参与市场竞争。

（二）优先购电适用范围。一产用电，三产中的重要公用事业、公益性服务行业用电，以及居民生活用电优先购电。重要公用事业、公益性服务包括党政军机关、学校、医院、公共交通、金融、通信、邮政、供水、供气等涉及社会生活基本需求，或提供公共产品和服务的部门和单位。

(三)优先购电保障措施。一是发电机组共同承担。优先购电对应的电力电量由所有公用发电机组共同承担，相应的销售电价、上网电价均执行政府定价。二是加强需求侧管理。在负荷控制系统、用电信息采集系统基础上，推广用电用能在线监测和需求侧管理评价，积极培育电能服务，建立完善国家电力需求侧管理平台。在前期试点基础上，推广需求响应，参与市场竞争，逐步形成占最大用电负荷3%左右的需求侧机动调峰能力，保障轻微缺电情况下的电力供需平衡。三是实施有序用电。常态化、精细化开展有序用电工作。制定有序用电方案，进行必要演练，增强操作能力。出现电力缺口或重大突发事件时，对优先购电用户保障供电，其他用户按照有序用电方案确定的顺序及相应比例分担限电义务。通过实施有序用电方案，保障严重缺电情况下的社会秩序稳定。四是加强老少边穷地区电力供应保障。加大相关投入，确保无电人口用电全覆盖。

三、建立优先发电制度

(一)优先发电基本内容。优先发电是指按照政府定价或同等优先原则，优先出售电力电量。优先发电容量通过充分安排发电量计划并严格执行予以保障，拥有分布式风电、太阳能发电的用户通过供电企业足额收购予以保障，目前不参与市场竞争。

(二)优先发电适用范围。为便于依照规划认真落实可再生能源发电保障性收购制度，纳入规划的风能、太阳能、生物质能等可再生能源发电优先发电；为满足调峰调频和电网安全需要，调峰调频电量优先发电；为保障供热需要，热电联产机组实行“以热定电”，供热方式合理、实现在线监测并符合环保要求的在采暖期优先发电,以上原则上列为一类优先保障。为落实国家能源战略、确保清洁能源送出,跨省跨区送受电中的国家计划、地方政府协议送电量优先发电;为减少煤炭消耗和污染物排放,水电、核电、余热余压余气发电、超低排放燃煤机组优先发电,以上原则上列为二类优先保障。各省(区、市)可根据本地区实际情况,按照确保安全、兼顾经济性和调节性的原则,合理确定优先顺序。

(三)优先发电保障措施。一是留足计划空间。各地安排年度发电计划时,充分预留发电空间。其中,风电、太阳能发电、生物质发电、余热余压余气发电按照资源条件全额安排发电,水电兼顾资源条件、历史均值和综合利用要求确定发电量,核电在保证安全的情况下兼顾调峰需要安排发电。二是加强电力外送和消纳。跨省跨区送受电中原则上应明确可再生能源发电量的比例。三是统一预测出力。调度机构统一负责调度范围内风电、太阳能发电出力预测,并充分利用水电预报调度成果,做好电力电量平衡工作,科学安排机组组合,充分挖掘系统调峰潜力,合理调整旋转备用容量,在保证电网安全运行的前提下,促进清洁能源优先上网;面临弃水弃风弃光情况时,及时预告有关情况,及时公开相关调度和机组运行信息。可再生能源发电企业应加强出力预测工作,并将预测结果报相应调度机构。四是组织实施替代,同时实现优先发电可交易。修订火电运行技术规范,提高调峰灵活性,为消纳可再生能源腾出调峰空间。鼓励开展替代发电、调峰辅助服务交易。

四、切实保障电力电量平衡

未建立现货市场的地区,应以现有发用电计划工作为基础,坚持公开、公平、公正,参照以下步骤做好年度电力电量平衡工作。

(一)做好供需平衡预测。每年年底,各地预测来年本地区电力供需平衡情况,预测总发用电量,测算跨省跨区送受电电量(含优先发电部分、市场交易部分)，测算本地区平均发电利用小时数，点对网发电机组视同为受电地区发电企业。

(二)安排优先发电。优先安排风能、太阳能、生物质能等可再生能源保障性发电；根据电网调峰调频需要，合理安排调峰调频电量；按照以热定电原则安排热电联产机组发电；兼顾资源条件、系统需要，合理安排水电发电；兼顾调峰需要，合理安排核电发电；安排余热余压余气发电；考虑节能环保水平，安排高效节能、超低排放的燃煤机组发电。

(三)组织直接交易。组织符合条件的电力用户和发电企业，通过双边交易或多边交易等方式，确定交易电量和交易价格；尽可能确保用户用电负荷特性不得恶化，避免加大电网调峰压力；尽可能避免非理性竞争，保障可持续发展。其中，供热比重大的地区，直接交易不得影响低谷电力平衡和保障供热需要；水电比重大的地区，直接交易应区分丰水期、枯水期电量。

(四)扣除相应容量。为促进直接交易价格合理反映电力资源产品价值，在安排计划电量时，原则上应根据直接交易情况，相应扣除发电容量。为调动发电企业参与积极性，直接交易电量折算发电容量时，可根据对应用户最大负荷利用小时数、本地工业用户平均利用小时数或一定上限等方式折算。

(五)安排好年度电力电量平衡方案。扣除直接交易的发电量、发电容量后，剩余发电量、发电容量可以按照现行的差别电量计划制定规则，考虑年度检修计划后，确定发电计划。计划电量执行政府定价。电力企业应根据年度电力电量平衡方案协商签订购售电合同。

(六)实施替代发电。发电计划确定后，在满足安全和供热等约束条件下，组织发电企业通过自主协商或集中撮合等方式实施替代发电,促进节能减排。计划电量和直接交易电量,均可按照有关规定实施替代发电。

(七)保障电力平衡。所有统调发电机组均承担电力平衡和调峰调频任务,对应的电量为调峰调频电量,计入计划电量,原调度方式不变。

(八)适时调整年度电力电量平衡方案。通过调整方案,确保交易电量得以执行。可于四季度,根据直接交易电量变化、用电增速变化,以及有关奖惩因素等,按照上述规则调整年度电力电量平衡方案,并签订调整补充协议。

五、积极推进直接交易

通过建立、规范和完善直接交易机制,促进中长期电力交易的发展,加快市场化改革进程。

(一)用户准入范围。允许一定电压等级或容量的用户参与直接交易;允许售电公司参与;允许地方电网和趸售县参与;允许产业园区和经济技术开发区等整体参与。落后产能、违规建设和违法排污项目不得参与。各地可结合本地区实际情况、产业政策,以及能耗、环保水平等完善准入条件,并尽可能采用负面清单、注册制方式。选择直接交易的用户,原则上应全部电量参与市场交易,不再按政府定价购电。

(二)发电准入范围。允许火电、水电参与直接交易;鼓励核电、风电、太阳能发电等尝试参与;火电机组中,超低排放的燃煤发电机组优先参与。不符合国家产业政策、节能节水指标未完成、污染物排放未达到排放标准和总量控制要求、违规建设等电源项目不得参与。各地可结合本地区实际情况、发电产业政策,以及发电机组容量、能耗、环保水平等完善准入条件,并尽可能采用负面清单方式。发电机组参与直接交易的容量应保持合理比例,以便保持调峰调频能力、避免影响供需平衡。

（三）交易方式和期限。符合条件的发电企业、售电企业和用户可以自愿参与直接交易，协商确定多年、年度、季度、月度、周交易量和交易价格。既可以通过双边交易，也可以通过多边撮合交易实现；一旦参与，不得随意退出。年度交易量确定后，可以根据实际情况进行月度电量调整。直接交易合同原则上至少为期一年，双方必须约定违约责任，否则合同不得中途中止。具备条件的，允许部分或全部转让合同，即卖电方可以买电、买电方也可以卖电，以降低参与方的违约风险。

（四）直接交易价格。对于发电企业与用户、售电企业直接交易的电量，上网电价和销售电价初步实现由市场形成，即通过自愿协商、市场竞价等方式自主确定上网电价，按照用户、售电主体接入电网的电压等级支付输配电价（含线损、交叉补贴）、政府性基金等。暂未单独核定输配电价的地区、扩大电力直接交易参与范围的地区，可采取保持电网购销差价不变的方式，即发电企业上网电价调整多少，销售电价调整多少，差价不变。

（五）保持用电负荷特性。为保持用户用电特性，避免加大系统调峰压力，初期，直接交易电量应区分峰谷电量，实行峰谷电价，峰谷电价比值应不低于所在省份峰谷电价比值；有条件的地区，鼓励发用电双方提供负荷曲线。中期，在直接交易中努力实现电力基本匹配，发用电双方均需提供负荷曲线，但不严格要求兑现。后期，所有卖电方均需提供预计出力曲线；所有买电方均需提供预计用电曲线。

（六）避免非理性竞争。为了建立长期稳定的交易关系，促进可持续发展，参与直接交易的发电能力和用电量应保持合理比例、基本匹配，避免出现非理性竞争，影响市场化改革进程。具体比例可参考本地区可供电量与用电量的比值确定。

六、有序放开发用电计划

根据实际需要,在不影响电力系统安全、供需平衡和保障优先购电、优先发电的前提下,全国各地逐步放开一定比例的发用电计划,参与直接交易,促进电力市场建设。

(一)逐步放大直接交易比例。

用电逐步放开。现阶段可以放开110千伏(66千伏)及以上电压等级工商业用户、部分35千伏电压等级工商业用户参与直接交易。下一步可以放开全部35千伏及以上电压等级工商业用户,甚至部分10千伏及以上电压等级工商业用户参与;允许部分优先购电的企业和用户自愿进入市场。具备条件时,可以放开全部10千伏及以上电压等级用户,甚至允许所有优先购电的企业和用户自愿进入市场;也可以通过保留一定交叉补贴,使得无议价能力用户价格比较合理,在市场上具有一定竞争力,通过市场解决;供电企业仍承担保底供电责任,确保市场失灵时的基本保障。

发电相应放开。随着用电逐步放开,相应放开一定比例的发电容量参与直接交易。目前保留各类优先发电,鼓励优先发电的企业和用户自愿进入市场。具备条件时,调峰调频电量、供热发电、核电、余热余压余气发电等优先发电尽可能进入电力市场。

跨省跨区送受电逐步放开。现阶段,国家计划、地方政府协议送电量优先发电;其他跨省跨区送受电可给予一定过渡期,在历史均值基础上,年电量变化幅度应控制在一定比例范围内,或可通过跨省跨区替代发电实现利益调节。下一步,鼓励将国家计划、地方政府协议送电量转变为中长期合同;其他跨省跨区送受电由送受电各方自行协商确定,鼓励签订中长期合同。逐步过渡到主要通过中长期交易、临时交易实现;既可以是政府间中长期交易，电力企业、用户间中长期交易，也可以是电力企业、用户间临时交易。

（二）促进建立电力市场体系。

通过建立、规范和完善直接交易机制，促进电力中长期交易的发展。首先，选取试点地区开展现货市场试点，探索建立电力电量平衡新机制。然后，在现货市场试点基础上，丰富完善市场品种，探索实施途径、积累经验、完善规则，尝试建立比较完整的电力市场体系，为全国范围推广奠定基础。鼓励需求侧资源参与各类市场竞争，促进分布式发电、电动汽车、需求响应等的发展。后期，进一步完善各类电力市场和交易品种，并逐步在全国范围推广、建立比较完善的电力市场体系，使得电力电量平衡能够主要依靠电力市场实现，市场在配置资源中发挥决定性作用。结合直接交易用户的放开，适时取消相应类别用户目录电价，即用户必须自行参与市场或通过售电公司购电。逐步取消部分上网电量的政府定价。除优先发电、优先购电对应的电量外，发电企业其他上网电量价格主要由用户、售电主体与发电企业通过自主协商、市场竞价等方式确定。在电力市场体系比较健全的前提下，全部放开上网电价和销售电价。

（三）不断完善应急保障机制。

通过实施需求响应和有序用电方案，完善电力电量平衡的应急保障机制和体系。在面临重大自然灾害和突发事件时，省级以上人民政府依法宣布进入应急状态或紧急状态，暂停市场交易，全部或部分免除市场主体的违约责任，发电全部或部分执行指令性交易，包括电量、电价，用电执行有序用电方案。

七、因地制宜组织实施

（一）切实加强组织领导。各地区要建立工作机制，有关部门要分工协作、相互配合，结合本地区实际情况，制定实施方案并报国家发展改革委和国家能源局；对于过渡时期可能出现的各种问题，早做考虑、早做预案；认真落实本指导意见提出的各项任务，遇有重大问题及时反映。国家发展改革委和国家能源局将会同有关部门加强对各地区实施方案制定和具体工作推进的指导和监督；适时组织评估有序放开发用电计划工作，总结经验、分析问题、完善政策。

（二）因地制宜开展工作。鉴于我国不同地区间电源电网结构、实际运行特点以及经济结构等均存在较大差异，改革过程中面临的困难各不相同、同步实施难度较大，各地可根据工作基础、实施难度和实际进展等因素，在本地区实施方案中确定主要时间节点，并制定不同阶段的放开比例和具体工作方案。建立现货市场的试点地区，可以根据需要另行设计发用电计划改革路径。

（三）充分发挥市场作用。无论是制定、实施本地区实施方案，还是组织开展试点工作，各地都要坚持发挥市场的用，注重制定完善规则，按规则办事，避免自由裁量空间过大。特别是在直接交易等实施过程中，不得指定交易对象、交易电量、交易价格。国家能源局派出机构应加强对此类情况的监督检查。如经核实出现类似情况，将暂停该地区试点工作或改革推进工作，待整改完毕后再行推进。

附件 5　关于推进售电侧改革的实施意见

为认真贯彻《中共中央　国务院关于进一步深化电力体制改革的若干意见》（中发〔2015〕9 号）精神，现就推进售电侧改革提出以下意见。

一、指导思想和基本原则、工作目标

（一）指导思想。

向社会资本开放售电业务，多途径培育售电侧市场竞争主体，有利于更多的用户拥有选择权，提升售电服务质量和用户用能水平。售电侧改革与电价改革、交易体制改革、发用电计划改革等协调推进，形成有效竞争的市场结构和市场体系，促进能源资源优化配置，提高能源利用效率和清洁能源消纳水平，提高供电安全可靠性。

（二）基本原则。

坚持市场方向。通过逐步放开售电业务，进一步引入竞争，完善电力市场运行机制，充分发挥市场在资源配置中的决定性作用，鼓励越来越多的市场主体参与售电市场。

坚持安全高效。售电侧改革应满足供电安全和节能减排要求，优先开放能效高、排放低、节水型的发电企业，以及单位能耗、环保排放符合国家标准、产业政策的用户参与交易。

鼓励改革创新。参与交易的市场主体采用公示和信用承诺制度，不实行行政审批。整合互联网、分布式发电、智能电网等新兴技术，促进电力生产者和消费者互动，向用户提供智能综合能源服务，提高服务质量和水平。

完善监管机制。保证电力市场公平开放，建立规范的购售电交易机制，在改进政府定价机制、放开发电侧和售电侧两端后，对电网输配等自然垄断环节和市场其他主体严格监管，进一步强化政府监管。

二、售电侧市场主体及相关业务

（一）电网企业。

电网企业是指拥有输电网、配电网运营权（包括地方电力公司、逗售县供电公司),承担其供电营业区保底供电服务的企业,履行确保居民、农业、重要公用事业和公益性服务等用电的基本责任。当售电公司终止经营或无力提供售电服务时,电网企业在保障电网安全和不影响其他用户正常供电的前提下,按照规定的程序、内容和质量要求向相关用户供电,并向不参与市场交易的工商业用户和无议价能力用户供电,按照政府规定收费。若营业区内社会资本投资的配电公司无法履行责任时,由政府指定其他电网企业代为履行。

电网企业对供电营业区内的各类用户提供电力普遍服务,保障基本供电;无歧视地向市场主体及其用户提供报装、计量、抄表、维修、收费等各类供电服务;保障电网公平无歧视开放,向市场主体提供输配电服务,公开输配电网络的可用容量和实际使用容量等信息;在保证电网安全运行的前提下,按照有关规定收购分布式电源发电;受委托承担供电营业区内的有关电力统计工作。

电网企业按规定向交易主体收取输配电费用(含线损和交叉补贴),代国家收取政府性基金;按照交易中心出具的结算依据,承担市场主体的电费结算责任,保障交易电费资金安全。鼓励以混合所有制方式发展配电业务。向符合条件的市场主体放开增量配电投资业务。社会资本投资增量配电网绝对控股的,即拥有配电网运营权,同时拥有供电营业区内与电网企业相同的权利,并切实履行相同的责任和义务。

(二)售电公司。

售电公司分三类,第一类是电网企业的售电公司。第二类是社会资本投资增量配电网,拥有配电网运营权的售电公司。第三类是独立的售电公司,不拥有配电网运营权,不承担保底供电服务。

售电公司以服务用户为核心，以经济、优质、安全、环保为经营原则，实行自主经营，自担风险，自负盈亏，自我约束。鼓励售电公司提供合同能源管理、综合节能和用电咨询等增值服务。同一供电营业区内可以有多个售电公司，但只能有一家公司拥有该配电网经营权，并提供保底供电服务。同一售电公司可在多个供电营业区内售电。

发电公司及其他社会资本均可投资成立售电公司。拥有分布式电源的用户，供水、供气、供热等公共服务行业，节能服务公司等均可从事市场化售电业务。

（三）用户。

符合市场准入条件的电力用户，可以直接与发电公司交易，也可以自主选择与售电公司交易，或选择不参与市场交易。

三、售电侧市场主体准入与退出

（一）售电公司准入条件。

1. 按照《中华人民共和国公司法》，进行工商注册，具有独立法人资格。

2. 资产要求。

（1）资产总额在 2 千万元至 1 亿元人民币的，可以从事年售电量不超过 6 至 30 亿千瓦时的售电业务。

（2）资产总额在 1 亿元至 2 亿元人民币的，可以从事年售电量不超过 30 至 60 亿千瓦时的售电业务。

（3）资产总额在 2 亿元人民币以上的，不限制其售电量。

（4）拥有配电网经营权的售电公司其注册资本不低于其总资产的 20%。

3. 拥有与申请的售电规模和业务范围相适应的设备、经营场所，以及具有掌握电力系统基本技术经济特征的相关专职专业人员，有关要求另行制定。

4. 拥有配电网经营权的售电公司应取得电力业务许可证（供电类）。

（二）直接交易用户准入条件。

1. 符合国家产业政策，单位能耗、环保排放均应达到国家标准。

2. 拥有自备电源的用户应按规定承担国家依法合规设立的政府性基金，以及与产业政策相符合的政策性交叉补贴和系统备用费。

3. 微电网用户应满足微电网接入系统的条件。

（三）市场主体准入。

1. 符合准入条件的市场主体应向省级政府或由省级政府授权的部门申请，并提交相关资料。

2. 省级政府或由省级政府授权的部门通过政府网站等媒体将市场主体是否满足准入条件的信息及相关资料向社会公示。

3. 省级政府或由省级政府授权的部门将公示期满无异议的市场主体纳入年度公布的市场主体目录，并实行动态管理。

4. 列入目录的市场主体可在组织交易的交易机构注册，获准参与交易。在新的交易机构组建前，市场主体可先行在省级政府或由省级政府授权的部门登记。有关市场主体准入、退出办法另行制定。

（四）市场主体退出。

1. 市场主体违反国家有关法律法规、严重违反交易规则和破产倒闭的须强制退出市场，列入黑名单，不得再进入市场。退出市场的主体由省级政府或由省级政府授权的部门在目录中删除，交易机构取消注册，向社会公示。

2. 市场主体退出之前应将所有已签订的购售电合同履行完毕或转让,并处理好相关事宜。

四、市场化交易

(一)交易方式。

市场交易包括批发和零售交易。在交易机构注册的发电公司、售电公司、用户等市场主体可以自主双边交易,也可以通过交易中心集中交易。拥有分布式电源或微网的用户可以委托售电公司代理购售电业务。有关交易方式另行制定。

(二)交易要求。

参与交易的有关各方应符合电力市场建设的有关规定,到交易机构注册成为市场交易主体。市场有关各方应依法依规签订合同,明确相应的权利义务关系,约定交易、服务等事项。参与双边交易的买卖双方应符合交易的有关规定,交易结果应报有关交易机构备案。

(三)交易价格。

放开的发用电计划部分通过市场交易形成价格,未放开的发用电计划部分执行政府规定的电价。市场交易价格可以通过双方自主协商确定或通过集中撮合、市场竞价的方式确定。参与市场交易的用户购电价格由市场交易价格、输配电价(含线损和交叉补贴)、政府性基金三部分组成。

输配电价由政府核定,暂未单独核定输配电价的地区,可按现行电网购销价差作为电力市场交易输配电价。

(四)结算方式。

发电公司、电网企业、售电公司和用户应根据有关电力交易规则,按照自愿原则签订三方合同。电力交易机构负责提供结算依据,电网企业负责收费、结算,负责归集交叉补贴,代收政府性基金，并按规定及时向有关发电公司和售电公司支付电费。

五、信用体系建设与风险防范

（一）信息披露。

建立信息公开机制，省级政府或由省级政府授权的部门定期公布市场准入退出标准、交易主体目录、负面清单、黑名单、监管报告等信息。市场主体在省级政府指定网站和"信用中国"网站上公示公司有关情况和信用承诺，对公司重大事项进行公告，并定期公布公司年报。

（二）信用评价。

建立市场主体信用评价机制，省级政府或由省级政府授权的部门依据企业市场履约情况等市场行为建立市场主体信用评价制度，评价结果应向社会公示。建立黑名单制度，对严重违法、违规的市场主体，提出警告，勒令整改。拒不整改的列入黑名单，不得再进入市场。

（三）风险防范。

强化信用评价结果应用，加强交易监管等综合措施，努力防范售电业务违约风险。市场发生严重异常情况时，政府可对市场进行强制干预。

（四）强化监管。

国家能源局和省级政府应加强市场主体和交易机构的市场行为的监管，建立完善的监管组织体系，及时研究、分析交易情况和信息以及公布违反规则的行为。

六、组织实施

（一）分步推进。

在已核定输配电价的地区，鼓励社会资本组建售电公司，开展试点工作。在未核定输配电价的地区，因地制宜放开售电业务，可采取电网购销差价不变的方式开展用户直接交易。在及时对改革试点工作进行总结的基础上,逐步在全国范围内放开所有售电业务。

(二)加强组织指导。

国家发展改革委、工业和信息化部、财政部、环境保护部、国家能源局等有关部门加强与试点地区的联系与沟通,通力合作、密切配合,切实做好售电侧改革试点相关工作。各省级政府要高度重视,加强领导,建立健全工作机制,全面负责本地区改革试点工作,协调解决改革工作中的重大问题。试点地区要按照电力体制改革总体部署,编制工作方案、配套细则,报国家发展改革委、国家能源局备案。要对改革试点情况定期总结,及时上报,推动改革不断深入。国家发展改革委会同国家能源局要对全国试点地区改革工作总体情况进行及时总结,宣传典型做法,推广改革成功经验。

(三)强化监督检查。

国家发展改革委、国家能源局会同有关部门及时掌握试点地区改革动态,加强指导、协调和督促检查,依据相关法律法规和监管要求对售电市场公平竞争、信息公开、合同履行、合同结算及信用情况实施监管。对改革不到位或政策执行有偏差的及时进行纠正,防止供应侧和需求侧能耗、排放双增高。

试点地区要及时检查指导各项试点探索工作。对在改革过程中出现的新情况、新问题,要积极研究探索解决的办法和途径,重大问题及时报告,确保改革的顺利进行。建立电力交易督查机制,对各类准入交易企业的能耗、电耗、环保排污水平定期开展专项督查,及时查处违规交易行为,情节严重的要追究相关责任。

国家能源局派出机构和省级有关部门依据相关法律法规,对市场主体准入、电网公平开放、市场秩序、市场主体交易行为、电力普遍服务等实施监管,依法查处违法违规行为。

附件6　关于加强和规范燃煤自备电厂监督管理的指导意见

为贯彻落实《中共中央　国务院关于进一步深化电力体制改革的若干意见》(中发〔2015〕9号)精神,加强和规范燃煤自备电厂监督管理,现提出如下意见:

一、重要意义

燃煤自备电厂(以下简称"自备电厂")是我国火电行业的重要组成部分,在为工业企业生产运营提供动力供应、降低企业生产成本的同时,还可兼顾周边企业和居民用电用热需求。随着自备电厂装机规模持续扩大和火电行业能效、环保标准不断提高,进一步加强和规范自备电厂监督管理,逐步推进自备电厂与公用电厂同等管理,有利于加强电力统筹规划,推动自备电厂有序发展;有利于促进清洁能源消纳,提升电力系统安全运行水平;有利于提高能源利用效率,降低大气污染物排放;有利于维护市场公平竞争,实现资源优化配置。

二、基本原则

坚持统筹规划的原则。强化电力发展规划的引领约束作用,统筹能源资源和市场需求,科学规划建设自备电厂。

坚持安全可靠的原则。严格执行电力行业相关规章,提升自备电厂运行水平,维护电力系统安全稳定运行。

坚持节能减排的原则。严格新建机组能效、环保准入门槛,落实水资源管理"三条红线"控制指标。持续升级改造和淘汰落后火电机组,切实提升自备电厂能效、环保水平。

坚持公平竞争的原则。执行统一的产业政策和市场规则,推动自备电厂成为合格市场主体,公平参与市场交易。

坚持科学监管的原则。构建“规划、政策、规则、监管”协调一致的监管体系，强化对自备电厂的监督管理，维护电力建设运行秩序。

三、强化规划引导，科学规范建设

（一）统筹纳入规划。新（扩）建燃煤自备电厂项目（除背压机组和余热、余压、余气利用机组外）要统筹纳入国家依据总量控制制定的火电建设规划，由地方政府依据《政府核准的投资项目目录》核准，禁止以各种名义在总量控制规模外核准。

（二）公平参与优选。新（扩）建燃煤自备电厂要符合国家能源产业政策和电力规划布局要求，与公用火电项目同等条件参与优选。京津冀、长三角、珠三角等区域禁止新建燃煤自备电厂。装机明显冗余、火电利用小时数偏低地区，除以热定电的热电联产项目外，原则上不再新（扩）建自备电厂项目。

（三）科学规范建设。自备电厂要按照以热定电、自发自用为主的原则合理选择机型和装机规模。开工建设前要按规定取得核准文件和必要的支持性文件，建设过程中要严格执行火电建设相关产业政策和能效、水效、环保、安全质量等各项标准。严禁未批先建、批建不符及以余热、余压、余气名义建设常规燃煤机组等违规行为。禁止公用电厂违规转为企业自备电厂。

（四）做好电网接入。电网企业应对符合规定的自备电厂无歧视开放电网，做好系统接入服务。并网自备电厂应按要求配置必要的继电保护与安全自动装置以及调度自动化、通信和电量计量等设备，切实做好并网安全等相关工作。鼓励有条件并网的自备电厂按自愿原则并网运行。

四、加强运行管理，参与辅助服务

（一）加强运行管理。并网自备电厂要严格执行调度纪律，服从电力调度机构的运行安排,合理组织设备检修和机组启停。全面落实电力行业相关规章和标准,进一步加强设备维护,做好人员培训,主动承担维护电力系统安全稳定运行的责任和义务。

(二)参与辅助服务。并网自备电厂要按照“两个细则”参与电网辅助服务考核与补偿,根据自身负荷和机组特性提供调峰等辅助服务,并按照相关规定参与分摊,获得收益。

五、承担社会责任,缴纳各项费用

(一)承担社会责任。企业自备电厂自发自用电量应承担并足额缴纳国家重大水利工程建设基金、农网还贷资金、可再生能源发展基金、大中型水库移民后期扶持基金和城市公用事业附加等依法合规设立的政府性基金以及政策性交叉补贴,各级地方政府均不得随意减免或选择性征收。

(二)合理缴纳备用费。拥有并网自备电厂的企业应与电网企业协商确定备用容量,并按约定的备用容量向电网企业支付系统备用费。备用费标准分省统一制定,由省级价格主管部门按合理补偿的原则制定,报国家发展改革委备案。向企业自备电厂收取的系统备用费计入电网企业收入,并由政府价格主管部门在核定电网企业准许收入和输配电价水平时统筹平衡。随着电力市场化改革逐步推进,探索取消系统备用费,以市场化机制代替。

六、加强综合利用,推动燃煤消减

(一)加强综合利用。鼓励企业回收利用工业生产过程中产生可利用的热能、压差以及余气等建设相应规模的余热、余压、余气自备电厂。此类项目不占用当地火电建设规模,可按有关规定减免政策性交叉补贴和系统备用费。

(二)鼓励对外供热供电。余热、余压、余气自备电厂生产的电力、热力,在满足所属企业自身需求的基础上,鼓励其按有关规定参与电力交易并向周边地区供热。

（三）推动燃煤消减。推动可再生能源替代燃煤自备电厂发电。在风、光、水等资源富集地区，采用市场化机制引导拥有燃煤自备电厂的企业减少自发自用电量，增加市场购电量，逐步实现可再生能源替代燃煤发电。

七、推进升级改造，淘汰落后机组

（一）推进环保改造。自备电厂应安装脱硫、脱硝、除尘等环保设施，确保满足大气污染物排放标准和总量控制要求，并安装污染物自动监控设备，与当地环保、监管和电网企业等部门联网。污染物排放不符合环保要求的自备电厂要采取限制生产、停产改造等措施，限期完成环保设施升级改造。对于国家要求实施超低排放改造的自备燃煤机组，要在规定期限内完成相关改造工作。鼓励其他有条件的自备电厂实施超低排放改造。

（二）提高能效水平。自备电厂运行要符合相关产业政策规定的能效标准要求。供电煤耗、水耗高于本省同类型机组平均水平5克/千瓦时、0.5千克/千瓦时及以上的自备燃煤发电机组，要因厂制宜，实施节能节水升级改造。

（三）淘汰落后机组。对机组类型属于《产业结构调整目录》等相关产业政策规定淘汰类的，由地方政府明确时间表，予以强制淘汰关停。能耗和污染物排放不符合国家和地方最新标准的自备电厂应实施升级改造，拒不改造或不具备改造条件的由地方政府逐步淘汰关停。淘汰关停后的机组不得转供电或解列运行，不得易地建设。主动提前淘汰自备机组的企业，淘汰机组容量和电量可按有关规定参与市场化交易。

八、确定市场主体，参与市场交易

（一）确定市场主体。满足下列条件的拥有并网自备电厂的企业，可成为合格发电市场主体。

1. 符合国家产业政策，达到能效、环保要求；

2. 按规定承担国家依法合规设立的政府性基金，以及与产业政策相符合的政策性交叉补贴；

3. 公平承担发电企业社会责任；

4. 进入各级政府公布的交易主体目录并在交易机构注册；

5. 满足自备电厂参与市场交易的其他相关规定。

（二）有序参与市场交易。拥有自备电厂的企业成为合格发电市场主体后，有序推进其自发自用以外电量按交易规则与售电主体、电力用户直接交易，或通过交易机构进行交易。

（三）平等参与购电。拥有自备电厂但无法满足自身用电需求的企业，按规定承担国家依法合规设立的政府性基金，以及与产业政策相符合的政策性交叉补贴后，可视为普通电力用户，平等参与市场购电。

九、落实责任主体，加强监督管理

（一）明确主体责任。拥有自备电厂的企业，要承担加强和规范自备电厂管理的主体责任，强化自备电厂内部管理，严格执行能效、环保标准，切实维护电力系统安全稳定运行，公平承担社会责任。

（二）加强组织协调。各省级发改（能源）、经信（工信）、价格、环保等相关部门以及国家能源局派出机构要进一步明确责任分工，加强协调，齐抓共管，形成工作合力，确保自备电厂规范有序发展。

（三）开展专项监管。国家能源局会同有关部门按规定开展自备电厂专项监管和现场检查，形成监管报告，对存在的问题要求限期整改，将拒不整改的企业纳入黑名单，并向社会公布。

(四)强化项目管理。各省级能源主管部门要进一步加强对本地区新(扩)建自备电厂项目的管理。国家能源局及其派出机构要加强对未核先建、批建不符、越权审批等违规建设项目及以余热、余压、余气名义建设常规燃煤机组等问题的监管,一经发现,交由地方能源主管部门责令其停止建设,并会同相关部门依法依规予以处理。

(五)规范运行改造。各省级发改(能源)、经信(工信)、环保等主管部门会同国家能源局派出机构,按照职责分工对燃煤自备电厂安全生产运行、节能减排、淘汰落后产能等工作以及余热、余压、余气自备电厂运行中的弄虚作假行为开展有效监管。对安全生产运行不合规,能效、环保指标不达标,未按期开展升级改造和淘汰落后等工作的自备电厂,要依法依规予以严肃处理,并视情况限批其所属企业新建项目。

(六)加强监督检查。财政部驻各省(区、市)监察专员办事处加强对拥有自备电厂企业缴纳政府性基金情况的监督检查。各省级价格、能源主管部门及国家能源局派出机构加强对拥有自备电厂缴纳政策性交叉补贴情况的监督检查。对存在欠缴、拒缴问题的,要通报批评、限期整改,并依法依规予以处理。

7. 期货交易所管理办法

(中国证券监督管理委员会令第42号　2007年3月28日
中国证券监督管理委员会第203次主席办公会议
审议通过　自2007年4月15日起施行)

第一章　总　　则

第一条　为了加强对期货交易所的监督管理,明确期货交易所职责，维护期货市场秩序，促进期货市场积极稳妥发展，根据《期货交易管理条例》，制定本办法。

第二条　本办法适用于在中华人民共和国境内设立的期货交易所。

第三条　本办法所称期货交易所是指依照《期货交易管理条例》和本办法规定设立，不以营利为目的，履行《期货交易管理条例》和本办法规定的职责，按照章程和交易规则实行自律管理的法人。

第四条　经中国证券监督管理委员会（以下简称中国证监会）批准，期货交易所可以采取会员制或者公司制的组织形式。

会员制期货交易所的注册资本划分为均等份额，由会员出资认缴。

公司制期货交易所采用股份有限公司的组织形式。

第五条　中国证监会依法对期货交易所实行集中统一的监督管理。

第二章　设立、变更与终止

第六条　设立期货交易所，由中国证监会审批。未经批准，任何单位或者个人不得设立期货交易所或者以任何形式组织期货交易及其相关活动。

第七条　经中国证监会批准设立的期货交易所，应当标明“商品交易所”或者“期货交易所”字样。其他任何单位或者个人不得使用期货交易所或者近似的名称。

第八条　期货交易所除履行《期货交易管理条例》规定的职责外，还应当履行下列职责：

（一）制定并实施期货交易所的交易规则及其实施细则；

（二）发布市场信息；

（三）监管会员及其客户、指定交割仓库、期货保证金存管银行及期货市场其他参与者的期货业务；

（四）查处违规行为。

第九条 申请设立期货交易所，应当向中国证监会提交下列文件和材料：

（一）申请书；

（二）章程和交易规则草案；

（三）期货交易所的经营计划；

（四）拟加入会员或者股东名单；

（五）理事会成员候选人或者董事会和监事会成员名单及简历；

（六）拟任用高级管理人员的名单及简历；

（七）场地、设备、资金证明文件及情况说明；

（八）中国证监会规定的其他文件、材料。

第十条 期货交易所章程应当载明下列事项：

（一）设立目的和职责；

（二）名称、住所和营业场所；

（三）注册资本及其构成；

（四）营业期限；

（五）组织机构的组成、职责、任期和议事规则；

（六）管理人员的产生、任免及其职责；

（七）基本业务制度；

（八）风险准备金管理制度；

（九）财务会计、内部控制制度；

（十）变更、终止的条件、程序及清算办法；

（十一）章程修改程序；

（十二）需要在章程中规定的其他事项。

第十一条　除本办法第十条规定的事项外，会员制期货交易所章程还应当载明下列事项：

（一）会员资格及其管理办法；

（二）会员的权利和义务；

（三）对会员的纪律处分。

第十二条　期货交易所交易规则应当载明下列事项：

（一）期货交易、结算和交割制度；

（二）风险管理制度和交易异常情况的处理程序；

（三）保证金的管理和使用制度；

（四）期货交易信息的发布办法；

（五）违规、违约行为及其处理办法；

（六）交易纠纷的处理方式；

（七）需要在交易规则中载明的其他事项。

公司制期货交易所还应当在交易规则中载明本办法第十一条规定的事项。

第十三条　期货交易所变更名称、注册资本的，应当经中国证监会批准。

第十四条　期货交易所的合并、分立，由中国证监会批准。

期货交易所合并可以采取吸收合并和新设合并两种方式，合并前各方的债权、债务由合并后存续或者新设的期货交易所承继。

期货交易所分立的，其债权、债务由分立后的期货交易所承继。

第十五条　期货交易所联网交易的，应当于决定之日起 10 日内报告中国证监会。

第十六条　未经中国证监会批准，期货交易所不得设立分所或者其他任何期货交易场所。

第十七条 期货交易所因下列情形之一解散：

（一）章程规定的营业期限届满；

（二）会员大会或者股东大会决定解散；

（三）中国证监会决定关闭。

期货交易所因前款第（一）项、第（二）项情形解散的，由中国证监会批准。

第十八条 期货交易所因合并、分立或者解散而终止的，由中国证监会予以公告。

期货交易所终止的，应当成立清算组进行清算。清算组制定的清算方案，应当报中国证监会批准。

第三章 组织机构

第一节 会员制期货交易所

第十九条 会员制期货交易所设会员大会。会员大会是期货交易所的权力机构，由全体会员组成。

第二十条 会员大会行使下列职权：

（一）审定期货交易所章程、交易规则及其修改草案；

（二）选举和更换会员理事；

（三）审议批准理事会和总经理的工作报告；

（四）审议批准期货交易所的财务预算方案、决算报告；

（五）审议期货交易所风险准备金使用情况；

（六）决定增加或者减少期货交易所注册资本；

（七）决定期货交易所的合并、分立、解散和清算事项；

（八）决定期货交易所理事会提交的其他重大事项；

（九）期货交易所章程规定的其他职权。

第二十一条 会员大会由理事会召集，每年召开一次。

有下列情形之一的，应当召开临时会员大会：

（一）会员理事不足期货交易所章程规定人数的2/3；

（二）1/3以上会员联名提议；

（三）理事会认为必要。

第二十二条　会员大会由理事长主持。召开会员大会，应当将会议审议的事项于会议召开10日前通知会员。临时会员大会不得对通知中未列明的事项作出决议。

第二十三条　会员大会有2/3以上会员参加方为有效。会员大会应当对表决事项制作会议纪要，由出席会议的理事签名。

会员大会结束之日起10日内，期货交易所应当将大会全部文件报告中国证监会。

第二十四条　期货交易所设理事会，每届任期3年。理事会是会员大会的常设机构，对会员大会负责。

第二十五条　理事会行使下列职权：

（一）召集会员大会，并向会员大会报告工作；

（二）拟订期货交易所章程、交易规则及其修改草案，提交会员大会审定；

（三）审议总经理提出的财务预算方案、决算报告，提交会员大会通过；

（四）审议期货交易所合并、分立、解散和清算的方案，提交会员大会通过；

（五）决定专门委员会的设置；

（六）决定会员的接纳和退出；

（七）决定对违规行为的纪律处分；

（八）决定期货交易所变更名称、住所或者营业场所；

（九）审议批准根据章程和交易规则制定的细则和办法；

（十）审议结算担保金的使用情况；

（十一）审议批准风险准备金的使用方案；

（十二）审议批准总经理提出的期货交易所发展规划和年度工作计划；

（十三）审议批准期货交易所对外投资计划；

（十四）监督总经理组织实施会员大会和理事会决议的情况；

（十五）监督期货交易所高级管理人员和其他工作人员遵守国家有关法律、行政法规、规章、政策和期货交易所章程、交易规则及其实施细则的情况；

（十六）组织期货交易所年度财务会计报告的审计工作，决定会计师事务所的聘用和变更事项；

（十七）期货交易所章程规定和会员大会授予的其他职权。

第二十六条　理事会由会员理事和非会员理事组成；其中会员理事由会员大会选举产生，非会员理事由中国证监会委派。

第二十七条　理事会设理事长1人、副理事长1至2人。理事长、副理事长的任免，由中国证监会提名，理事会通过。理事长不得兼任总经理。

第二十八条　理事长行使下列职权：

（一）主持会员大会、理事会会议和理事会日常工作；

（二）组织协调专门委员会的工作；

（三）检查理事会决议的实施情况并向理事会报告。

副理事长协助理事长工作。理事长因故临时不能履行职权的，由理事长指定的副理事长或者理事代其履行职权。

第二十九条　理事会会议至少每半年召开一次。每次会议应当于会议召开10日前通知全体理事。

有下列情形之一的，应当召开理事会临时会议：

（一）1/3 以上理事联名提议；

（二）期货交易所章程规定的情形；

（三）中国证监会提议。

理事会召开临时会议，可以另定召集理事会临时会议的通知方式和通知时限。

第三十条　理事会会议须有 2/3 以上理事出席方为有效，其决议须经全体理事 1/2 以上表决通过。

理事会会议结束之日起 10 日内，理事会应当将会议决议及其他会议文件报告中国证监会。

第三十一条　理事会会议应当由理事本人出席。理事因故不能出席的，应当以书面形式委托其他理事代为出席；委托书中应当载明授权范围。每位理事只能接受一位理事的委托。

理事会应当对会议表决事项作成会议记录，由出席会议的理事和记录员在会议记录上签名。

第三十二条　理事会可以根据需要设立监察、交易、结算、交割、会员资格审查、纪律处分、调解、财务和技术等专门委员会。

各专门委员会对理事会负责，其职责、任期和人员组成等事项由理事会规定。

第三十三条　期货交易所设总经理 1 人，副总经理若干人。总经理、副总经理由中国证监会任免。总经理每届任期 3 年，连任不得超过两届。

总经理是期货交易所的法定代表人，总经理是当然理事。

第三十四条　总经理行使下列职权：

（一）组织实施会员大会、理事会通过的制度和决议；

（二）主持期货交易所的日常工作；

（三）根据章程和交易规则拟订有关细则和办法；

(四)决定结算担保金的使用;

(五)拟订风险准备金的使用方案;

(六)拟订并实施经批准的期货交易所发展规划、年度工作计划;

(七)拟订并实施经批准的期货交易所对外投资计划;

(八)拟订期货交易所财务预算方案、决算报告;

(九)拟订期货交易所合并、分立、解散和清算的方案;

(十)拟订期货交易所变更名称、住所或者营业场所的方案;

(十一)决定期货交易所机构设置方案,聘任和解聘工作人员;

(十二)决定期货交易所员工的工资和奖惩;

(十三)期货交易所章程规定的或者理事会授予的其他职权。

总经理因故临时不能履行职权的,由总经理指定的副总经理代其履行职权。

第三十五条 期货交易所任免中层管理人员,应当在决定之日起10日内向中国证监会报告。

第二节 公司制期货交易所

第三十六条 公司制期货交易所设股东大会。股东大会是期货交易所的权力机构,由全体股东组成。

第三十七条 股东大会行使下列职权:

(一)本办法第二十条第(一)项、第(四)项至第(七)项规定的职权;

(二)选举和更换非由职工代表担任的董事、监事;

(三)审议批准董事会、监事会和总经理的工作报告;

(四)决定期货交易所董事会提交的其他重大事项;

(五)期货交易所章程规定的其他职权。

第三十八条 股东大会会议的召开及议事规则应当符合期货

交易所章程的规定。

会议结束之日起 10 日内，期货交易所应当将会议全部文件报告中国证监会。

第三十九条　期货交易所设董事会，每届任期 3 年。

第四十条　董事会对股东大会负责，行使下列职权：

（一）召集股东大会会议，并向股东大会报告工作；

（二）拟订期货交易所章程、交易规则及其修改草案，提交股东大会审定；

（三）审议总经理提出的财务预算方案、决算报告，提交股东大会通过；

（四）审议期货交易所合并、分立、解散和清算的方案，提交股东大会通过；

（五）监督总经理组织实施股东大会和董事会决议的情况；

（六）本办法第二十五条第（五）项至第（十三）项、第（十五）项、第（十六）项规定的职权；

（七）期货交易所章程规定和股东大会授予的其他职权。

第四十一条　期货交易所设董事长 1 人，副董事长 1 至 2 人。董事长、副董事长的任免，由中国证监会提名，董事会通过。董事长不得兼任总经理。

第四十二条　董事长行使下列职权：

（一）主持股东大会、董事会会议和董事会日常工作；

（二）组织协调专门委员会的工作；

（三）检查董事会决议的实施情况并向董事会报告。

副董事长协助董事长工作。董事长因故临时不能履行职权的，由董事长指定的副董事长或者董事代其履行职权。

第四十三条　董事会会议的召开和议事规则应当符合期货交

易所章程的规定。

董事会会议结束之日起10日内,董事会应当将会议决议及其他会议文件报告中国证监会。

第四十四条 董事会可以根据需要设立本办法第三十二条规定的专门委员会。各专门委员会对董事会负责,其职责、任期和人员组成等事项由董事会规定。

第四十五条 期货交易所应当设独立董事。独立董事由中国证监会提名,股东大会通过。

第四十六条 期货交易所可以设董事会秘书。董事会秘书由中国证监会提名,董事会通过。

董事会秘书负责期货交易所股东大会和董事会会议的筹备、文件保管以及期货交易所股东资料的管理等事宜。

第四十七条 期货交易所设总经理1人,副总经理若干人。总经理、副总经理由中国证监会任免。总经理每届任期3年,连任不得超过两届。

总经理是期货交易所的法定代表人,总经理应当由董事担任。

第四十八条 总经理行使下列职权:

(一)组织实施股东大会、董事会通过的制度和决议;

(二)本办法第三十四条第(二)项至第(十二)项规定的职权;

(三)期货交易所章程规定或者董事会授予的其他职权。

总经理因故临时不能履行职权的,由总经理指定的副总经理代其履行职权。

第四十九条 期货交易所设监事会,每届任期3年。监事会成员不得少于3人。监事会设主席1人,副主席1至2人。监事会主席、副主席的任免,由中国证监会提名,监事会通过。

第五十条 监事会行使下列职权:

（一）检查期货交易所财务；

（二）监督期货交易所董事、高级管理人员执行职务行为；

（三）向股东大会会议提出提案；

（四）期货交易所章程规定的其他职权。

第五十一条　监事会会议的召开和议事规则应当符合期货交易所章程的规定。

监事会会议结束之日起10日内，监事会应当将会议决议及其他会议文件报告中国证监会。

第五十二条　本办法第三十五条的规定适用于公司制期货交易所。

第四章　会员管理

第五十三条　期货交易所会员应当是在中华人民共和国境内登记注册的企业法人或者其他经济组织。

第五十四条　取得期货交易所会员资格，应当经期货交易所批准。

期货交易所批准、取消会员的会员资格，应当向中国证监会报告。

第五十五条　期货交易所应当制定会员管理办法，规定会员资格的取得与终止的条件和程序、对会员的监督管理等内容。

第五十六条　会员制期货交易所会员享有下列权利：

（一）参加会员大会，行使选举权、被选举权和表决权；

（二）在期货交易所从事规定的交易、结算和交割等业务；

（三）使用期货交易所提供的交易设施，获得有关期货交易的信息和服务；

（四）按规定转让会员资格；

（五）联名提议召开临时会员大会；

(六)按照期货交易所章程和交易规则行使申诉权;

(七)期货交易所章程规定的其他权利。

第五十七条 会员制期货交易所会员应当履行下列义务:

(一)遵守国家有关法律、行政法规、规章和政策;

(二)遵守期货交易所的章程、交易规则及其实施细则及有关决定;

(三)按规定缴纳各种费用;

(四)执行会员大会、理事会的决议;

(五)接受期货交易所监督管理。

第五十八条 公司制期货交易所会员享有下列权利:

(一)本办法第五十六条第(二)项和第(三)项规定的权利;

(二)按照交易规则行使申诉权;

(三)期货交易所交易规则规定的其他权利。

第五十九条 公司制期货交易所会员应当履行本办法第五十七条第(一)项至第(三)项、第(五)项规定的义务。

第六十条 期货交易所每年应当对会员遵守期货交易所交易规则及其实施细则的情况进行抽样或者全面检查,并将检查结果报告中国证监会。

期货交易所行使监管职权时,可以按照期货交易所章程和交易规则及其实施细则规定的权限和程序对会员进行调查取证,会员应当配合。

第六十一条 经中国证监会批准,期货交易所可以实行全员结算制度或者会员分级结算制度。

第六十二条 实行全员结算制度的期货交易所会员均具有与期货交易所进行结算的资格。

第六十三条 实行全员结算制度的期货交易所会员由期货公

司会员和非期货公司会员组成。期货公司会员按照中国证监会批准的业务范围开展相关业务；非期货公司会员不得从事《期货交易管理条例》规定的期货公司业务。

第六十四条　实行全员结算制度的期货交易所对会员结算，会员对其受托的客户结算。

第六十五条　实行会员分级结算制度的期货交易所会员由结算会员和非结算会员组成。结算会员具有与期货交易所进行结算的资格，非结算会员不具有与期货交易所进行结算的资格。

期货交易所对结算会员结算，结算会员对非结算会员结算，非结算会员对其受托的客户结算。

第六十六条　结算会员由交易结算会员、全面结算会员和特别结算会员组成。

全面结算会员、特别结算会员可以为与其签订结算协议的非结算会员办理结算业务。交易结算会员不得为非结算会员办理结算业务。

第六十七条　申请成为结算会员的，应当取得中国证监会批准的结算业务资格。

第六十八条　实行会员分级结算制度的期货交易所可以根据结算会员资信和业务开展情况，限制结算会员的结算业务范围，但应当于3日内报告中国证监会。

第五章　基本业务规则

第六十九条　期货交易所向会员收取的保证金，只能用于担保期货合约的履行，不得查封、冻结、扣划或者强制执行。期货交易所应当在期货保证金存管银行开立专用结算账户，专户存储保证金，不得挪用。

保证金分为结算准备金和交易保证金。结算准备金是指未被合约占用的保证金；交易保证金是指已被合约占用的保证金。

实行会员分级结算制度的期货交易所只向结算会员收取保证金。

第七十条 期货交易所应当建立保证金管理制度。保证金管理制度应当包括下列内容：

（一）向会员收取保证金的标准和形式；

（二）专用结算账户中会员结算准备金最低余额；

（三）当会员结算准备金余额低于期货交易所规定最低余额时的处置方法。

会员结算准备金最低余额由会员以自有资金向期货交易所缴纳。

第七十一条 期货交易所可以接受以下有价证券充抵保证金：

（一）经期货交易所认定的标准仓单；

（二）可流通的国债；

（三）中国证监会认定的其他有价证券。

以前款规定的有价证券充抵保证金的，充抵的期限不得超过该有价证券的有效期限。

第七十二条 标准仓单充抵保证金的，期货交易所以充抵日前一交易日该标准仓单对应品种最近交割月份期货合约的结算价为基准计算价值。

国债充抵保证金的，期货交易所以充抵日前一交易日该国债在上海证券交易所、深圳证券交易所较低的收盘价为基准计算价值。

期货交易所可以根据市场情况对用于充抵保证金的有价证券的基准计算价值进行调整。

第七十三条　有价证券充抵保证金的金额不得高于以下标准中的较低值：

（一）有价证券基准计算价值的80%；

（二）会员在期货交易所专用结算账户中的实有货币资金的4倍。

第七十四条　期货交易的相关亏损、费用、货款和税金等款项，应当以货币资金支付，不得以有价证券充抵的金额支付。

第七十五条　客户以有价证券充抵保证金的，会员应当将收到的有价证券提交期货交易所。

非结算会员的客户以有价证券充抵保证金的，非结算会员应将收到的有价证券提交结算会员，由结算会员提交期货交易所。

第七十六条　客户以有价证券充抵保证金的，期货交易所应当将用于充抵的有价证券的种类和数量如实反映在该客户的交易编码下。

第七十七条　实行会员分级结算制度的期货交易所应当建立结算担保金制度。结算担保金包括基础结算担保金和变动结算担保金。

结算担保金由结算会员以自有资金向期货交易所缴纳。结算担保金属于结算会员所有，用于应对结算会员违约风险。期货交易所应当按照有关规定管理和使用，不得挪作他用。

期货交易所调整基础结算担保金标准的，应当在调整前报告中国证监会。

第七十八条　期货交易所应当按照手续费收入的20%的比例提取风险准备金，风险准备金应当单独核算，专户存储。

中国证监会可以根据期货交易所业务规模、发展计划以及潜在的风险决定风险准备金的规模。

第七十九条 期货交易实行客户交易编码制度。会员和客户应当遵守一户一码制度,不得混码交易。

第八十条 期货交易实行限仓制度和套期保值审批制度。

第八十一条 期货交易实行大户持仓报告制度。会员或者客户持仓达到期货交易所规定的持仓报告标准的,会员或者客户应当向期货交易所报告。客户未报告的,会员应当向期货交易所报告。

期货交易所可以根据市场风险状况制定并调整持仓报告标准。

第八十二条 期货交易实行当日无负债结算制度。

第八十三条 实行全员结算制度的期货交易所对会员进行风险管理,会员对其受托的客户进行风险管理。

实行会员分级结算制度的期货交易所对结算会员进行风险管理,结算会员对与其签订结算协议的非结算会员进行风险管理,会员对其受托的客户进行风险管理。

第八十四条 会员在期货交易中违约的,应当承担违约责任。

期货交易所先以违约会员的保证金承担该会员的违约责任,保证金不足的,实行全员结算制度的期货交易所应当以违约会员的自有资金、期货交易所风险准备金和期货交易所自有资金承担;实行会员分级结算制度的期货交易所应当以违约会员的自有资金、结算担保金、期货交易所风险准备金和期货交易所自有资金承担。

期货交易所以结算担保金、期货交易所风险准备金和期货交易所自有资金代为承担责任后,由此取得对违约会员的相应追偿权。

第八十五条　有根据认为会员或者客户违反期货交易所交易规则及其实施细则并且对市场正在产生或者即将产生重大影响，为防止违规行为后果进一步扩大，期货交易所可以对该会员或者客户采取下列临时处置措施：

（一）限制入金；

（二）限制出金；

（三）限制开仓；

（四）提高保证金标准；

（五）限期平仓；

（六）强行平仓。

期货交易所按交易规则及其实施细则规定的程序采取前款第（四）项、第（五）项或者第（六）项措施的，应当在采取措施后及时报告中国证监会。

期货交易所对会员或者客户采取临时处置措施，应当按照期货交易所交易规则及其实施细则规定的方式通知会员或者客户，并列明采取临时处置措施的根据。

第八十六条　期货价格出现同方向连续涨跌停板的，期货交易所可以采用调整涨跌停板幅度、提高交易保证金标准及按一定原则减仓等措施化解风险。

第八十七条　期货交易所实行风险警示制度。期货交易所认为必要的，可以分别或同时采取要求会员和客户报告情况、谈话提醒、发布风险提示函等措施，以警示和化解风险。

第八十八条　在期货交易过程中出现以下情形之一的，期货交易所可以宣布进入异常情况，采取紧急措施化解风险：

（一）地震、水灾、火灾等不可抗力或者计算机系统故障等不可归责于期货交易所的原因导致交易无法正常进行；

（二）会员出现结算、交割危机，对市场正在产生或者即将产生重大影响；

（三）出现本办法第八十六条规定的情形经采取相应措施后仍未化解风险；

（四）期货交易所交易规则及其实施细则中规定的其他情形。

期货交易所宣布进入异常情况并决定采取紧急措施前应当报告中国证监会。

第八十九条　期货交易所宣布进入异常情况并决定暂停交易的，暂停交易的期限不得超过3个交易日，但经中国证监会批准延长的除外。

第九十条　期货交易所应当以适当方式发布下列信息：

（一）即时行情；

（二）持仓量、成交量排名情况；

（三）期货交易所交易规则及其实施细则规定的其他信息。

期货交易涉及商品实物交割的，期货交易所还应当发布标准仓单数量和可用库容情况。

第九十一条　期货交易所应当编制交易情况周报表、月报表和年报表，并及时公布。

第九十二条　期货交易所对期货交易、结算、交割资料的保存期限应当不少于20年。

第六章　监督管理

第九十三条　期货交易所制定或者修改章程、交易规则，上市、中止、取消或者恢复交易品种，上市、修改或者终止合约，应当经中国证监会批准。

第九十四条　期货交易所应当对违反期货交易所交易规则及其实施细则的行为制定查处办法，并报中国证监会批准。

期货交易所对会员及其客户、指定交割仓库、期货保证金存管银行及期货市场其他参与者与期货业务有关的违规行为，应当在前款所称办法规定的职责范围内及时予以查处；超出前款所称办法规定的职责范围的，应当向中国证监会报告。

第九十五条　期货交易所制定或者修改交易规则的实施细则，应当征求中国证监会的意见，并在正式发布实施前，报告中国证监会。

第九十六条　期货交易所的交易结算系统和交易结算业务应当满足期货保证金安全存管监控的要求，真实、准确和完整地反映会员保证金的变动情况。

第九十七条　期货交易所应当按照中国证监会有关期货保证金安全存管监控的规定，向期货保证金安全存管监控机构报送相关信息。

第九十八条　公司制期货交易所收购本期货交易所股份、股东转让所持股份或者对其股份进行其他处置，应当经中国证监会批准。

第九十九条　期货交易所的高级管理人员应当具备中国证监会要求的条件。未经中国证监会批准，期货交易所的理事长、副理事长、董事长、副董事长、监事会主席、监事会副主席、总经理、副总经理、董事会秘书不得在任何营利性组织中兼职。

未经批准，期货交易所的其他工作人员和非会员理事不得以任何形式在期货交易所会员单位及其他与期货交易有关的营利性组织兼职。

第一百条　期货交易所工作人员应当自觉遵守有关法律、行政法规、规章和政策，恪尽职守，勤勉尽责，诚实信用，具有良好的职业操守。

期货交易所工作人员不得从事期货交易，不得泄露内幕消息或者利用内幕消息获得非法利益，不得从期货交易所会员、客户处谋取利益。

期货交易所的工作人员履行职务，遇有与本人或者其亲属有利害关系的情形时，应当回避。

第一百零一条 期货交易所的所得收益按照国家有关规定管理和使用，但应当首先用于保证期货交易场所、设施的运行和改善。

第一百零二条 期货交易所应当向中国证监会履行下列报告义务：

（一）每一年度结束后 4 个月内提交经具有证券、期货相关业务资格的会计师事务所审计的年度财务报告；

（二）每一季度结束后 15 日内、每一年度结束后 30 日内提交有关经营情况和有关法律、行政法规、规章、政策执行情况的季度和年度工作报告；

（三）中国证监会规定的其他事项。

第一百零三条 发生下列重大事项，期货交易所应当及时向中国证监会报告：

（一）发现期货交易所工作人员存在或者可能存在严重违反国家有关法律、行政法规、规章、政策的行为；

（二）期货交易所涉及占其净资产 10% 以上或者对其经营风险有较大影响的诉讼；

（三）期货交易所的重大财务支出、投资事项以及可能带来较大财务或者经营风险的重大财务决策；

（四）中国证监会规定的其他事项。

第一百零四条 中国证监会可以根据市场情况调整期货交易

所收取的保证金标准，暂停、恢复或者取消某一期货交易品种的交易。

第一百零五条　中国证监会认为期货市场出现异常情况的，可以决定采取延迟开市、暂停交易、提前闭市等必要的风险处置措施。

第一百零六条　中国证监会认为有必要的，可以对期货交易所高级管理人员实施提示。

第一百零七条　中国证监会派出机构对期货交易所会员进行风险处置，采取监管措施的，经中国证监会批准，期货交易所应当在限制会员资金划转、限制会员开仓、移仓和强行平仓等方面予以配合。

第一百零八条　中国证监会可以向期货交易所派驻督察员。督察员依照中国证监会的有关规定履行职责。

督察员履行职责，期货交易所应当予以配合。

第一百零九条　期货交易所应当按照国家有关规定及时缴纳期货市场监管费。

第七章　法律责任

第一百一十条　期货交易所未按照本办法第十五条、第三十五条、第五十二条、第六十八条、第八十八条、第九十五条、第一百零二条和第一百零三条的规定履行报告义务，或者未按照本办法第二十三条、第三十条、第三十八条、第四十三条、第五十一条和第九十七条的规定报送有关文件、资料和信息的，根据《期货交易管理条例》第六十八条处罚。

第一百一十一条　期货交易所有下列行为之一的，根据《期货交易管理条例》第六十九条处罚：

（一）未经批准变更名称或者注册资本；

（二）未经批准设立分所或者其他任何交易场所；

（三）违反有价证券充抵保证金规定；

（四）不按照规定对会员进行检查；

（五）未建立或者未执行客户交易编码制度、保证金管理制度；

（六）交易结算系统和交易结算业务不符合本办法第九十六条的规定。

第一百一十二条 期货交易所工作人员违反本办法第一百条规定的，根据《期货交易管理条例》第八十二条处罚。

第八章 附 则

第一百一十三条 在中国证监会批准的其他交易场所进行期货交易的，依照本办法的有关规定执行。

第一百一十四条 本办法自 2007 年 4 月 15 日起施行。2002 年 5 月 17 日发布的《期货交易所管理办法》（中国证券监督管理委员会令第 6 号）同时废止。

8. 四川省 2022 年省内电力市场交易总体方案

（四川省经济和信息化厅、四川省发展和改革委员会、
国家能源局四川监管办公室、四川省能源局
2021 年 12 月 24 日 川经信电力〔2021〕276 号）

为深入贯彻《中共中央 国务院关于进一步深化电力体制改革的若干意见》（中发〔2015〕9 号）精神，按照《国家发展改革委关于进一步深化燃煤发电上网电价市场化改革的通知》（发改价格〔2021〕1439 号）、《国家发展改革委办公厅关于组织开展电网企业代理购电工作有关事项的通知》（发改办价格〔2021〕809 号）、《国

家发展改革委关于进一步完善分时电价机制的通知》(发改价格〔2021〕1093号)、《财政部　国家发展改革委　国家能源局关于促进非水可再生能源发电健康发展的若干意见》(财建〔2020〕4号)及其补充通知、《四川省人民政府关于深化四川电力体制改革的实施意见》(川府发〔2018〕26号)、《四川省人民政府办公厅转发四川省水电消纳产业示范区建设实施方案的通知》(川办发〔2019〕50号)、《中共四川省委关于以实现碳达峰碳中和目标为引领推动绿色低碳优势产业高质量发展的决定》等文件要求,全面落实省委省政府关于深化我省电力体制改革的安排部署以及省委十一届十次全会精神,深化电力市场化改革,推进适应能源结构转型的电力市场机制建设,促进清洁能源消纳,推动绿色低碳优势产业高质量发展,制定本总体方案。

一、市场准入条件

(一)电力用户

1. 四川省已核定输配电价的供电区域内工商业用户均须进入市场,提高电力用户市场化参与度,原则上10kV及以上电力用户须直接从电力市场购电(指直接向发电企业或售电公司购电,下同),暂未直接从电力市场购电的电力用户由电网企业代理购电。居民(含执行居民生活用电价格类别的用户,下同)、农业用电由电网企业保障供应,执行目录销售电价政策。直接从电力市场购电的工商业电力用户统称为市场化工商业用户,暂由电网企业代理购电的工商业电力用户统称为代理工商业用户,居民、农业等由电网企业保障供应的电力用户统称为居民农业等保障类用户。

2. 地方电网、政府核准建设的增量配电网在核定配电价格前,其网内工商业电力用户可由所在供电区域内的供电企业整体打包直接从电力市场购电,未整体打包直接从电力市场购电的,其下主网电量(不含居民农业等保障类用户电量)纳入国网四川电力代理购电范畴,购电方式确定后当年内不得改变。地方电网、政府核准建设的增量配电网在核定配电价格后,相关交易结算管理方式另行制定。

3. 电力用户市场准入还应满足以下要求。

(1)已注册的存量电力用户原则上不做调整。

(2)2021 年底前投产的未注册电力用户,拟参与市场交易的应提前完成注册并公示无异议。其中,拟参与 2022 年度交易的,须在年度交易开市前完成注册并公示无异议。

(3)2022 年年内新投产的工商业电力用户,在完成注册并公示无异议后,下一结算周期起可直接从电力市场购电,在此之前由电网企业代理购电。

(4)逐步推进代理工商业用户在电力交易平台开展市场注册。

(二)发电企业

1. 2021 年底前并入四川主网的国家电力调度中心西南分中心(以下简称"西南网调")直调水电企业留川部分和四川电力调度控制中心(以下简称"省调")直调水电、火电、新能源(包括风电、光伏、生物质能,平价上网风光机组和光伏扶贫项目除外,下同)发电企业以及天然气分布式项目以热(冷)定电余电上网部分。

2. 建立绿电试点交易机制,有序推动新能源发电企业参与市场交易,发挥电力市场对能源清洁低碳转型的促进作用,增加市场化发电能力供给。风电、光伏发电企业在保障利用小时数以外的电量,须直接参与市场交易(指发电企业直接向售电公司或电力用户售电,下同)。

3. 2022 年年内新投产发电企业,不参与年度市场交易。但自投产之日起,可参与月度(月内)增量交易,按规定承接各类合同电量转让。

(三)售电公司

按照国家和四川省有关售电公司的管理要求,在四川电力交易中心完成注册或者由其他电力交易中心推送,满足四川电力市场注册条件的售电公司,均可进入四川电力市场参与交易。

(四)电网企业

开展代理购电业务的电网企业,须提前在四川电力交易中心完成注册。

二、市场交易品种

本方案包括批发市场和零售市场。其中批发市场的交易品种包括:常规直购、留存电量、战略长协、水电消纳示范、丰水期富余电量、清洁替代(电能替代、燃煤火电关停替代)、电网企业代理购电、合同转让。零售市场交易品种包括:常规直购、留存电量、战略长协、水电消纳示范、丰水期富余电量、清洁替代中的电能替代。

(一)常规直购

1. 参与范围。

(1)电力用户。

所有符合市场准入条件且未纳入战略长协实施范围的电力用户。

(2)发电企业。

所有符合市场准入条件的发电企业。

2. 交易电量。

(1)电力用户参与常规直购交易的电量丰、平、枯水期应分别按水火8∶2、6.5∶3.5、5∶5的比例打捆购入火电电量。打捆购入的火电电量包括省内火电(指省内燃煤火电,下同)电量和省间外购电量(不含国家电力调度中心和西南网调直调水电企业留川部分,下同)两部分。省内火电电量通过省内火电交易完成并由电力交易平台按月自动匹配,省间外购电量由电力交易平台按月自动匹配。

(2)非高耗能电力用户可自愿将应打捆购入的火电电量置换为风电、光伏电量,置换后风电、光伏电量占比应不低于其纳入常规直购交易范畴电量的60%,且全年分月风电、光伏电量占比应保持一致,置换的风电、光伏电量由电力交易平台按月自动匹配,此外非高耗能电力用户还可通过直接交易购入风电、光伏电量。高耗能电力用户不可将应打捆购入的火电电量置换为风电、光伏电量,但可选择直接交易购入风电、光伏电量。

(3)风电、光伏发电企业与电力用户直接交易的电量按以下方式确定。

1)根据风电、光伏全年保障利用小时数,按照一定的丰枯比例确定分月优先电量,风电、光伏发电企业优先电量以外的上网电量,须参与省内直接交易。

2)电力用户在打捆购入火电电量或置换风电、光伏电量后,其余电量可通过直接交易购入水电、风电、光伏电量。未打捆购入火电电量的高耗能用户(以下简称"全风光高耗能用户")须全年全电量购入风电、光伏电量。

(4)水电送出受限区域内拥有省调直调燃煤自备电厂的用电企业,在丰、平水期为促进水电消纳,停发自备机组所增加的下网电量,暂不打捆购入火电。

(5)实际火电电量大于市场化工商业用户应打捆购入的火电电量时,超出部分由电力交易平台按月向代理工商业用户配置。实际火电电量小于市场化工商业用户应打捆购入的火电电量时,不足部分由新能源及燃气机组的优先电量补足,两类优先电量比例与电网企业代理购电电量中新能源及燃气机组的优先电量比例相同。

(6)水电企业参与常规直购年度交易电量实行指标控制,在2022年全省电力电量平衡方案及节能调度优先电量计划中进行明确。单个水电企业参与常规直购年度交易电量的上限为其指标的1.1倍。常规直购月度(月内)交易不实行指标控制。

3.交易组织。

(1)省内火电交易方式。

1)省内火电交易在月度(月内)开展。

2)每月月前,省调根据来水预测、负荷平衡、年度计划等,制定当月省内火电发电预计划总量和分机组必发电量,在月度交易前公布。月内,根据系统实际运行情况,省调可动态补充增量部分,在月内交易前公布。

3)四川电力交易中心根据当月高耗能和非高耗能电力用户直接从电力市场购电的交易合同电量比例,将省内火电发电预计划总量和分机组必发电量划分为对应高耗能和非高耗能电力用户两部分,在月度(月内)交易前公布。

4)月度(月内)交易中,采用平台集中交易方式组织开展电能量增量交易,实行“发电侧单边报价、平台统一边际出清”,具体流程如下。

申报:省内火电机组分别申报对应高耗能和非高耗能电力用户的交易电量和交易价格。其中申报电量不超过本机组对应高耗能和非高耗能电力用户必发电量的1.1倍,申报价格不超过各自打捆购入省内火电电量的交易价格浮动范围。对于必发电量部分,由电力交易平台自动申报,必发电量申报价格默认为省内火电最低限价。

出清:以各自对应的省内火电发电预计划总量为边界确定的最后一个中标机组的申报价格,作为高耗能和非高耗能电力用户打捆购入省内火电电量的交易价格,形成发电企业省内火电电量合同。

5)月内交易中,采用双边协商交易方式组织开展发电企业省内火电电量合同转让交易,原则上优先转让必发电量,转让不带价差。

6)月末,首先结合实际用电量,分别计算高耗能和非高耗能电力用户应打捆购入火电电量;然后结合实际火电电量,分别计算代理工商业用户应配置的省内火电电量和省间外购电量,以及高耗能和非高耗能电力用户应打捆购入的省内火电电量和省间外购电量;最后结合高耗能和非高耗能电力用户应打捆购入省内火电电量,分别等比例调整发电企业省内火电交易合同,并相应形成发电企业对应市场化工商业用户和电网企业代理购电省内火电电量合同。

7)事后,采用双边协商方式组织开展发电企业省内火电电量合同转让交易,原则上优先转让必发电量,转让不带价差。

(2)水电交易方式。

1)水电电量交易以年度交易为主。发用双方可采用双边协商和平台集中方式进行交易。发用双方可按照全年丰平枯均衡结构申报电量,也可分月逐一申报电量参与平台集中交易。

2)水电电量交易以月度(月内)交易为补充。设置结算月最后一周为交易关闸时间,结算月前三周组织双边协商和平台集中交易。双边协商交易可开展合同双侧调减交易、发用两侧合同转让交易,平台集中交易可开展电能量增量、合同双侧调减交易、发用两侧合同转让交易。

(3)风电、光伏交易方式。

电力用户在打捆购入火电电量或置换风电、光伏电量后,其余电量通过直接交易购入风电、光伏电量的交易方式与水电相同;全风光高耗能电力用户只能通过双边协商交易方式全年全电量购入风电、光伏电量。

4. 交易电价。

(1)水电交易电价。

水电交易电价通过市场化方式形成。为规范市场竞争,结合四川电力供需实际,对水电交易电价设置上下限。

年度交易采取分月交易电价的,按以下方式确定交易价格上下限:

丰水期交易电价下限为原水电标杆上网电价278.2元/兆瓦时按水期浮动后下浮40%,上限为原水电标杆上网电价278.2元/兆瓦时按水期浮动后的价格。

平水期、枯水期交易电价上下限范围为原水电标杆上网电价278.2元/兆瓦时按水期浮动后上下浮动20%。

年度交易采取全年综合交易电价的,按以下方式确定交易价格上下限:

交易价格上限=(丰水期交易电量占比×丰水期的分月交易电价上限)+(平水期交易电量占比×平水期的分月交易电价上限)+(枯水期交易电量占比×枯水期的分月交易电价上限)

交易价格下限=(丰水期交易电量占比×丰水期的分月交易电价下限)+(平水期交易电量占比×平水期的分月交易电价下限)+(枯水期电量交易占比×枯水期的分月交易电价下限)

月度(月内)交易电价上下限范围与年度交易分月交易电价上下限范围相同。

(2)非水电交易电价。

为落实国家发展改革委相关要求,做好“双控”工作,省内火电电量上网电价按“基准价 + 上下浮动”的市场化价格机制形成,其中基准价为401.2元/兆瓦时。非高耗能电力用户省内火电电量部分价格最高上下浮幅度为20%,高耗能电力用户省内火电电量部分价格最高下浮20%、上浮幅度不受20%限制。

配置和置换的新能源及燃气机组优先电量交易电价按价格主管部门核定的与电网结算电价(不含可再生能源电价补贴)的标准执行。电力用户在打捆购入火电电量或置换风电、光伏电量后,其余电量通过直接交易购入的风电、光伏电量交易价格限价与水电相同。全风光高耗能电力用户全年全电量通过直接交易购入的风电、光伏电量交易价格不低于401.2元/兆瓦时。

配置和打捆购入的省间外购电量按当月省间外购电量均价执行。

(二)留存电量

1.参与范围。

(1)电力用户。

甘孜、阿坝、凉山三州以及其飞地园区内符合市场准入条件,且纳入2022年留存电量实施范围的电力用户。鼓励地方将符合条件的清洁绿色低碳优势产业项目优先纳入留存电量政策支持范围。

(2)发电企业。

2021年底以前并入四川主网的甘孜、阿坝、凉山地区省调直调水电企业。

2.交易电量。

2022年留存电量总量按80亿千瓦时控制。三州发展改革委、经济和信息化局以及供电公司应在水期计划范围内确定发、用电企业2022年留存电量分月计划并分解到电力用户户号,发用电企业的留存电量分月计划(不含电网企业购电)应保证各月比例基本一致,并于2022年年度交易开市前10个工作日,报省发展改革委、经济和信息化厅。留存电量分月计划经年度留存电量批复文件确认后原则上不得进行调整。选择由售电公司代理的留存电量电力用户户号,其全部电量须由售电公司代理;未选择由售电公司代理的留存电量电力用户户号,其留存电量之外的电量可直接从电力市场购电或由电网企业代理购电。

3. 交易组织。

留存电量由四川电力交易中心根据电网公司分解到户号的政府计划,按照最小配对等方式对购售方及电量进行配对。发电侧留存电量可通过电力交易平台在本州内发电企业之间转让,用电侧留存电量可通过电力交易平台由电力用户在本州内留存电量电力用户(含飞地园区留存电量电力用户)之间转让。

4. 交易电价。

留存电量上网电价按照政府相关部门确定的电价执行。

(三)战略长协

1. 参与范围。

(1)电力用户。

1)省委省政府重点扶持的企业、晶硅光伏、动力电池、大数据、电解氢用户。其中,晶硅光伏企业应属于《产业结构调整指导目录》(2019年本)中允许鼓励类企业,重点支持成都、乐山、眉山晶硅光伏产业发展。动力电池、大数据、电解氢要符合《关于进一步放开发用电计划扩大我省电力市场化交易的通知》(川经信电力〔2018〕196号)、《关于进一步明确我省大数据等绿色高载能产业电力扶持政策有关事项的通知》(川经信电力函〔2018〕220号)的有关规定，重点支持宜宾动力电池产业、成都和雅安大数据产业、遂宁锂电产业发展。

2）高炉渣提钛用户。指采用高温碳化—低温氯化等工艺从高炉渣中提取钛的企业。

3）钒钛钢铁用户。属于国家允许鼓励类的钒钛钢铁企业、国防军工特殊钢生产企业、2020 年内完成置换升级改造的短流程炼钢企业。重点支持攀枝花、凉山钒钛产业发展。

具体电力用户名单由经济和信息化厅、省发展改革委会同相关单位确定。

（2）发电企业。

符合准入条件的水电、火电、风电、光伏发电企业。

2. 交易电量。

重点支持的钢铁企业参加战略长协交易电量按与常规直购相同的水火比例打捆购入火电电量，其余电力用户参加战略长协交易的电量实施全水电交易。战略长协用户水电电量部分，也可按水电方式实施风电、光伏直接交易。

3. 交易组织。

（1）纳入战略长协参与范围的电力用户，其水电部分交易方式以年度交易为主，月度（月内）交易为补充，与常规直购交易中水电部分相同。

（2）纳入战略长协参与范围的钢铁企业打捆购入火电电量方式与常规直购交易中火电部分相同。

4. 交易电价。

（1）水电交易电价。

水电交易电价通过市场化方式形成。为规范市场竞争，结合四川电力供需实际，对交易电价设置上下限，范围与常规直购交易中水电部分限价范围相同。

(2)非水电交易电价。

打捆购入的火电电量价格形成方式与常规直购火电部分相同。配置的新能源及燃气机组优先电量交易电价,以及通过直接交易购入的风电、光伏电量交易限价与常规直购相同。

(四)水电消纳示范

1. 参与范围。

(1)电力用户。

纳入水电消纳示范交易的电力用户范围为甘孜州、攀枝花市、雅安市、乐山市、凉山州、阿坝州6个水电消纳示范区内,且在《四川省人民政府关于深化四川电力体制改革的实施意见》(川府发〔2018〕26号)印发后新增的工业企业(含存量工业企业单独装表的扩建产能),不包括示范区所在市(州)境内转移搬迁企业和高耗能企业,示范区所在市(州)应将符合条件的清洁绿色低碳优势产业项目优先纳入水电消纳产业示范区政策支持范围。具体名单实行"一年一定",由示范区所在市(州)政府主管部门会同当地供电公司审核确定后,报省发展改革委、经济和信息化厅、省能源局备案,抄送四川能源监管办、国网四川省电力公司。

(2)发电企业。

甘孜州、攀枝花市、雅安市、乐山市、凉山州、阿坝州6个水电消纳示范区内省调直调水电企业及西南网调直调水电企业留川部分。受电网安全约束及现有输电通道限制,水电消纳示范交易仅能在本市(州)示范区内电力用户和发电企业之间开展。

2. 交易电量。

(1)水电企业参与交易的电量认定原则。

水电消纳示范区弃水电量交易规模,由6市(州)有关部门与当地水电企业协商后报省能源局，由省直有关部门（单位）认定并明确至相应水电企业，原则上各水电企业弃水电量指标不低于2019年申报的2022年弃水电量水平。该指标不作为水电企业交易电量上限，各水电企业可自愿超过其指标签约。相关市（州）应积极推动发用双方协商，达成交易意向，各水电企业弃水电量指标应做到“能用尽用”。

（2）电力用户参与交易的电量认定原则。

经核定的符合准入条件的电力用户可交易电量按以下原则认定：2018年8月6日以后单独装表计量的新增工业电力用户为其全部工业生产用电量（不含纳入留存电量和由当地小水电电量保障的部分）；2018年8月6日以后扩建的工业电力用户，扩建产能单独装表计量后，扩建及原有产能工业用电量之和超出扩建前一年原有产能同期工业用电量的部分，且不超过扩建产能单独计量的工业用电量（不含纳入留存电量和由当地小水电电量保障的部分）。可交易电量中未参加其他交易品种的电量，全部纳入水电消纳扶持范围；参加其他交易品种的，按其他交易品种执行。可交易电量之外的用电量须参与符合要求的其他交易品种交易。

（3）选择由售电公司代理的水电消纳示范交易用户户号，其全部电量须由售电公司代理；未选择由售电公司代理的水电消纳示范交易用户户号，其可交易电量之外的电量须直接从电力市场购电。

（4）可交易电量部分实施全水电交易，不实施风电、光伏直接交易。

3. 交易组织。

水电消纳示范交易在年度、月度（月内）分市（州）组织，均采用双边协商方式。

4. 交易电价。

交易电价通过市场化方式形成。为规范市场竞争，结合四川电力供需实际，对水电消纳示范交易电价设置上下限，范围与常规直购交易中水电部分限价范围相同。

（五）丰水期富余电量

丰水期富余电量政策实施时间为6—10月。

1. 参与范围。

（1）电力用户。

符合市场准入条件且供电电压等级在10千伏及以上的直接从电力市场购电工业用户均应参加丰水期富余电量交易，其中：留存电量用户可选择参加丰水期富余电量交易；除钢铁企业外的战略长协用户，可选择参加丰水期富余电量交易；新增工业用户的全部工业用电量和扩建工业用户的扩建产能的工业用电量，在参加水电消纳示范交易后，不同时参加丰水期富余电量交易。

（2）发电企业。

所有符合市场准入条件的水电、风电、光伏发电企业。

2. 交易电量。

（1）2021年10月底以前投产的工业用户，以投产后2019—2021年丰水期月均用电量（不含农业、居民用电量）作为丰水期富余电量基数；2021年11月及以后新投产或复产的工业用户，以当月实际用电量（不含农业、居民用电量）的80%作为丰水期富余电量基数。基数电量及相关认定资料由国网四川省电力公司在年度交易开市前统一提供给四川电力交易中心，并报经济和信息化厅备案，备案后当年内原则上不得变动。

（2）直接从电力市场购电的电力用户中纳入丰水期富余电量交易范围的，须参加丰水期富余电量交易，其实际用电量超过丰水期富余电量基数的部分即为丰水期富余电量。丰水期富余电量按月度进行计算,原则上电力用户每月申报电量应超过10兆瓦时。

(3)实施全水电交易,也可按水电方式实施风电、光伏直接交易。

(4)选择由售电公司代理的丰水期富余电量电力用户户号,其全部电量须由售电公司代理;未选择由售电公司代理的丰水期富余电量电力用户户号,其富余电量之外的用电量须直接从电力市场购电。

3. 交易组织。

以年度交易为主,月度(月内)交易为补充,交易方式与战略长协交易中的水电部分相同。

4. 交易电价。

交易电价通过市场化方式形成。为规范市场竞争,结合四川电力供需实际,对丰水期富余电量交易电价设置上下限,范围与常规直购交易中水电部分限价范围相同。

(六)清洁替代

清洁替代包括电能替代、燃煤火电关停替代。

1. 电能替代。

(1)参与范围。

1)电力用户。

2017年1月1日以后新建和改造且纳入省发展改革委(能源局)电能替代目录的项目,建成投运后由项目业主自主申请,经市(州)发展改革委(能源局)、经济和信息化主管部门会同供电公司共同初审,省级相关部门认定,且在四川电力交易中心单独注册交易单元后,方可参加电能替代交易。电能替代电量包括电能替代项目本体及其辅助系统生产用电,应单独装表计量。

2)发电企业。

所有符合市场准入条件的水电、风电、光伏发电企业。

(2)交易电量。

1)电能替代项目在明确纳入电能替代交易之后的电量,应全部参与电能替代交易。

2)实施全水电交易,也可按水电方式实施风电、光伏直接交易。

(3)交易组织。

以年度交易为主,月度(月内)交易为补充,交易方式与战略长协交易中的水电部分相同。

(4)交易电价。

交易电价通过市场化方式形成。为规范市场竞争,结合四川电力供需实际,对电能替代交易电价设置上下限,范围与常规直购交易中的水电部分限价范围相同。

2.燃煤火电关停替代。

(1)参与范围。

经济和信息化厅在2022年年度优先电量计划中明确的关停燃煤火电机组;所有符合市场准入条件的水电企业。

(2)交易电量。

由经济和信息化厅测算后另行发文确定。

(3)交易组织。

采取集中挂牌交易方式,以关停燃煤火电机组优先计划电量指标为标的,组织水电企业摘牌,在丰水期执行。国网四川省电力公司按照摘牌发电企业的成交电量和价格主管部门核定的与电网结算电价向摘牌发电企业支付电费,其中补偿资金按照代扣代付方式支付给关停燃煤火电机组。

(4)交易电价。

电价标准为80元/兆瓦时(含6%增值税)。

(七)合同转让

1.参与范围。

符合市场准入条件的发电企业、电力用户和售电公司。

2.交易电量。

合同转让交易分为发电侧合同转让交易、用电侧合同转让交易。批发市场中各交易品种合同原则上均可在发电侧或用电侧市场主体之间交易,优先计划合同、跨省跨区合同可在同一发电类型(风电、光伏视为同一发电类型)市场主体之间交易,电网企业不得转让代理工商业用户合同。

3.交易组织。

(1)发电侧合同转让。

发电侧合同转让交易按年度、月度(月内)开展,可采取双边协商、平台集中转让和拍卖三种交易方式。年度合同转让交易原则上仅在发电企业超过自身能力签约的情况下实施,年度合同完成校核后,按双边协商、平台集中转让、拍卖的顺序进行。月度(月内)合同转让包括事前(事中)合同转让和事后合同转让,事前(事中)合同转让在月度(月内)交易关闸前开展,事后合同转让在月度(月内)交易关闸后开展,两者均采取双边协商和平台集中转让的方式。在年度、月度(月内)合同转让中,优先计划、跨省跨区、留存电量、水电消纳示范、燃煤火电关停替代、风电及光伏发电企业与全风光高耗能电力用户形成的直接交易合同不采用平台集中转让方式;在年度合同转让中,优先计划、跨省跨区、留存电量、燃煤火电关停替代交易合同不采用拍卖方式。水电企业在无正当理由情况下分月双边协商调减电量与出让合同电量之和原则上不超过该品种当月合同电量的40%。

在运燃煤火电机组不能与水电机组及新能源发电企业相互转让合同；燃气机组优先计划合同不能转让；风电、光伏发电企业与全风光高耗能电力用户形成的直接交易合同，仅能在风电、光伏发电企业之间相互转让；风电、光伏发电企业与除全风光高耗能电力用户之外的电力用户形成的直接交易合同，以及水电企业直接参与市场交易（水电消纳示范交易、留存电量除外）形成的合同，可以在水电、风电、光伏发电企业之间转让；发电企业在仍有省内直接参与市场交易合同（不含留存电量、水电消纳示范）的情况下，原则上不得转让跨省跨区合同；水电消纳示范交易合同转让受让方只能承接其所在示范区内水电企业的出让合同；留存电量合同仅可在甘孜、阿坝和凉山三州本州内水电企业范围内转让。

（2）用电侧合同转让。

售电公司之间、电力用户之间、售电公司与电力用户之间可以进行合同转让交易。用电侧合同转让交易按年度、月度（月内）开展，年度合同转让交易可采取双边协商、平台集中转让和拍卖三种交易方式。月度（月内）合同转让交易包括事前（事中）合同转让交易和事后合同转让交易。事前（事中）合同转让交易在月度（月内）交易关闸前开展，事后合同转让交易在月度（月内）交易关闸后开展，两者均采取双边协商和平台集中转让的方式。在年度、月度（月内）合同转让中，留存电量、水电消纳示范、高耗能电力用户全年全电量与风光机组直接交易合同不采用平台集中转让方式。在年度合同转让中，留存电量合同不采用拍卖方式。在年度合同转让（不含拍卖）交易中，用电侧市场主体分月电量转让不超过该品种当月合同电量的40%。

留存电量交易合同只能在本州内留存电量电力用户（含飞地

园区的留存电量电力用户）之间进行转让；水电消纳示范交易合同只能在本市（州）示范区内水电消纳示范交易电力用户和代理了本市（州）水电消纳示范电力用户的售电公司之间转让；全风光高耗能电力用户风光直接交易合同只能在全风光高耗能电力用户和代理了全风光高耗能电力用户的售电公司之间转让；除全风光高耗能电力用户以外的电力用户的风光直接交易合同，以及用电侧直接从电力市场购电（水电消纳示范交易、留存电量除外）形成的水电交易合同，可在除全风光高耗能电力用户以外的电力用户、代理了除全风光高耗能电力用户以外的电力用户的售电公司之间转让；电力用户打捆购入的火电电量合同、置换的风电及光伏电量合同、配置的新能源及燃气电量合同均不得转让。

4. 交易电价。

合同转让交易电价为合同的出让或买入电价，不影响出让方原有合同的电价，涉及的合同交易对象权责不受影响，不需要原合同交易对象确认。合同转让或拍卖成交电价与原合同电价之间的价差，由合同出让方或拍卖方承担。

（1）发电侧。

双边协商转让时，若转让价格与原有合同电价不一致，则交易电价上下限与常规直购交易中水电部分月度（月内）电能量增量交易电价上下限相同，跨省跨区交易合同、风电及光伏发电企业与高耗能电力用户形成的风光直接交易合同转让须与原合同电价保持一致。

平台集中转让交易电价上下限与常规直购交易中水电部分月度（月内）电能量增量交易电价上下限相同。

风电、光伏发电企业与高耗能电力用户形成的直接交易合同参与发电侧拍卖交易的，交易电价上限不限，下限为零；其他发电侧拍卖交易电价上限与常规直购交易中水电部分月度(月内)电能量增量交易电价上限相同,下限为零。

(2)用电侧。

双边协商转让时,若转让价格与原有合同电价不一致,则交易电价上下限与常规直购交易中水电部分月度(月内)电能量增量交易电价上下限相同,高耗能电力用户风光直接交易合同转让须与原合同电价保持一致。

平台集中转让交易电价上下限与常规直购交易中水电部分月度(月内)电能量增量交易电价上下限相同。

高耗能电力用户风光直接交易合同参与用电侧拍卖交易的,交易电价上限不限,下限为零;其他用电侧拍卖交易电价上限与常规直购交易中水电部分月度(月内)电能量增量交易电价上限相同,下限为零。

(八)电网企业代理购电

1. 电网企业代理工商业用户购电电量包括执行保量保价的优先发电电量和市场化方式采购的火电电量。市场化方式采购的火电电量按以下方式执行:

代理工商业用户配置的省间外购电量 = 总省间外购电量 * (实际火电电量 - 市场化工商业用户应打捆购入火电电量)/实际火电电量。

代理工商业用户配置的省内火电电量 = 实际火电电量 - 市场化工商业用户应打捆购入火电电量 - 代理工商业用户配置的省间外购电量。

代理工商业用户配置的火电电量中省间外购电量占比与市场化工商业用户一致,火电电量价格与非高耗能电力用户应购买的火电电量价格相同。

2. 代理工商业用户可在每季度最后 15 日前选择下一季度起直接从电力市场购电，电网企业代理购电相应终止。四川电力交易中心应将上述变更信息于 2 个工作日内告知电网企业。拟选择 2022 年一季度开始直接从电力市场购电的，应在 2022 年 1 月 24 日之前在电力交易平台完成合同备案。

三、市场成员要求

市场成员包括各类发电企业、售电公司、电网企业、电力用户、市场运营机构等。市场成员应严格遵守以下要求：

（一）市场运营机构要求

1. 电力交易机构。

四川电力交易中心应按要求开展合规校核、交易组织、市场监测、信息披露等工作，保障电力市场交易的有序进行。

（1）合规校核。

开展各类市场主体的交易合规性校核，对发电企业按是否符合准入范围、签约电量是否合规、申报电量是否合规等进行校核；对用电企业按是否符合准入范围等进行校核；对售电公司按代理电力用户是否符合准入范围、签约电量电价是否合规、是否按规定提交履约保函、保险等进行校核，及时公布交易合规性校核结果。

（2）交易组织。

拟定交易实施细则（含交易组织细则、电力交易平台操作流程、交易结算细则等），报经济和信息化厅、四川能源监管办备案后实施。

按市场总体方案和交易指导意见要求组织好各类市场交易，年度交易原则上应提前 5 天以上发布交易公告，制定月度（月内）交易日历表并提前发布，可根据市场特殊变化适当调整、增加临时交易，如因特殊原因对交易时间进行调整、增加临时交易等，应报政府相关部门同意并及时告知市场主体。

及时向各类市场成员出具批发和零售市场交易的结算依据，包括但不限于全部电量电费、偏差电量电费、偏差考核费用、合同转让价差、拍卖交易价差费用、售电公司收入价差费用、售电服务费、辅助服务费、分摊或返还的结算差额或盈余资金及输电服务费等，同步向电网企业提供售电服务费为负的售电公司名单，并受理市场主体查询、复核等。按月向有关部门报送市场运营总体情况，按季度向有关部门报送履约保函、保险的收取使用情况。

(3)市场监测。

加强市场监测，及时识别交易签约价格明显偏离市场交易均价、交易或结算电量明显偏离实际等异常交易行为，发现可能存在的市场规则缺陷，提出提升市场公平效率和促进市场公平、充分竞争的相关建议，并向政府相关部门报送。

(4)信息披露。

按照电力市场信息披露管理办法要求，做好信息披露管理，完善信息披露机制，督促市场成员做好市场信息披露工作，开展各类市场信息的统一归口发布。通过信息披露平台向经电力用户授权同意的售电公司、发电企业开放电力用户近三年内历史分时用电数据、用电信息等有关信息的查询权限；披露电网企业代理购电电量、价格。四川电力交易中心应会同省调建立健全信息交换机制，省调应按交易规则要求，向四川电力交易中心准确及时提供市场交易需要的可公开数据。

(5)信息安全保障。

建立健全信息安全保障机制，四川电力交易中心应设置内设部门职能信息管理权限，控制关键信息知悉范围，定期开展信息安全薄弱环节排查，制定信息安全事故应急处置预案，做好事前主动防御，确保电力运行信息安全可控；建立电力交易从业人员回避和保密管理制度，避免泄露重要信息。

2. 电力调度机构。

西南网调、省调应按要求开展安全校核，组织现货交易，负责各类市场化交易结果的调度执行，保障电力生产稳定，实现节能调度。

（1）安全校核。

负责开展发电能力校核和电网阻塞校核。

1）发电能力校核。

水电及风电、光伏电站发电能力校核由电力交易平台进行前置。在年度交易和月度（月内）交易开市前，省调通过数据传输平台向四川电力交易中心提供水电及新能源电站发电能力。

①水电站发电能力校核。

水电站的年度分月发电能力校核在考虑发电主辅设备检修计划、水工建筑物及库区或下游河道相关施工计划、综合用水需求、电网保供蓄水（消落）计划等情况后，按下列原则确定：

水电站枯水期 i 月发电能力 = MIN（可用机组容量 × 24 × 运行天数 × 系统控制系数，水电站报送的 i 月发电能力，1.1 × 近五年 i 月最大上网电量）；

水电站丰平水期 j 月发电能力 = MIN（可用机组容量 × 24 × 运行天数 × 系统控制系数，水电站报送的 j 月发电能力）。

其中：i = 1 - 4，12 月；j = 5 - 11 月；丰平期水电站上报 j 月发电能力原则上不得超过近 5 年同期上网电量与弃水电量之和的最大值。

系统控制系数：年度交易安全校核暂定为 0.92（水电站在交易前提出书面申请，承诺本电站月度合同电量不转出并承担由此造成的后果,可超过0.92),月度(月内)交易安全校核设定为0.95。

近五年内新投水电站可按设计的分月发电能力与近五年月度最大上网电量取大值参与计算。水电站可根据历史发电、来水预测、蓄水(消落)计划、梯级水库运用等实际情况,对发电能力提出1次调整申请,由省调、四川电力交易中心共同确定后,由省调将调整结果及原因通过数据传输平台提供给交易中心。

月度(月内)交易发电能力校核时,水电站本次交易有约束成交电量不得超过本电站月度剩余可发电量上限。

水电站月度剩余可发电量上限 = 水电站月度发电能力 - 水电站当月已成交的所有市场交易合同电量 - 水电站月度优先计划发电量。

②风电、光伏电站发电能力校核。

风电、光伏电站的年度分月发电能力校核在考虑发电主辅设备检修计划等情况后,按下列原则确定:

风电、光伏电站 i 月发电能力 = MIN(可用容量 × 24 × 运行天数 × 系统控制系数,风电、光伏电站报送的 i 月发电能力,1.1 × 近五年 i 月最大上网电量)。

系统控制系数:风电年度交易安全校核暂设定为0.65(风电电站在交易前提出书面申请,承诺本电站月度合同电量不转出并承担由此造成的后果,可超过0.65),月度(月内)交易安全校核暂设定为0.7;光伏年度交易安全校核暂设定为0.25(光伏电站在交易前提出书面申请,承诺本电站月度合同电量不转出并承担由此造成的后果,可超过0.25),月度(月内)交易安全校核暂设定为0.3。

近五年内新投风电、光伏电站可按设计的分月发电能力与近五年月度最大上网电量取大值参与计算,已建电站扩容容量参照已投运容量发电能力修正。风电、光伏电站可根据历史发电、资源能力预测等实际情况，对发电能力提出 1 次调整申请，由省调、四川电力交易中心共同确定后，由省调将调整结果及原因通过数据传输平台提供给交易中心。

月度（月内）交易机组发电能力校核时，风电、光伏电站本次交易有约束成交电量不得超过机组月度剩余可发电量上限。

风电、光伏电站月度剩余可发电量上限 = 风电、光伏电站月度发电能力 – 风电、光伏电站当月已成交的所有市场交易合同电量 – 风电、光伏电站月度优先计划发电量。

2）电网阻塞校核。

仅开展月度（月内）电网阻塞校核，暂不开展年度分月电网阻塞校核。四川电力交易中心每周提交两次无约束成交交易结果，省调原则上在收到无约束成交交易结果后的一个工作日内完成安全校核。省调可根据电网运行实际和市场交易情况，在月内适时开展补充安全校核，并通过四川电力交易中心发布风险提示。校核未通过电量不予安排发电必须转出，由此造成的损失由发电企业自行承担。在送出受限区域内，优先安排月度优先电量、留存电量和水电消纳示范交易电量合同，剩余通道按其余市场交易合同电量比例分配。如果输电容量无法保证月度优先电量、留存电量和水电消纳示范交易电量合同，则按比例分配。

（2）调度执行。

负责各类市场化交易的调度执行，在确保电网安全和电力可靠供应的前提下，严格按照《电网调度管理条例》以及年度电力电量平衡方案和节能调度优先电量计划实施电力调度，充分发挥水库电站调蓄作用，尽可能实现新能源全额保障性收购、减少水电弃水。负责依法依规落实四川电力交易中心提供的市场交易结果，并及时向四川电力交易中心提供中长期市场出清交易所需的数据、现货市场出清和各类市场交易的执行结果等。

（二）发电企业要求

发电企业应认真做好电力生产组织工作，遵守市场规则，服从调度指挥，积极参与市场运营。

1. 规范交易：

（1）发电机组应按要求完成市场注册，准确填报相关信息。新投机组参与市场交易应向经济和信息化厅申报，由经济和信息化厅确认后参与。

（2）认真研究市场规则，规范参与市场交易，遵守调度纪律，按要求开展信息披露工作。

（3）已注册生效的发电企业有下列情形之一的，报政府相关部门严肃处理：

1）在与电力用户或售电企业达成协议后，随意更改或恶意毁约的；或无正当理由，在电力交易平台出清后不认可成交结果或交易成交后拒绝签订合同；或无正当理由，在签订合同后拒绝执行合同的。

2）出现市场串谋、提供虚假材料误导合规调查、散布不实市场信息等严重扰乱市场秩序和严重违反市场交易规则行为。

3）与其他市场主体发生购售电合同纠纷，经法院裁定为发电企业存在合同诈骗、经济诈骗等行为的，或经司法机构或司法鉴定机构裁定伪造公章等行为的。

4）违反法律、法规规定的其他情形。

2. 计划执行。

按照经济和信息化厅年度电力电量平衡方案和节能调度优先电量计划，做好优先电量执行与管控相关工作。

3. 计量改造。

按照《关于做好电力市场主体电能计量装置升级改造工作的

通知》(川经信电力函〔2019〕718 号)要求,完成电能计量装置改造升级工作。

(三)电力用户要求

电力用户应按要求认真做好参与市场交易的各项准备工作,包括电量认定、计量装置改造升级等,积极按照相关规定参与交易。

1. 规范交易。

(1)电力用户以户号为交易结算单元,按交易结算单元确认可参与的交易品种、开展交易和结算。

(2)上一年购网用电量 500 万千瓦时以下的电力用户户号拟直接参与市场交易的,须通过售电公司代理,且当年内全部电量只能通过同一家售电公司进行交易。上一年购网用电量 500 万千瓦时及以上的电力用户户号拟直接参与市场交易的,可以选择与发电企业进行直接交易。

(3)按照《国家发展改革委等部门关于整治虚拟货币“挖矿”活动的通知》(发改运行〔2021〕1283 号),以大数据等名义开展的虚拟货币“挖矿”活动用电不得参与市场交易。

(4)通过售电公司代理参与市场交易的电力用户,与售电公司、电网企业签订市场化零售供用电合同或签订三方电费结算补充协议。

(5)已直接从电力市场购电的非高耗能电力用户户号,连续三个月及以上未签订交易合同(含交易合同电量为零)的,视为违约退出。已直接参与市场交易的高耗能电力用户户号不得退出;尚未直接参与市场交易的高耗能电力用户户号原则上要直接参与市场交易,暂不能直接参与市场交易的由电网企业代理购电,用电价格由电网企业代理购电价格的 1.5 倍、输配电价、政府性基金及附加组成;拥有燃煤发电自备电厂、由电网企业代理购电的用户户号,用电价格由电网企业代理购电价格的 1.5 倍、输配电价、政府性基金及附加组成,对停机或从电网超规模购电的燃煤自备电厂,要严厉问责,加强核实督查,典型案例进行约谈通报。

(6)零售电力用户应按真实用电规模与售电公司签约,零售电力用户原则上应向与其建立购售电关系的售电公司披露其近三年的分月购网结算电量。

(7)电力用户有以下情形之一的,报政府相关部门严肃处理:

1)隐瞒有关情况或者以提供虚假申请材料等方式违法违规进入市场的。

2)单位名称、法人代表、联系方式等注册信息不真实、不准确,且拒不按期整改的。

3)同一户号与两家或两家以上售电公司签订购售电合同的,或同时与发电企业和售电公司签订购售电合同的。

4)通过招标、询价、竞争性谈判、双边协商等方式确定发电企业或售电公司,在达成协议后,随意更改或恶意毁约的;或无正当理由,在电力交易平台出清后不认可成交结果或交易成交后拒绝签订合同;或无正当理由,在签订合同后拒绝执行合同的。

5)出现市场串谋、提供虚假材料、散布不实市场信息等严重扰乱市场秩序和严重违反市场交易规则行为的。

6)违规披露或散布其他市场主体私有信息造成经济损失或严重后果的。

7)与其他市场主体发生购售电合同纠纷,经法院裁定为电力用户存在合同诈骗、经济诈骗等行为的,或经司法机构或司法鉴定机构裁定伪造公章等行为的。

8)被有关部门和社会组织依法依规对严重违法失信行为做出

处理，并被纳入电力行业“黑名单"的。

9)法律、法规规定的其他情形。

(8)因违反交易规则被限制交易或受到行政处罚的电力用户，其用电户号同期交易受限。

(9)参与市场化交易的电力用户不得拖欠电费，经电网企业确认的拖欠电费用户从次月起强制退出市场，其市场化交易电量由经济和信息化厅商相关部门安排处理，给相关方造成损失的，电力用户应承担相应赔偿责任。

(10)电力用户发生并户、销户、过户、更名或者用电类别、电压等级等信息变化时，应当在电网企业办理变更的同时，在电力交易平台办理注册信息变更手续。其中，电力用户发生并户、销户、过户或者用电类别变化时，需在妥善处理购售电合同、供用电三方协议等市场化交易相关事宜后，方可在电网企业办结相关业务。

2. 计量改造。

电力用户要高度重视电能计量装置改造升级工作，参与市场且与国网四川省电力公司存在电费结算关系的电力用户(包括独立地方电网、增量配电网)均应按照《关于做好电力市场主体电能计量装置升级改造工作的通知》(川经信电力函〔2019〕718 号)要求，积极配合完成电能计量装置改造升级工作，实现电量信息自动采集，并将数据传送至国网四川省电力公司用电采集主站。2022 年及以后新投产电力用户均应安装满足要求的电能计量装置。

(四)售电公司要求

售电公司在准许范围内代理零售电力用户，严格遵守市场规则，按要求履行相关义务，积极有序参与市场交易。

1. 代理范围。

售电公司可与纳入 2022 年市场准入范围的电力用户开展零

售市场交易。

售电公司可代理零售用户参加批发市场交易，不得代理发电企业售电，不得代理其他售电公司购售电，也不得代理未纳入输配电价核定范围的地方电网企业及其网内电力用户参与市场化交易。

2. 规范交易。

（1）售电公司与电力用户以双边协商方式按照标准文本签订年度购售电合同，相关购售电合同有效期应覆盖交易年。

（2）售电公司须按照标准文本，与电力用户、电网企业签订市场化零售供用电合同，明确电费支付、抄表计量等责任。

（3）售电公司应对合同的真实性及合同电量电价等关键信息的准确性进行认真审查并承担相应法律责任，防止虚假欺诈行为。售电公司不得将购售电合同签订等核心业务交由其他个人或机构完成，否则由此引发的市场纠纷、惩罚、诉讼等全部责任由售电公司承担。

（4）售电公司参与批发和（或）零售市场交易前，应按《国家发展改革委　国家能源局关于印发〈售电公司管理办法〉的通知》（发改体改规〔2021〕1595 号）规定向四川电力交易中心提交履约保函或者履约保险等履约保障凭证，其中，对于过去 12 个月交易电量为零的售电公司，应按其预测年度交易电量规模提交履约保障凭证。四川电力交易中心负责履约保函、保险单的接收、管理、退还、使用申请、执行情况记录、履约额度跟踪和通报程序，并应建立履约额度跟踪预警机制。

（5）售电公司代理零售电力用户参与市场交易，应按照“基础＋浮动”的方式与零售电力用户约定交易量价，即售电公司与零售电力用户之间约定分月基础电量和对应的基础电价，电力用户超出基础电量的部分对应浮动电价。超过用电侧偏差考核阈值的零售电力用户,原则上应共同承担其售电公司最低20%的偏差考核费用,具体由售电公司与零售电力用户协商确定。

年度交易中,对于除留存电量外的交易品种,售电公司与零售用户水电(风电、光伏)电量的基础电价可约定全年相同价格,也可按月约定不同价格。约定全年相同价格的,其全年交易电价上下限与批发市场该交易品种年度分月交易价格上下限按零售用户对应水期基础电量占比折算后的加权均价相同;约定分月不同价格的,其分月交易电价上下限与批发市场该交易品种月度(月内)交易电价上下限相同。零售用户浮动价格的限价范围与批发市场该交易品种月度(月内)交易限价范围相同。

(6)对于某一交易品种,售电公司与发电企业年度双边协商约定的分月交易电量计划与该售电公司参加年度集中交易申报的分月交易电量之和,不得大于售电公司与零售电力用户签订的年度协议内该交易品种分月交易电量计划。

(7)拥有配电网运营权的售电公司,其配电业务与参与市场的售电业务应当实现财务分离。

(8)单个售电公司年度市场交易电量不得超过全部市场电量的20%。

(9)参与当年市场化交易的售电公司需确保资产总额满足交易电量需求,从业人员、办公场所以及技术支持系统满足准入要求。对售电公司准入条件进行动态复核。

(10)建立保底售电公司管理制度,具体方案另行制定。

(11)已注册生效的售电公司有下列情形之一的,报政府相关部门严肃处理:

1)售电公司存在结算售电服务费为负,且未在正式发布结算单后10个工作日内补齐的。

2)逾期未足额提供履约保函、保险的。

3)隐瞒有关情况或者以提供虚假申请材料等方式违法违规进入市场,或在参与市场过程中隐瞒有关情况或者提供虚假材料、虚假披露数据,且拒不整改的。

4)严重违反市场交易规则,且拒不整改的。

5)未持续满足注册条件,且未在规定时间内整改到位的。

6)在与电力用户或发电企业达成协议后,随意更改或恶意毁约的;或无正当理由,在电力交易平台出清后不认可成交结果或交易成交后拒绝签订合同;或无正当理由,在签订合同后拒绝执行合同的。

7)违规披露或散布其他市场主体私有信息造成经济损失或严重后果的。

8)存在市场串谋、隐瞒有关情况、提供虚假材料误导合规调查、散布不实市场信息等严重扰乱市场秩序的。

9)企业违反信用承诺且拒不整改或信用评价降低为不适合继续参与市场交易的。

10)被有关部门和社会组织依法依规对其他领域失信行为做出处理的。

11)依法被撤销、解散,依法宣告破产、歇业的。

12)存在通过“阴阳合同”等方式,恶意虚高商业综合体等转供电力用户零售价格的。

13)存在恶意虚增或虚减电量的。

14)与其他市场主体发生购售电合同纠纷,经法院裁定为售电公司存在合同诈骗、经济诈骗、伪造公章等欺诈行为或经司法机构或司法鉴定机构裁定伪造公章等行为的。

15)违反法律、法规规定的其他情形。

3.退市程序。

售电公司退市程序按相关文件要求办理,退市前应妥善处理好购售电合同和供用电合同相关事宜,电力交易机构在售电公司退出后保留其履约保函、保险6个月。自愿退市的售电公司,在申请退出之前应将所有已签订的购售电合同全部履行完毕或转让给其他售电公司,并结清所有费用,妥善处理好其他相关事宜。强制退市的售电公司,应按合同约定承担相应违约责任,四川电力交易中心受政府主管部门委托,对其与发电企业和电力用户签订的购售电合同予以整体挂牌转让、双边协商交易等市场化方式处理。如市场化交易均未成交,自售电公司强制退市次月起,四川电力交易中心和省调不再继续执行其涉及的所有原购售电合同,发电企业相关合同计划作废,电力用户在通过其他售电公司参与市场前,按照保底售电公司、电网企业的顺序为电力用户提供保底服务。无正当理由退市的售电公司,原则上原法人以及其法人代表三年内不得再参加市场化交易。

(五)电网企业要求

电网企业应做好对电力用户的电网接入、抄表、计量改造、代理购电等市场服务工作,以及对居民、农业用户的保障供电工作,及时开展电费结算,并配合政府主管部门做好市场主体相关认定等工作。

1.市场服务。

为市场主体提供公平的输配电服务和电网接入服务,提供报装、计量、抄表等各类供电服务。要组织力量对不满足要求的市场主体电能计量装置进行改造升级、调试以及校核等工作,确保按时完成职责范围内的改造升级任务。积极配合售电公司、电力用户开展市场化零售供用电合同签订等工作。配合四川电力交易中心向相关市场主体提供电力用户历史分时用电量等信息。

2. 保障供电。

居民、农业用电由电网企业保障，执行现行目录销售电价政策，并保持价格稳定。

3. 电费结算。

承担市场主体各类电费的结算，承担合同转让交易价差费用的代收代付。

4. 配合认定。

电网企业应积极配合政府主管部门开展市场主体准入资格认定、市场交易电量核定等有关工作。

（六）其他要求

1. 发电企业与售电公司、批发电力用户采用双边协商方式对批发市场合同电量进行调减的，可同步调整交易电价，须签订纸质书面确认函并及时提交至四川电力交易中心（采用实人认证的电子化合同签约方式开展合同电量调减的无需签订纸质书面确认函）；采用双边协商方式开展电能量增量交易的，须签订纸质购售电合同并及时提交至四川电力交易中心（采用实人认证的电子化合同签约方式开展电能量增量交易的无需签订纸质购售电合同）。

2. 对于除留存电量外的交易品种，每月零售电力用户可以与售电公司按双边协商的方式调整当月及当年后续月份分品种交易电量或交易价格，须签订纸质书面确认函或购售电合同并及时提交至四川电力交易中心（采用实人认证的电子化合同签约方式开展合同电量调整的无需签订纸质书面确认函或购售电合同）。零售电力用户分品种实际用电量超过其与售电公司约定的该品种基础电量的部分采用“开口合同”形式（合同价格为约定的浮动电价）

进行结算。

3. 售电公司代理零售用户的市场化结算结果在售电公司售电服务费不低于零时执行；在售电公司售电服务费低于零时，电力用户按当期水电电量交易电价上限和对应火电电量（高耗能或非高耗能）交易均价两者的加权均价预结算，在售电公司补齐缺额后，按照其代理零售用户的市场化结算结果进行清算。

4. 由于计量装置故障、电力用户窃电、违约用电等原因需退补往月电量时，相关退补电量按对应月份电网企业代理购电价格开展电费结算，不纳入偏差考核和售电公司价差收入计算。对应月份电量难以确定的，按退补电量涉及天数平均折算。追补 2021 年 11 月 25 日前电量时，按对应月份目录电价水平结算。

四、偏差调整考核

（一）交易电量偏差调整和考核按年度交易指导意见实施。按照发用两侧责任对等的原则实施偏差考核，发电侧偏差考核以装机类型对超（少）发电量按年度交易指导意见规定的阈值进行偏差考核；电力用户和售电公司以交易品种对超（少）用电量按年度交易指导意见规定的阈值进行偏差考核。

（二）实施平水期水电节能调度平衡补偿，有关补偿原则、方式、超欠发电量的认定及调整按 2022 年全省电力电量平衡方案及节能调度优先电量计划要求执行。

（三）加强对发用两侧滥用市场力、恶意套利的监测和管控，对有关部门认定的滥用市场力、恶意套利的市场主体，可对其实施限制合同电量转让、加大偏差考核标准等惩罚措施。

（四）发电侧因不可抗力、电网企业设备故障等原因造成合同执行偏差的，由四川能源监管办会同经济和信息化厅组织有关单位核实后，可予以免责；用电侧因不可抗力、有序用电限制等原因造成合同执行偏差的,由经济和信息化厅会同四川能源监管办组织有关单位核实后,可予以免责;因重大政策调整造成合同执行偏差的,由经济和信息化厅会同四川能源监管办组织有关单位核实后,可予以偏差减免、合同不予执行、退市等相关处理。

五、市场信息披露

(一)四川电力交易中心总体负责电力市场信息披露的实施工作,为市场主体信息披露提供便捷方式。四川电力交易中心应公平对待市场主体,无歧视、依法合规、及时披露市场信息。市场信息披露应统一在电力交易平台完成。

(二)各市场主体和四川电力交易中心、西南网调、省调、电网企业应按国家和四川省电力市场信息披露相关文件要求做好市场信息披露工作,并对提供信息的真实性、准确性、完整性负责。信息披露质量纳入市场主体信用评价体系,对违反信息披露有关规定的市场主体,将依法依规纳入失信管理,问题严重的可暂停其交易资格或取消市场准入资格。

(三)市场主体对披露的相关信息等有异议或者疑问时,可向四川电力交易中心提出,由四川电力交易中心责成信息披露主体予以解释和配合。

(四)四川能源监管办负责对信息披露的执行情况开展监督和检查,对信息披露工作进行指导。

六、市场衔接事项

(一)为进一步规范电力市场交易,促进电力及其上下游行业协同发展,参考运用国家有关合同示范文本,结合2022年度交易总体方案和电力交易指导意见对我省市场化交易合同示范文本进行修订完善。

(二)坚持以中长期交易为主、现货交易为辅,统筹推进省内中长期与现货市场建设工作，做好2022年省内电力中长期交易（含优先计划）组织和合同签订工作。加快推进电力现货市场建设，在2022年继续开展长周期结算试运行。

（三）落实国家发展改革委关于2022年电力中长期合同签订相关要求，扎实开展电力中长期合同“六签”工作。

1. 推动中长期合同高比例签约。

（1）售电公司年度批发市场中长期交易签约电量应不低于全年零售市场签约电量的80%，批发电力用户年度批发市场中长期交易签约电量应不低于近三年平均用电量或上一年用电量的80%。售电公司年度零售市场与零售电力用户签约的某一品种分月基础电量应处于零售电力用户上一年分月实际结算电量的85%至115%之间。

（2）水电竞价现货市场试运行期间，售电公司和批发电力用户各月中长期交易签约电量须不低于当月实际用电量的95%，不足部分按常规直购月度（月内）电能量增量交易最高限价（考虑水火配比后）的50%进行考核，考核费用纳入统一管理。

（3）电网企业和四川电力交易中心应及时向市场主体提供保障高比例签约所需的相关数据，如历史用电量、已签约电量等。四川电力交易中心应定期向政府相关部门报送合同签约情况。

2. 推动中长期合同规范化签约。各市场主体须按合同示范文本签订中长期合同，合同示范文本由政府相关部门另行印发。

3. 推动中长期合同见证签约。引入公共信用机构，强化对中长期交易合同履约的信用监管。

4. 鼓励各市场主体签订长期合同。原则上连续参与市场三年以上或交易电量在一定规模以上的电力用户、售电公司可与发电企业签订3—5年长期合同；连续参与市场三年以上或交易电量在一定规模以上的电力用户及售电公司之间，可签订3—5年长期合同。当相关政策和市场规则发生变化时，市场主体可根据相关情况经双方协商后对长期合同进行调整。

5. 落实国家发展改革委关于进一步完善分时电价机制相关要求，纳入分时电价政策执行范围的市场化工商业用户中长期交易结算价格应按照《四川省发展和改革委员会关于进一步完善我省分时电价机制的通知》（川发改价格规〔2021〕499号）执行峰谷浮动。

6. 鼓励售电公司与零售用户采用基于实人认证的电子化合同签约方式完成购售电合同的签约工作并进行电子备案，该项工作纳入售电公司合规行为评价。2022年全年售电公司采用基于实人认证的电子化合同签约方式完成签约的合同比例原则上应不低于50%。售电公司未采用基于实人认证的电子化合同签约方式时，须签订纸质购售电合同并扫描后上传电力交易平台进行线上备案，但无需向电力交易机构提交纸质合同备案。线上备案合同应与纸质合同一致，售电公司应对线上备案合同的真实性、准确性和完整性负责。

（四）各类发电企业优先计划电量的分解和确认，按照经济和信息化厅年度电力电量平衡方案和节能调度优先电量计划有关规定执行。

（五）省调要积极做好现货市场运营工作，促进中长期交易与现货交易有序衔接，为保证电力中长期合同履约作支撑。

（六）四川电力现货市场结算试运行期间的相关补充规则另行下达。

（七）电网企业、售电公司和电力用户应按照《四川省可再生能源电力消纳保障实施方案（试行）》（川发改能源〔2021〕496号）承担相对应的可再生能源电力消纳量。

（八）国网四川电网原非同价区（简称“非同价区”，下同）的大工业用户使用保障性小水电电量（指非同价区地县调直调小水电总上网电量优先保障当地居民农业等保障类用户后，用于保障非同价区大工业用户的剩余电量，下同）后，其缺口电量选择直接从电力市场购电的，相关市（州）主管部门会同供电公司在年度交易前将对应大工业用户户号的保障性小水电电量分月计划推送至四川电力交易中心，并按月将保障性小水电电量均价推送至四川电力交易中心。保障性小水电电量分月计划应在电力交易平台形成合同，一经确定原则上不得进行调整。

七、组织实施监管

（一）经济和信息化厅牵头负责省内市场化交易总体工作；省发展改革委牵头负责电价政策有关工作；四川能源监管办牵头负责市场监管、信息披露和年度电力交易指导意见的编写；省能源局负责售电公司管理有关工作；国网四川省电力公司、西南网调、省调、四川电力交易中心负责具体组织实施。本方案相关政策以有关部门具体行文为准。

（二）市（州）各有关部门（单位）要严格把关，加强对企业执行国家产业政策、环保政策和节能减排政策监督检查，协调解决实施过程中出现的矛盾和问题，对涉及产业政策、环保政策和节能减排审查不严的部门，将进行追责。

（三）国网四川省电力公司、西南网调、省调、四川电力交易中心应按月将交易实施情况报经济和信息化厅、省发展改革委、四川能源监管办、省能源局等部门，对实施过程中出现的异常或问题，及时分析原因、提出应对措施，并上报政府相关部门协调处理。

（四）市场管理委员会对市场成员开展自律管理，协助政府有关部门和四川能源监管办协调市场相关方在电力市场中发生的争议及其他相关事项，监督和纠正市场相关方不规范行为；听取市场主体诉求，提出合理意见建议，切实保障市场主体合法权益。

（五）本方案印发后，若国家出台新的相关政策，按照国家有关规定执行。

参 考 文 献

一、中文专著

〔1〕徐雪:《期货市场学教程》,经济日报出版社2005年版。

〔2〕段文斌、王化栋:《现代期货市场学》(第三版),经济管理出版社2003年版。

〔3〕唐敏:《电力行业竞争法律机制研究》,法律出版社2013年版。

〔4〕国家经贸委电力司:《英国电力工业改革》,中国电力出版社2001年版。

〔5〕庄春发:《公平交易法》,健新书局2001年版。

〔6〕王锡凡等:《电力市场基础》,西安交通大学出版社2003年版。

〔7〕尚金成等:《电力市场理论研究与应用》,中国电力出版社2002年版。

〔8〕杜松怀:《电力市场》,中国电力出版社 2004 年版。

〔9〕肖兴志:《自然垄断产业规制改革模式研究》,东北财经大学出版社 2003 年版。

〔10〕刘世锦、冯飞:《垄断行业改革攻坚》,中国水利水电出版社 2006 年版。

〔11〕吴小丁:《反垄断与经济发展——日本竞争政策研究》,商务印书馆 2006 年版。

〔12〕赵杰:《垄断的观念》,人民出版社 2007 年版。

〔13〕林伯强、黄光晓:《能源金融》(第 2 版),清华大学出版社 2014 年版。

〔14〕李强:《中国期货市场的理论与实践》,中国财政经济出版社 1999 年版。

〔15〕刘振亚:《中国电力与能源》,中国电力出版社 2012 年版。

〔16〕大连商品交易所课题组:《中国期货市场功能研究——大连商品交易所的实证、调查与例证》,中国财政经济出版社 2010 年版。

〔17〕杜立民:《电力竞争与我国电力产业市场化改革》,浙江大学出版社 2010 年。

〔18〕叶泽、张新华:《推进电力市场改革的体制与政策研究》,经济科学出版社 2013 年版。

〔19〕中国期货业协会:《中国期货发展报告 2012》,中国财政经济出版社 2012 年版。

〔20〕田源等:《期货交易全书》,中国大百科全书出版社 1993 年版。

〔21〕[美]罗斯威尔、[西]戈梅兹:《电力经济学:管制与放松管制》,叶泽、夏晓华译,中国电力出版社 2007 年版。

〔22〕[美]乔治·施蒂格勒:《产业组织与政府规制》,上海人民出版社、上海三联书店 1989 年版。

〔23〕[英]菲奥娜·沃尔夫:《全球输电扩展——通往成功之路》,本书翻译工作组译,中国电力出版社 2007 年版。

〔24〕[美]约翰·斯罗曼:《经济学》,郭庆旺等译,经济科学出版社 2008 年版。

〔25〕[美]萨莉·亨特:《电力竞争》,《电力竞争》编译组译,中国经济出版社 2004 年版。

二、中文论文

〔1〕吴忠群:《电力不可存储与电力期货市场失败:成因与机制》,载《财经经济》2011 年第 10 期。

〔2〕韩学山等:《期货交易下的发电公司运行成本分析》,载《控制与决策》2002 年第 11 期。

〔3〕周浩、陈建华:《电力期货和电力期货合约的设计》,载《证券市场导报》2003 年第 2 期。

〔4〕尉娜等:《面向期货交易的发电策略》,载《东北电力学院学报》2002 年第 1 期。

〔5〕郭晓利、马瑾:《期货品种上市成败及影响因素研究》,载《证券市场导报》2011 年第 8 期。

〔6〕刘思东等:《电力期货市场的价格发现功能》,载《电力自动化设备》2008 年第 7 期。

〔7〕周浩、陈建华:《关于发展电力期货市场的探讨》,载《中国电力》2003 年第 6 期。

〔8〕李升、张强:《中德电力垄断规制模式比较》,载《华北电力大学学报》(社会科学版)2010 年第 5 期。

〔9〕刘戒骄:《英国电力产业的放松管制及其对我国电力改革的启示》,载《经济管理》2003 年第 22 期。

〔10〕朱成章:《英国电力改革 20 年引发的思考》,载《中外能源》2011 年第 4 期。

〔11〕于立等:《自然垄断的三位一体理论》,载《当代财经》2004 年第 8 期。

〔12〕邹鹏等:《国外电力现货市场建设的逻辑分析及对中国的启示与建议》,载《电力系统自动化》2014 年第 38 期。

〔13〕吴军等:《电力市场交易方式分析》,载《电力系统自动化》2002 年第 26 期。

〔14〕许慧一等:《融入金融输电权思想的新型远期合约》,载《现代电力》2007 年第 24 期。

〔15〕张少华等:《电力市场中的远期合同交易》,载《电力系统自动化》2001 年第 10 期。

〔16〕张显、王锡凡:《电力金融市场综述》,载《电力系统自动化》2005 年第 29 期。

〔17〕张显、王锡凡:《短期电价预测综述》,载《电力系统自动化》2006 年第 30 期。

〔18〕唐敏等:《澳大利亚电力期货市场的形成与发展》,载《财经科学》2015 年第 4 期。

〔19〕刘晓雪、侯薇薇:《异军突起的 ICE:并购发展历程及其启示》,载《中国期货》2013 年第 6 期。

〔20〕刘顺达:《市场化改革中的澳、新电力供应工业》,载《电力技术经济》1999 年第 6 期。

〔21〕云电集团农电系统考察团:《北欧电力交易市场与电力市场运行》,载《云南电业》2004 年第 8 期。

〔22〕[美]威廉姆·L. 马赛:《市场化与管制——加州危机之后的美国电力改革》,载《中国电力企业管理》2002 年第 3 期。

〔23〕尹海涛:《美国电力市场改革的启示》,载《南风窗》2013 年第 23 期。

〔24〕李辉:《谈谈涨跌停板制度》,载《经济导刊》1994 年第 4 期。

〔25〕黄韬、陈儒丹:《完善我国期货市场交易信息披露法律机制的研究》,载《上海财经大学学报》2012 年第 4 期。

〔26〕马险峰、汪珺:《美国期货市场:何以在危机中"独善其身"?》,载《证券市场导报》2010 年第 9 期。

〔27〕彭真明:《英国期货市场的立法与管理》,载《国际贸易》1995 年第 5 期。

〔28〕刘晓农、王晓娣:《发达国家期货法律制度及其对中国期货立法的启示》,载《江西社会科学》2010 年第 1 期。

〔29〕李京阳:《德国金融衍生产品市场及其监管研究》,载《南方金融》2009 年第 2 期。

〔30〕高伟、李海军:《我国期货市场的发展历程与展望》,载《金融理论与实践》2009 年第 3 期。

〔31〕皮六一等:《我国证券交易前端控制制度的历史演进及其发展趋势》,载《证券市场导报》2011 年第 2 期。

〔32〕谢杰:《内幕交易罪若干疑难问题的实践认定》,载《吉林高等专科学校学报》2011 年第 5 期。

〔33〕井志忠:《电力市场化改革:国际比较与中国的推进》,吉林大学 2005 年博士学位论文。

〔34〕倪迎春:《电力期货市场理论与运行》,中国人民大学 2004 年博士学位论文。

〔35〕张显:《电力金融市场研究》,西安交通大学 2005 年博士学位论文。

〔36〕白青峰:《我国发展电力期货相关问题研究》,武汉大学 2010 年博士学位论文。

〔37〕王肖峰:《我国电力期货发展的必要性及交易策略研究》,上海交通大学 2013 年博士学位论文。

〔38〕胡茂刚:《金融期货市场监管法律制度研究》,华东政法大学 2008 年博士学位论文。

〔39〕王晓燕:《我国期货公司的市场准入制度研究》,中南大学 2007 年博士学位论文。

〔40〕齐海波、张怡:《电力期货交易理论初探》,载《中国电力教育》2007 年专刊。

〔41〕何川、朱梦琼:《电力期货交易可行性分析》,载《现代商业》2008 年第 23 期。

〔42〕祁达才:《基于期货理论的电力交易模式与方法研究》,清华大学 2004 年博士学位论文。

〔43〕翟星、刘剑清:《电力期货市场对发电企业和影响探讨》,载《能源技术经济》2011 年第 10 期。

〔44〕张显等:《电力市场中的双边合同》,载《电力自动化设备》2003 年第 11 期。

〔45〕华仁海、仲伟俊:《对中国期货市场量价关系的实证分析》,载《数量经济技术经济研究》2002 年第 6 期。

〔46〕康敏:《中国农场品期货市场功能与现货市场关系研究》,中国农业大学 2005 年博士学位论文。

〔47〕乔娟:《中国大豆国际竞争力研究》,中国农业大学 2004 年博士学位论文。

〔48〕刘莉娜:《电力期货市场理论研究》,华北电力大学 2006 年硕士学位论文。

〔49〕赖明勇、雷京、徐亚娟:《中国出口贸易对经济增长作用的实证研究预测》1998 年第 4 期。

〔50〕金颖丽:《外贸企业出口报价和成本核算》,载《天津经济》2006 年第 150 期。

三、外文文献

〔1〕Maureen O'Hara, *Presidential Address: Liquidity and Price Discovery*, The Journal of Finance 58, p. 1335 – 1354 (2003).

〔2〕Reena Aggarwal, *Demutualization and Corporate Governance of Stock Exchanges*, Journal of Applied Corporate Finance 15, p. 105 – 113 (2002).

〔3〕Ahmad Faruqui, et al. , *Analyzing California's Power Crisis*, The Energy Journal, 2011, http://www. iaee. org/en/publications/ejarticle. aspx?id = 1371.

〔4〕Alexander J. Black, *Electricity Competition and Fair Market Access in Canada*, Energy Law Journal 20, p. 291 – 294 (1999).

〔5〕Alfred Edward Kahn, *The Economics of Regulation: Principles and Institutionsm*, Wiley, 1971, p. 50.

〔6〕Blaise Allaz, Jean-Luc Vila, *Cournot Competition, Forward Markets and Efficiency*, Journal of Economic Theory 59, p. 1 – 16 (1993).

〔7〕Eirik Schroder Amundsen, Balbir Singh, *Developing Futures Markets for Electricity in Europe*, Energy Journal 3, p. 95 – 112 (1992).

〔8〕Xinin Hu, Donald Winchester, *Forward Contracts in Electricity Markets: The Australian Experience*, Centre for Energy and Environmental Markets 5, p. 3089 – 3103 (2007).

〔9〕Audun Botterud, et al., *The Relationship between Spot and Futures Prices in the Nord Pool Electricity Market*, Energy Economics 32, p. 967 – 978 (2010).

〔10〕S. Gulay Avsar, Barry A. Goss, *Forecast Errors and Efficiency in the US Electricity Futures Market*, Australian Economic Papers 4, p. 479 – 499 (2001).

〔11〕Harvey Averch, Leland L. Johnson, *Behavior of the Firm under Regulatory Constraint*, American Economic Review 59, p. 255 – 260 (1962).

〔12〕Steven Stoft, et al., *Primer on Electricity Futures and Other Derivatives*, *Environmental Energy Technologies Division*, Ernest Orlando Lawrence Berkeley National Laboratory, 1998.

〔13〕Henk Berkman, Onno W. Steenbeek, *The Influence of Daily Price Limits on Trading in Nikkei Futures*, Journal of Futures Markets, 18, p. 265 – 279 (1998).

〔14〕Ben S. Bernanke, *Clearing and Settlement During the Crash*, Review of Financial Studies, 3, p. 133 – 191 (1990).

〔15〕Victor L. Bernard, Jacob K. Thomas, *Post-Earnings-Announcement Drift: Delayed Price Response or Risk Premium?*, Journal of Accounting Research 27, p. 1 – 36 (1989).

〔16〕Hendrik Bessembinder, Michael L. Lemmon, *Equilibrium Pricing and Optimal Hedging in Electricity Forward Markets*, The Journal of Finance 3, p. 1347 – 1382 (2002).

〔17〕R. Bjorgan, et al., *Financial Risk Management in A Competitive Electricity Market*, IEEE Transactions on Power Systems 4, p. 1285 – 1291 (1999).

〔18〕Severin Borenstein, et al., *Measuring Market Inefficiencies in California's Restructured Wholesale Electricity Market*, The American Economic Review 2, p. 1376 – 1405 (2002).

〔19〕Emile J. Brinkmann, Ramon Rabinovitch, *Regional Limitations on the Hedging Effectiveness of Natural Gas Futures*, The Energy Journal, p. 113 – 124 (1995).

〔20〕Robert Brooks, A. A. El-Keib, *A Life-Cycle View of Electricity Futures Contracts*, Journal of Energy Finance & Development 3, p. 171 – 183 (1998).

〔21〕James Buchanan, *A Contractarian Paradigm for Applying Economic Theory*, American Economic Revivew 65, p. 225 – 230 (1975).

〔22〕Markus Burger, et al., *Managing Energy Risk: An Integrated View on Power and Other Energy Markets*, John Wiley & Sons, 2008.

〔23〕James Bushnell, *Oligopoly Equilibria in Electricity Contract Markets, CSEM Working Paper WP*148, University of California Energy Insitute, 2005.

〔24〕Hans Byström, H. N. E. BystrOm, *The Hedging Performance of Electricity Futures on the Nordic Power Exchange*, Applied Economics 35, p. 1 – 11 (2003).

〔25〕Dennis W. Carlton, *Futures Markets: Their Purpose, Their History, Their Growth, Their Success and Failures*, Journal of Futures

Markets 4, p. 237 – 271 (1984).

〔26〕John Carson, *Self-Regulation in Securities Markets*, World Bank Policy Research Working Paper Series, 5542, The World Bank, 2011.

〔27〕Leo H. Chan, Donald D. Lien, *Cash Settlement and Price Discovery in Futures Markets*, Quarterly Journal of Business and Economics 40, p. 65 – 77 (2001).

〔28〕D. T. Y. Cheng, *Economic Analysis of the Electricity Market in England and Wales*, IEEE Power Engineering Review 4, p. 57 – 59 (1999).

〔29〕Chloé Le Coq, Henrik Orzen, *Do Forward Markets Enhance Competition? Experimental Evidence*, Working Paper Series in Economics and Finance 61, p. 415 – 431 (2004).

〔30〕Robert A. Collins, *The Economics of Electricity Hedging and a Proposed Modification for the Futures Contract for Electricity*, IEEE Trans on Power Systems 1, p. 100 – 107 (2002).

〔31〕D. Crossley, *Advanced Metering for Energy Supply in Australi*a, Energy Futures Australia, 2007.

〔32〕Stephen Littlechild, *Retail Competition in Electricity Markets*, Energy Policy 37, p. 759 – 763 (2009).

〔33〕Douglas W. Diamond, Robert E. Verrecchia, *Disclosure, Liquidity, and the Cost of Capital*, The Journal of Finance 4, p. 1325 – 1359 (1991).

〔34〕Gary W. Emery, Qingfeng (Wilson) Liu, *An Analysis of the Relationship between Electricity and Natural-Gas Futures Prices*, Journal of Futures Markets 22, p. 95 – 122 (2002).

〔35〕E. Erdogdu, *Electricity Market Reform: Lessons for Developing Countries*, *University of Cambridge*, MPRA Paper No. 27317, August 2010.

〔36〕Erkan Erdogdu, *The Impact of Power Market Reforms on Electricity Price-cost Margins and Cross-subsidy Levels: A Cross Country Panel Data Analysis*, Energy Policy 3, p. 1080 - 1092 (2011).

〔37〕Erkan Erdogdu, *What Happened to Efficiency in Electricity Industries after Reforms?*, Energy Policy 10, p. 6551 - 6560 (2011)

〔38〕ERIG, *Review of Energy Related Financial Markets: Electricity Trading*, Sydney, 2006.

〔39〕Escribano Álvaro, et al., *Modeling Electricity Prices: International Evidence*, Oxford Bulletin of Economics and Statistics 73, p. 622 - 650 (2011).

〔40〕Carlo Vittorio Fiorio, et al., *The Electricity Industry Reform Paradigm in the European Union: Testing the Impact on Consumers*, Consumers and Utility Reforms in the European Union Conference, 2007, Milan, p. 37 - 44.

〔41〕Frank A. Frank, *Measuring Unilateral Market Power in Wholesale Electricity Markets: The California Market*, 1998 - 2000, American Economic Review 93, p. 425 - 430 (2003).

〔42〕Howard B. Garber, *System and Method for Trading Having A Principal Market Maker*, U. S. Patent 5,963,923. 1999 - 10.

〔43〕Joshua S. Gans, et al., *Contracts and Electricity Pool Prices*, Australian Journal of Management 23, p. 83 - 96 (1998).

〔44〕Kenneth D. Garbade, et al., *Price Movements and Price*

Discovery in Futures and Cash Markets, The Review of Economics and Statistics 62, p. 289 – 297 (1983).

[45] Gary B. Gorton, et al., *The Fundamentals of Commodity Futures Returns*, *Review of Finance*, Yale ICF Working Paper No. 07 – 08, 2013.

[46] D. Gavin, *Review of the Effectiveness of Retail Competition and Consumer Safety Net in Gas and Electricity*, St Vincent de Paul Society Victoria Inc., 2007.

[47] T. W. Gedra, *Optional Forward Contracts for Electric Power Markets*, IEEE Transactions on Power Systems 9, p. 1766 – 1773 (1994).

[48] Ole Gjolberg, Thore Johnsen, *Risk Management in the Oil Industry: Can Information on Long-Run Equilibrium Prices be Utilized?*, Energy Economics 21, p. 517 – 527 (1999).

[49] Lars Peter Hansen, Robert J. Hodrick, *Forward Exchange Rates as Optimal Predictors of Future Spot Rates: An Econometric Analysis*, The Journal of Political Economy 5, p. 829 – 853 (1980).

[50] Joel Hasbrouck, Gideon Saar, *Technology and Liquidity Provision: The Blurring of Traditional Definitions*, Journal of Financial Markets 12, p. 143 – 172 (2009).

[51] Toru Hattori, Miki Tsutsui, *Economic Impact of Regulatory Reforms in the Electricity Supply Industry: A Panel Data Analysis for OECD Countries*, Energy Policy 6, p. 823 – 832 (2004).

[52] Inigo Herguera, *Bilateral Contracts and the Spot Market for Electricity: Some Observations on the British and the Nordpool Experiences*, Utility Policy 2, p. 73 – 80 (2000).

〔53〕Xinmin Hu, et al., *Empirical Observations of Bidding Patterns in Australia's National Electricity Market*, Energy Policy 36, p. 2075 – 2086 (2005).

〔54〕Arlon R. Tussing, David B. Hatcher, *Prospects for An Electricity Futures Market*, Resources Policy 20, p. 135 – 141 (1994).

〔55〕Jonathan S. Moulton, *California Electricity Futures: The NYMEX Experience*, Energy Economics 27, p. 181 – 194 (2005).

〔56〕Jack W. Aber, Donald L. Santini, *Hedging Effectiveness Using Electricity Futures*, *Derivatives Use*, Trading & Regulation 1, p. 7 – 27 (2003).

〔57〕Janne Peljo, *Futures Pricing in the Nordic Electricity Market*, Aalto University School of Business, 2013.

〔58〕Edward J. Kane, *Market Incompleteness and Divergences between Forward and Futures Interest Rates*, The Journal of Finance 2, p. 221 – 234 (1980).

〔59〕Edward J. Kane, *Regulatory Structure in Futures Markets: Jurisdictional Competition between the SEC, the CFTC, and Other Agencies*, The Journal of Futures Markets 4, p. 367 – 384 (1984).

〔60〕Kenneth Yung, Yen-Chih Liu, *Implications of Futures Trading Volume: Hedgers versus Speculators*, Journal of Asset Management 10, p. 318 – 337 (2009).

〔61〕Tarjei Kristiansen, *Pricing of Contracts for Difference in the Nordic Market*, Energy Policy 32, p. 1075 – 1085 (2004).

〔62〕Richard Lambert, et al., *Accounting Information, Disclosure, and the Cost of Capital*, Journal of Accounting Research 2, p. 385 – 420 (2007).

〔63〕François M. Longin, *Optimal Margin Level in Futures Markets: Extreme Price Movements*, Journal of Futures Markets 2, p. 127 – 152 (1999).

〔64〕Shun Lu, et al., *A Preliminary Analysis on New York Electricity Market*, Power System Technology 17, p. 62 – 66 (2004).

〔65〕Xin Lu, et al., *Electricity Market Price Spike Forecast with Data Mining Techniques*, Electric Power Systems Research 73, p. 19 – 29 (2005).

〔66〕Susanne Lütz, *The Revival of the Nation-State? Stock Exchange Regulation in an Era of Globalized Financial Markets*, Journal of European Public Policy 1, p. 153 – 168 (1998).

〔67〕Roald Maudal, et al., *Term Structure of Futures Prices in the Nordic Power Market*, *NTNU*, Norvegian University of Science and Technologie, 2003, p. 47 – 58.

〔68〕M. J. Morey, *Power Market Auction Design: Rules and Lessons in Market-based Control for the New Electricity Industry*, Alexandria, USA: Edison Electric Institute, 2001.

〔69〕Erling Mork, *Emergence of Financial Markets for Electricity: A European Perspective*, Energy policy 1, p. 7 – 15 (2001).

〔70〕Hiroaki Nagayama, *Electric Power Sector Reform Liberalization Models and Electric Power Prices in Developing Countries: An Empirical Analysis Using International Panel Data*, Energy Economics 3, p. 463 – 472 (2009).

〔71〕Salih N. Neftci, Michelle Yuan Ménager, *China's Financial Markets: An Insider's Guide to How the Markets Work*,

Elsevier,2006.

〔72〕NERA, *The Wholesale Electricity Market in Australia*, Economic Consulting,June 2007.

〔73〕Andrew L. Ott, *Experience with PJM Market Operation, System Design, and Implementation*, IEEE Transactions on Power Systems 18,p. 528 – 534 (2003).

〔74〕Outhred Hugh,*A Review of Electricity Industry Restructuring in Australia*,Electric Power Systems Research 44,p. 15 – 25 (1998).

〔75〕Sam Peltzman, *Towards a More General Theory of Regulation*,Journal of Law and Economics 19,p. 211 – 240,(1976).

〔76〕Matthäus Pietz, *Risk Premia in the German Electricity Futures Market*, In Energy and Environment, 3rd International Conference,2009,p. 160 – 170.

〔77〕Katharina Pistor, *Governing Stock Markets in Transition Economies: Lessons from China*, American Law and Economics Review 7,p. 184 – 210 (2005).

〔78〕Stefano Ponte, *The Latte Revolution? Regulation, Markets and Consumption in the Global Coffee Chain*,World Development 30, p. 1099 – 1122 (2002).

〔79〕K. Rademaekers, et al., *Review and Analysis of EU Wholesale Energy Markets*, ECORYS Netherlands, EU DG TREN Final Report,2008.

〔80〕Luke Reedman, *Using a Real-Options Approach to Model Technology Adoption under Carbon Price Uncertainty: An Application to the Australian Electricity Generation Sector*, Economic Record 1, p. 64 – 73 (2006).

〔81〕Richard J. Pierce, Jr, *Completing the Process of Restructuring the Electricity Market*, Wake Forest Law Review 40, p. 451 - 457 (2005).

〔82〕Hugh Rudnick, et al., *Latin American Deregulation Processes*, IEEE Power Engineering Review 18, p. 10 (1998).

〔83〕S. Gulay Avsar, Barry A. Goss, *Forecast Errors and Efficiency in the US Electricity Futures Market*, Australian Economic Papers 4, p. 479 - 499 (2001).

〔84〕Richard L. Sandor, *Innovation by an Exchange: A Case Study of the Development of the Plywood Futures Contract*, Journal of Law and Economics 1, p. 119 - 136 (1973).

〔85〕Deepak Sharma, Robert Bartels, *Distributed Electricity Generation in Competitive Energy Markets: A Case Study in Australia*, The Energy Journal 18, p. 17 - 39 (1997).

〔86〕Hany Shawky, et al., *First Look at the Empirical Relation between Spot and Futures Electricity Prices in the United States*, Journal of Futures Markets 10, p. 931 - 955 (2003).

〔87〕William L. Silber, *Innovation, Competition, and New Contract Design in Futures Markets*, Journal of Futures Markets 1, p. 123 - 155, (1981).

〔88〕Faye Steiner, *Regulation, Industry Structure and Performance in the Electricity Supply Industry*, OECD Economics Studies 1, p. 143 - 182 (2001).

〔89〕Max Stevenson, *Filtering and Forecasting Spot Electricity Prices in the Australian Electricity Market*, Working paper, University of Technology, Sydney, 2002.

［90］Streifert Dan, *Multi-Area Economic Dispatch with Tie Line Constraints*, IEEE Trans on Power Systems 4, p. 1946 – 1951 (1995).

［91］Eva Tanlapco, et al., *Hedging with Futures Contracts in a Deregulated Electricity Industry*, IEEE Transactions on Power Systems 17, p. 577 – 582 (2002).

［92］Stephen J. Taylor, *Rewards Available to Currency Futures Speculators: Compensation for Risk or Evidence of Inefficient Pricing?*, Economic Record 68, p. 105 – 116 (1992).

［93］Bob Tricker, Robert Ian Tricker, *Corporate Governance: Principles, Policies, and Practices*, Oxford University Press, 2015.

［94］Arlon R. Tussing, David B. Hatcher, *Prospects for an Electricity Futures Market*, Resources Policy 20, p. 135 – 141 (1994).

［95］D. A. Veenhoven, *The Development of the Risk Premium on One Month Futures in the Western European Electricity Markets*, Erasmus University, 2010.

［96］Rahul Walawalkar, et al., *Evolution and Current Status of Demand Response (DR) in Electricity Markets: Insights from PJM and NYISO*, Energy 35, p. 1553 – 1560 (2010).

［97］Bin Wang, et al., *Main Concept of Standard Market Design in United States and Its Enlightenments to Electricity Market Design in China*, Power System Technology 16, p. 21 – 26 (2004).

［98］Andrew C. Worthington, Helen Higgs, *The Relationship between Energy Spot and Futures Prices: Evidence from the Australian Electricity Market*, ICFAI Journal of Applied Economics 4, p. 65 – 82 (2004).

［99］Sufang Zhang, Yongxiu He, *Analysis on the Development

and Policy of Solar PV Power in China, Renewable and Sustainable Energy Reviews 21, p. 393 – 401 (2013).

〔100〕Xiao-dong Zhang, et al., *The Study of Bidding Strategies for a Power Supplier*, Proceedings of the CSEE 24, p. 153 – 157 (2004).

〔101〕Yin-Fang Zhang, et al., *Electricity Sector Reform in Developing Countries: An Econometric Assessment of the Effects of Privatization, Competition and Regulation*, Journal of Regulatory Economics 2, p. 159 – 178 (2008).

〔102〕Erling Mork, *Emergence of Financial Markets for Electricity: A European Perspective*, Energy policy 1, p. 7 – 15 (2001).

〔103〕Kenneth D. Garbade, et al., *Price Movements and Price Discovery in Futures and Cash Markets*, The Review of Economics and Statistics 62, p. 289 – 297 (1983).

〔104〕Dennis W. Carlton, *Futures Markets: Their Purpose, Their History, Their Growth, Their Success and Failures*, Journal of Futures Markets 4, p. 237 – 271 (1984).

〔105〕S. J. Wang, et al., *Shor-Term Generation Scheduling with Transmission and Environmental Constraints Using an Augmented Lagrangian Relaxetuin*, IEEE Trans on Power Systems 3, p. 1294 – 1301 (1995).

西南财经大学法学院 **光华法学文丛**

- 契约正义论　胡启忠 著
- 刑法科学主义初论　文海林 著
- 经济宪法学导论——转型中国经济权与权力之博弈　吴越 著
- 中国经济法的根基　王伦刚 著
- 中国农民工非正式的利益抗争——基于讨薪现象的法社会学分析　王伦刚 著
- 公司经理权问题研究　杜军 著
- 论保险代位权制度的建构——以权利法定代位的制度选择为中心　黄丽娟 著
- 我国民间金融规范化的法律规制　高晋康 唐清利 等著
- 修正金融刑法适用研究：立法·理论·实务　胡启忠 石奎 等著
- 银行监管权边界问题研究　熊伟 著
- 金融控股公司内部治理机制研究　梁远航 著
- 城市住宅区业主自治运行实效研究——基于个体决策的视角　陈丹 著
- 遵从·背离·弥合——我国中央与地方财政关系的重构　马骁 唐清利 等著
- 中国农民专业合作社运行的民间规则研究——基于四川省的法律社会学调查　王伦刚 著
- 公私权模糊领域的合作治理研究　唐清利 著
- 民法法典化的历史追究：侧重于民族统一与复兴的视角展开　吴治繁 著
- 疑罪新论　金钟 著
- 中国相互制保险公司治理的法律规制——基于公司治理主体权利视角　方国春 著
- 民间金融协同规制论　林越坚 著
- 执法经济学：以转型时期的中国法治为研究对象　戴治勇 著

西南财经大学法学院 光华法学文丛

- 公私权模糊领域的合作治理研究　唐清利　著
- 土地利用制度变化下的乡村社会治理法律机制研究　何　真等　著
- 我国地方政府间竞争失范法律治理机制研究　刘弘阳　著
- 法人代表权限制的效力规则研究
  ——基于案例统计和两大法系的比较法研究　吴　越等　著
- 非法集资刑法应对的理论与实践研究　胡启忠　等　著
- 我国食品安全治理的信任机制研究　马力路遥　著
- 民法埋藏物发现制度研究　赖虹宇　著
- 预防与纠错：刑事司法的理念　熊谋林　著
- 食品安全治理中的自律失范研究
  ——基于近十年我国重大食品安全事件实证分析　鲁　篱等　著
- 机动车强制保险赔偿制度研究
  ——兼论智能机动车强制保险的变革与展望　印　通　著
- 扇形统合
  ——县域金融治理的权力运行研究　郭　敬　著
- 劳动监察与劳动仲裁交叉职能优化的实证研究（1993～2019）　王伦刚　著
- 全球视野下的中国电力期货市场构建　唐　敏　著